lonely planet

NEW YORK

EN QUELQUES JOURS

ALI LEMER, ANITA ISALSKA,
MASOVAIDA MORGAN, KEVIN RAUB

e pont de Manhattan, avec l'Empire
tate Building en arrière-plan (p. 152)

Sommaire

Préparer son séjour 4

Avertissement

Au moment où nous terminions l'édition de ce guide, la pandémie de Covid-19 impactait fortement le monde du voyage. Les informations que vous trouverez dans cet ouvrage sont donc susceptibles de changements.

Renseignez-vous bien avant votre départ.

Explorer New York 37

Vaut le détour

Carnet pratique 237

Coups de projecteur

Bienvenue à New York

Forte d'édifices battant tous les records et d'une gastronomie en constante réinvention, New York reste toujours à la pointe. Cela dit, certaines choses y restent immuables, à l'image de ses quartiers cinégéniques et de son attitude rebelle. Pour découvrir les nombreuses facettes de cette ville qui ne dort jamais, plongez dans la foule et partez au hasard des rues, de jour comme de nuit.

Vue sur 42nd St et le Chrysler Building (p. 159)
PRASIT PHOTO/GETTY IMAGES ©

Les incontournables

Central Park

Le poumon vert de New York est le parc préféré de ses habitants.
p. 204

ITZAVU/SHUTTERSTOCK ©

Metropolitan Museum of Art

Une collection d'art et d'objets anciens de renommée mondiale. **p. 182**

SANCHAI KUMAR/SHUTTERSTOCK ©

Statue de la Liberté et Ellis Island

Des symboles forts de l'histoire cosmopolite des États-Unis. **p. 40**

YOUKATAN/SHUTTERSTOCK ©

Empire State Building

Une icône cinégénique offrant une vue imprenable. **p. 152**

Times Square

Le cœur étincelant de la ville.
p. 150

One World Observatory

Une vue sur les hauteurs de Manhattan. **p. 48**

Pont de Brooklyn

Un impérissable chef-d'œuvre d'ingénierie new-yorkaise. **p. 44**

Museum of Modern Art

Le paradis des amateurs d'art moderne. **p. 154**

National September 11 Memorial & Museum

Le témoignage commémoratif d'un drame national. **p. 46**

Guggenheim Museum

Art moderne et architecture singulière. **p. 186**

La High Line

Un modèle de renouveau urbain. **p. 108**

MoMA PS1

Un grand musée d'avant-garde dans le Queens. **p. 176**

À table !

Puisant son inspiration dans les cuisines du monde entier ou, au contraire, 100% locale, l'offre de restauration à New York semble infinie. Elle reflète la mosaïque culturelle de la ville et de ses habitants. Même sans être en quête des moindres enclaves ethniques ou des derniers restaurants à la mode, vous trouverez de quoi vous régaler à chaque coin de rue.

Marchés

En haut de la liste : le Chelsea Market, riche en adresses gourmandes, magasins (pour préparer un pique-nique) et stands de restauration. Explorez aussi le Gansevoort Market (p. 121), Le District (p. 55), dans Lower Manhattan, l'empire italien Eataly (p. 140) dans le Flatiron District, et l'Essex Market (p. 97), royaume du pique-nique relogé dans le Lower East Side. Pour faire ses courses, rendez-vous à l'Union Square Greenmarket (p. 137). Consultez Grow NYC (www.grownyc.org/greenmarket) pour accéder à une liste de plus de 50 marchés de la ville.

Food trucks

Oubliez les stands de hot dogs – les vendeurs ambulants concoctent ici une cuisine fusion unique. Les food trucks s'arrêtent dans des zones désignées à travers la ville – à savoir aux abords de Union Square, de Midtown et du Financial District. Parmi nos préférés figurent Mad Sq Eats (p. 142), **Calexico Cart** (www.calexico.net), **MysttikMasaala** (www.facebook.com/MysttikMasaala), **Cinnamon Snail** (www.cinnamonsnail.com) et **Cool Haus** (www.cool.haus).

Haute gastronomie

Eleven Madison Park Cuisine pointue et avant-gardiste truffée de délicieuses surprises. (p. 139)

Le Bernardin Le Graal du raffinement proposant une carte de la mer. (p. 164)

Bâtard Une cuisine européenne classique et magnifiquement équilibrée dans Lower Manhattan. (p. 56)

Modern Une cuisine succulente et étoilée à côté

LEONARD ZHUKOVSKY/SHUTTERSTOCK ©

du jardin de sculptures du MoMA. (p. 163)

Végans et végétariens

Nix Des plats végétariens étoilés au Michelin dans un cadre modeste de West Village. (p. 117)

Hangawi Restaurant coréen de Koreatown sans viande (ni chaussures). (p. 165)

Blossom on Columbus Tofu à la bénédicte, risotto aux shiitakés et autres délices exemplaires. (p. 215)

Les classiques

Barney Greengrass Saumon fumé et esturgeon servis à la perfection depuis plus de 100 ans dans l'Upper West Side. (p. 214)

Russ & Daughters Célèbre traiteur juif du Lower East Side. (photo ci-dessus ; p. 103)

Zabar's Dans l'Upper West Side, on y vend des produits gourmands casher depuis les années 1930. (p. 214)

Margon Snack-bar cubain à Midtown, simple et indémodable. (p. 166)

Yonah Schimmel Une adresse servant de vaporeux *knish* (boulettes fourrées de pommes de terre et oignons) depuis plus d'un siècle. (p. 96)

Vaut le détour

La légendaire pizzeria **Juliana's** (www.julianaspizza.com ; 19 Old Fulton St, entre Water St et Front St, Brooklyn Heights ; pizzas 20-32 $; 11h30-22h, fermé 15h15-16h ; S A/C jusqu'à High St-Brooklyn Bridge) sert de délicieuses pizzas à pâte fine dans des versions à la fois classiques et inventives. Testez la No 1 – mozzarella, *scamorza affumicata* (fromage de vache fumé), pancetta, oignon vert et truffe blanche.

New York dans une assiette

Le meilleur sandwich au pastrami

Selon les puristes, le pain est obligatoirement de seigle (et graines, si possible).

On recouvre le pastrami d'une moutarde brune épicée.

LEONARD ZHUKOVSKY/SHUTTERSTOCK ©

Ne mettez pas d'autre sauce : la simplicité est la clé de cette recette.

On l'accompagne d'un cornichon à l'aneth pour ajouter de la profondeur.

★ Le top 5 des adresses pour le sandwich au pastrami

Katz's Delicatessen (p. 94). L'épicerie fine new-yorkaise de vos rêves.

Eisenberg's Sandwich Shop (p. 142). En activité depuis 1929.

Zabar's (p. 214). Le roi des supermarchés-épiceries fines.

Barney Greengrass (p. 214). Le "Sturgeon King" est également adepte du pastrami.

Ess-a-Bagel (www.ess-a-bagel.com ; 831 Third Ave, au niveau de E 51st St, Midtown East ; bagels 3,50-5,50 $; ⏲6h-21h lun-ven, 6h-17h sam-dim ; **S** 6 jusqu'à 51st St ; E/M jusqu'à Lexington Ave-53rd St). Humble mais classique.

Le sandwich au pastrami

Croquer dans un sandwich au pastrami fait partie des expériences incontournables d'un séjour à New York. Il se déguste idéalement dans l'une des épiceries fines juives à l'ancienne – avec enseigne au néon, places assises au comptoir et personnel gentiment bourru. Une pile de tendres tranches de viande légèrement épicée, contrastant avec le croustillant pain de seigle toasté et lié par une moutarde brune relevée : une délicieuse œuvre d'art.

Katz's Delicatessen (p. 94)

LEONARD ZHUKOVSKY/SHUTTERSTOCK ©

Bars et vie nocturne

Vous pourrez étancher votre soif dans les établissements les plus divers, du bar à cocktails au troquet de quartier en passant par les bars spécialisés et les cafés haut de gamme. Et n'oublions pas les légendaires discothèques new-yorkaises, repaires de célébrités ou petits clubs indé sans fioritures. Les noctambules se retrouvent à Downtown Manhattan ou à Brooklyn.

Cafés et brûleries

Le boom des brûleries a élevé encore d'un cran la culture du café new-yorkais de qualité. De plus en plus de New-Yorkais se mettent au café d'origine unique et aux crus utilisant différentes techniques, tandis que de nombreux torréfacteurs proposent désormais des dégustations pour curieux. Nombre de ces brûleries proviennent de régions excellant en la matière, comme Portland et la baie de San Francisco, mais aussi d'Australie.

Bières artisanales

La culture locale de la bière artisanale est tout aussi dynamique, avec une foule croissante de brasseries, de bars et de magasins présentant des marques artisanales du cru. Parmi les meilleures brasseries locales, citons Brooklyn Brewery, Sixpoint, SingleCut Beersmiths, Coney Island Brewery et Bronx Brewery.

Cocktails rétro

Dans le pays qui a vu naître le cocktail, ce dernier est toujours préparé avec solennité. Les meilleurs barmen de la ville mélangent certains des breuvages les plus raffinés et novateurs de la planète, certains gorgés d'histoire, rappelant les recettes oubliées de la Prohibition.

Cafés

Stumptown Coffee Roasters Des baristas branchés servant le café préféré de Portland. (p. 124)

GUILLAUME GAUDET/LONELY PLANET ©

Bluestone Lane Excellents cafés australiens à l'ombre de Wall St. (p. 59)

La Colombe Un or noir profond pour les connaisseurs de Downtown. (p. 59)

Cocktails

Bar Goto Une adresse emblématique du Lower East Side, emmenée par le plus célèbre spécialiste ès cocktails de New York. (p. 97)

Employees Only Barmen experts en cocktails et boissons incroyables dans l'intemporel West Village. (p. 121)

Raines Law Room Des cocktails préparés avec art par des barmen professionnels dans un antre évoquant la Prohibition, près de Union Sq. (p. 143)

Spiritueux

Brandy Library Cognacs nobles et brandies, à Tribeca. (p. 59)

Rum House Rhums réputés et piano en fond sonore, à Midtown. (p. 168)

Dead Rabbit La plus belle sélection de whiskies rares de la ville, dans le Financial District. (p. 58)

Vins

Terroir Tribeca Carte très bien fournie, dans le quartier tendance de Tribeca. (p. 59)

La Compagnie des Vins Surnaturels Un hymne aux vins français, à quelques pas de Little Italy. (p. 78)

Buvette Bar à vins absolument charmant niché dans West Village. (p. 122)

Vaut le détour

Dans une ambiance débridée, **House of Yes** (photo ci-dessus ; www.houseofyes.org ; 2 Wyckoff Ave, au niveau de Jefferson St, Bushwick ; entrée gratuite-40 $; généralement 19h-4h mer-sam ; S L jusqu'à Jefferson St) propose des spectacles et soirées parmi les plus étonnants de Brooklyn. Déguisements ou tenues glam conseillés.

New York dans un verre

L'egg cream

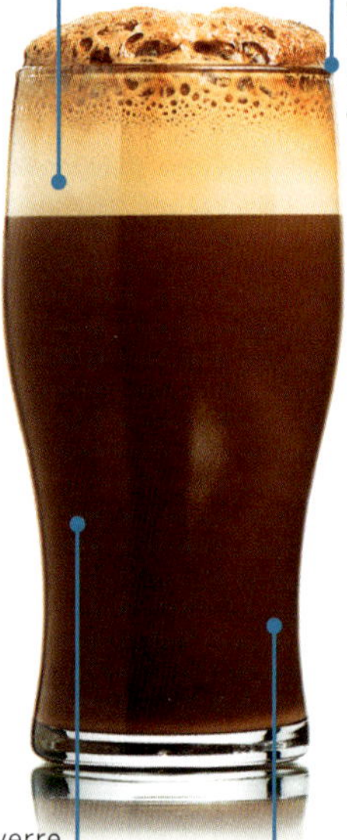

★ Le top 5 des adresses pour l'egg cream

Gem Spa (131 2nd Ave, au niveau de St Marks Pl, East Village ; 10h-1h). Largement salué comme servant le meilleur *egg cream* de New York.

Yonah Schimmel Knish Bakery (p. 96). Une excellente façon de faire descendre son *knish*.

Katz's Delicatessen (p. 94). À siroter avec un énorme sandwich au pastrami.

Veselka (p. 94). Sert également des *egg creams* à la vanille.

Lexington Candy Shop (p. 194). Ici, l'ambiance de *diner* à l'ancienne est fondamentale.

Un délicieux paradoxe

L'*egg cream* ne comporte ni œuf ni crème. Ce pétillant soda à base de chocolat et de lait fut inventé dans les années 1900 par Louis Auster, un confiseur juif qui le servait dans sa boutique à l'angle de Second Ave et E 7th St, au cœur de l'ancien quartier des théâtres yiddish. Ce breuvage rafraîchissant évoquant le New York d'antan est à boire sans tarder une fois servi, avant que les bulles ne s'évaporent.

Lexington Candy Shop (p. 194)

Shopping

Capitale du commerce, de la créativité et de la mode, New York est l'un des meilleurs endroits au monde pour faire ses emplettes. Les possibilités sont légion : petites boutiques de vêtements, centres commerciaux réputés, magasins d'occasion, enseignes haute couture, magasins de disques, boutiques Apple, cuisine de rue, épiceries fines... ici, il est facile de dépenser une fortune.

Friperies vintage

Même si les New-Yorkais sont attirés par tout ce qui brille, il peut être amusant de fouiller dans les rayons des friperies et des dépôts-ventes. Le marché aux puces le plus couru est le **Brooklyn Flea** (www.brooklynflea.com ; 80 Pearl St, Manhattan Bridge Archway, Anchorage Pl au niveau de Water St, Dumbo ; 10h-17h dim avr-oct ; B67 jusqu'à York St/Jay St, S F jusqu'à York St), ouvert différents jours à plusieurs endroits, d'avril à octobre. L'East Village concentre les magasins de vêtements d'occasion et vintage branchés.

Les sample sales

Si les soldes classiques ont habituellement lieu aux changements de saisons, des *sample sales* (soldes d'échantillons) se déroulent régulièrement – une façon pour les marques haut de gamme de se débarrasser de leurs surplus à des prix merveilleusement cassés. Vous les trouverez en général dans les immenses entrepôts du "Fashion District" de Midtown ou de SoHo.

Grands magasins

Bergdorf Goodman Le plus magique des mythiques grands magasins de New York, avec de fabuleuses collections d'articles. (p. 174)

Century 21 Des articles de créateurs à prix réduits dans une institution de Downtown. (p. 62)

Tendances

Rag & Bone Habits parfaitement coupés pour hommes et femmes, notamment à SoHo. (p. 83)

John Varvatos Des articles robustes mais raffinés dans un ancien club punk. (p. 105)

DROP OF LIGHT/SHUTTERSTOCK ©

Opening Ceremony Des habits et chaussures dernier cri pour l'avant-garde de la mode à SoHo. (p. 82)

Vintage

Screaming Mimis Beaux vêtements rétro à foison. (p. 131)

Beacon's Closet Un magasin haut en couleur pour refaire sa garde-robe sans se ruiner. (p. 132)

Resurrection Des articles de créateurs parisiens dans un état impeccable. (p. 81)

Librairies

Strand Book Store De loin la meilleure librairie indépendante de la ville. (photo ci-dessus ; p. 131)

Housing Works Bookstore Des livres d'occasion et un café dans un cadre évocateur de Nolita. (p. 82)

McNally Jackson Une adresse agréable dans SoHo pour chiner et assister à des lectures. (p. 80)

Souvenirs de New York

New York Public Library Fournitures de bureau, *tote bags*, presse-papiers à l'effigie des lions de la bibliothèque et T-shirts imprimés d'inspiration littéraire. (p. 159)

New York Transit Museum Store Souvenirs sur le thème des transports et cadeaux rigolos avec plans de New York imprimés. (p. 175)

Lower East Side Tenement Museum Livres, bijoux, sacs, foulards, etc. (p. 90)

À savoir

Les vêtements et chaussures à un prix inférieur à 110 $ sont exempts de taxes. Au-dessus, une taxe de 8,875% s'applique sur chaque article.

Le top des souvenirs de New York

PATTI MCCONVILLE/ALAMY STOCK PHOTO ©

Lions de la New York Public Library

Les bibliophiles se procureront un presse-papiers félin de la bibliothèque de New York et d'autres souvenirs à la boutique de la NYPL (p. 159).

I ♥ NY

L'emblématique slogan inventé en 1976 par Milton Glaser – décédé le 26 juin 2020 – ne s'est jamais démodé. Obtenez le classique logo officiel sur un T-shirt, un mug, un porte-clés, un body pour bébé, ou encore des décorations de Noël, le tout en vente au Citystore (p. 63).

J2R/SHUTTERSTOCK ©

SOLO® AND THE ANTHORA DESIGN ARE TRADEMARKS

Mug à café

Une version en céramique du classique gobelet à café “Anthora” – l'un des symboles les plus résistants et charmants de New York – est disponible au MoMA Design Store (p. 173).

DAN HERRICK/LONELY PLANET ©

Mode new-yorkaise

Affichez votre côté branché au retour de New York en exhibant des articles inventifs de la boutique de produits indépendants et de streetwear Opening Ceremony (p. 82).

CLAUDIA PELAGATTI/ALAMY STOCK PHOTO ©

Bougies de chez Diptyque

Diptyque (p. 199), sur Madison Ave, fera chavirer tous vos sens avec ses somptueuses fragrances naturelles, également disponibles sous forme de bougies parfumées, dont un modèle inspiré de New York, avec des notes de cèdre, de vétiver et de patchouli.

Musées

Le Met, le MoMA et le Guggenheim ne sont que les plus connues d'une série de scintillantes institutions emblématiques. Ici, vous trouverez des musées dédiés aussi bien à la Vienne fin de siècle qu'aux trésors européens du Moyen Âge, en passant par des vastes galeries garnies de sculptures japonaises, de peintures américaines postmodernes, de tissus himalayens et de témoignages du New York d'antan.

Horaires

La plupart des musées ferment un jour par semaine, souvent le lundi ou le mardi. Beaucoup ferment tard un soir par semaine – souvent le jeudi ou le vendredi.

Galeries d'art

Chelsea accueille la plus forte concentration de galeries d'art de la ville (voir p. 110). La plupart sont regroupées autour de W 20th St. Procurez-vous le *Gallery Guide* (gratuit) du magazine *Art Info*, disponible dans nombre de galeries, ou consultez le site www.chelseagallerymap.com. Les vernissages ont généralement lieu le jeudi soir, et les galeries ferment le dimanche et le lundi.

Gratuité

De nombreux musées sont gratuits ou moins chers une fois par semaine, consultez les dates sur Internet. Des manifestations en libre accès ont lieu régulièrement.

Musées d'art

Museum of Modern Art (MoMA) Le chouchou de la ville, dont les allées foisonnent d'œuvres marquantes de l'art moderne. (p. 154)

Metropolitan Museum of Art Musée phare du pays, le "Met" possède notamment de remarquables collections d'antiquités égyptiennes. (p. 182)

Whitney Museum of American Art Excellentes expositions d'art contemporain dans un nouveau bâtiment majestueux conçu par Renzo Piano. (p. 114)

Guggenheim Museum On vient aussi pour l'écrin des expositions, un magnifique édifice conçu par Frank Lloyd Wright. (p. 186)

New Museum of Contemporary Art Un temple de l'art contemporain. (p. 90)

MANUEL HURTADO/SHUTTERSTOCK ©

Histoire de New York

Lower East Side Tenement Museum Excellent aperçu de la vie d'un immigrant au XIXe-début XXe siècle. (p. 90)

Merchant's House Museum Remontez le temps dans cette demeure de style fédéral parfaitement conservée. (p. 70)

New-York Historical Society Le plus ancien musée de la ville regorge d'objets historiques. (p. 211)

Museum of the City of New York Les détails du passé de la ville sont soigneusement présentés ici. (p. 191)

Lieux méconnus

MoMA PS1 Dans le Queens, une collection parmi les plus avant-gardistes de la ville. (p. 176)

Frick Collection Une demeure de la fin du XIXe siècle avec des œuvres de Vermeer, du Greco et de Goya. (p. 189)

Neue Galerie Une collection exquise, dans une ancienne résidence des Rockefeller. (p. 190)

Museum of Jewish Heritage Une impressionnante exploration de la culture et de l'histoire juives avant, pendant et après l'Holocauste. (p. 52)

Vaut le détour

Dominant le fleuve Hudson, le **Met Cloisters** (photo ci-dessus ; www.metmuseum.org/cloisters ; 99 Margaret Corbin Dr, Fort Tryon Park ; forfait 3 jours tarif plein/senior/enfant 25/17/12 $; 10h-17h15 mars-oct, 10h-16h45 nov-fév ; S A jusqu'à 190th St) est un étrange puzzle architectural composé de divers monastères européens, construit dans les années 1930 pour abriter les trésors médiévaux du Metropolitan Museum.

New York avec des enfants

New York ne manque pas d'attraits pour les plus jeunes, à commencer par les aires de jeux originales et les parcs, sans compter les musées et les monuments adaptés aux enfants, les manèges, les spectacles de marionnettes et les marchés de rue.

Au restaurant

Les restaurants des endroits les plus touristiques sont prêts à sortir une chaise haute et un menu enfant à tout moment. Les établissements sont cependant souvent petits et dîner avec des enfants dans un restaurant très couru peut vite tourner à l'aventure effrayante. Les New-Yorkais dînent généralement entre 19h30 et 21h30 – manger plus tôt peut vous épargner un peu de stress. Par beau temps, nous vous recommandons d'acheter de quoi pique-niquer dans l'une des excellentes épiceries de la ville et de vous offrir un déjeuner sur l'herbe à Central Park ou dans tout autre espace vert.

Ressources utiles

Consultez le programme sur les sites **Time Out New York Kids** (www.timeout.com/new-york-kids) et **Mommy Poppins** (www.mommypoppins.com). Pour une plongée dans New York, procurez-vous *Interdit aux parents : New York* de Lonely Planet, spécialement conçu pour les enfants à partir de 8 ans.

Sorties en famille

American Museum of Natural History Des dinosaures, des papillons, un planétarium et des films IMAX. (p. 210)

Metropolitan Museum of Art Un amusant voyage dans le temps. N'oubliez pas sa fabuleuse aile égyptienne. (p. 182)

New York City Fire Museum Les enfants (et leurs parents) pourront réaliser leurs rêves de sapeur-pompier dans ce musée historique. (p. 71)

LEE O/SHUTTERSTOCK ©

Parcs

Central Park Prenez une barque, visitez le zoo, puis rejoignez l'aire de jeux de Heckscher, la meilleure des 21 aires que compte le parc. (photo ci-contre ; p. 204)

Hudson River Park Un mini-golf, une belle aire de jeux, un manège, des activités nautiques et des animations scientifiques. (p. 114)

Prospect Park Ce parc de 236 ha possède un zoo et une patinoire qui se transforme en pataugeoire l'été. (p. 226)

Shopping

Books of Wonder Livres d'histoires, romans pour adolescents, cadeaux à l'effigie de New York et lectures de contes sur place en font une destination idéale les jours de pluie. (p. 147)

Mary Arnold Toys Un magasin de jouets organisant des animations mensuelles. (p. 199)

Dinosaur Hill Des jouets et des articles originaux – marionnettes, coffrets de calligraphie, kits du petit scientifique et autres jouets d'apprentissage pour les bébés. (p. 105)

Petites faims

Smorgasburg Idéal pour s'acheter un en-cas, dans Prospect Park. (p. 228)

Chelsea Market Composez votre pique-nique et allez le déguster à l'Hudson River Park ou sur la High Line. (p. 114)

Ample Hills Creamery Glaces aux parfums inhabituels fabriquées sous vos yeux. (p. 228)

Vaut le détour

New York a plusieurs zoo, mais le plus intéressant à visiter est le **Bronx Zoo** (www.bronwzoo.com), l'un des plus anciens et des plus grands des États-Unis. Il abrite environ 6 000 animaux et leurs divers habitats.

Festivals

STEVE EDREFF/SHUTTERSTOCK ©

Nouvel An chinois (photo ci-dessus ; betterchinatown.com ; ⏲fin jan/début fév). L'un des plus importants dans le pays, avec feux d'artifice et dragons dansants.

Défilé de la St Patrick (www.nycstpatricksparade.org ; ⏲17 mars). On se presse sur Fifth Ave pour voir défiler les joueurs de cornemuses et les chars.

Tribeca Film Festival (www.tribecafilm.com ; ⏲avr-mai). Le grand rendez-vous du cinéma indé.

Cherry Blossom Festival (www.bbg.org ; Brooklyn Botanic Garden, Prospect Park ; ⏲fin avr/début mai). Célèbre la floraison des cerisiers, à Brooklyn.

NYC Pride (www.nycpride.org ; ⏲juin). La Gay Pride se termine par un immense défilé sur Fifth Ave le dernier dimanche de juin.

HBO Bryant Park Summer Film Festival (www.bryantpark.org ; ⏲mi-juin à août). Projections en plein air de classiques hollywoodiens dans Bryant Park.

Celebrate Brooklyn! (www.bricartsmedia.org ; Prospect Park Bandshell, près de Prospect Park W et 11th St, Park Slope ; ⏲juin à mi-août). Concerts et événements en plein air.

Feux d'artifice du 4 juillet (www.macys.com ; ⏲4 juil). Pour la fête nationale, feux d'artifice sur l'East River à partir de 21h.

SummerStage (www.cityparksfoundation.org/summerstage ; Rumsey Playfield, Central Park, entrée par Fifth Ave et 69th St ; ⏲mai-oct). Une série de concerts à ciel ouvert à Central Park, avec un large choix de restaurations multiculturelles.

Village Halloween Parade (www.halloween-nyc.com ; Sixth Ave ; ⏲19h-23h le 31 oct). Le plus grand défilé d'Halloween du pays, mi-carnaval mi-happening artistique.

Défilé de Thanksgiving (www.macys.com ; ⏲4e jeudi de nov). D'énormes ballons gonflés à l'hélium s'élèvent dans le ciel.

Marathon de New York (www.nycmarathon.org ; ⏲nov). Des milliers d'athlètes du monde entier parcourent 42 km à travers les cinq *boroughs* le premier dimanche de novembre.

Sapin de Noël du Rockefeller Center (www.rockefellercenter.com ; ⏲déc). Illumination du gigantesque sapin, paré de plus de 25 000 lumières.

Réveillon du Nouvel An (www.timessquarenyc.org). Une foule bruyante se masse à Times Square pour voir descendre le fameux globe en cristal.

Activités gratuites

Bien que la Big Apple n'ait rien d'une destination bon marché, il est possible de profiter de ses trésors sans se ruiner : pièces, projections de films et concerts, nocturnes à prix libres dans les musées, festivals organisés par la ville, tours en ferry ou en kayak, sans compter sa profusion d'espaces verts.

ALREDOSAZ/SHUTTERSTOCK ©

Ferry de Staten Island Le ferry gratuit pour Staten Island offre un magnifique panorama sur la pointe sud de Manhattan. (p. 243)

Galeries de Chelsea Plus de 300 galeries sont ouvertes au public autour de W 20th St à Manhattan. (p. 110)

New Museum of Contemporary Art Son architecture d'un blanc immaculé héberge une vaste collection d'art contemporain en libre accès le jeudi après 19h ; don suggéré 2 $. (p. 90)

Central Park Cette merveille de plusieurs hectares bordée d'arbres offre jogging, détente sur la pelouse et observation des écureuils… (photo ci-dessus ; p. 204)

High Line Bel exemple de rénovation urbaine, cette coulée verte est idéale pour se balader et observer l'horizon. (p. 108)

New York Public Library Ce chef-d'œuvre de style Beaux-Arts mérite la visite pour son architecture et ses expositions gratuites. (p. 159)

MoMA Entrée libre le vendredi de 17h30 à 21h au formidable Museum of Modern Art (longue file d'attente). (p. 154)

National September 11 Memorial Inauguré en 2014, le mémorial rend hommage aux victimes des attentats de 2001, dont les noms figurent sur le rebord des bassins-miroirs. (p. 46)

SummerStage Concerts et spectacles de danse gratuits pendant l'été à Central Park. (p. 26)

Neue Galerie Cet endroit discret est gratuit de 18h à 20h le premier vendredi du mois. (p. 190)

National Museum of the American Indian Dans ce joyau en accès libre de Lower Manhattan, les textiles, objets et œuvres d'art témoignent des cultures amérindiennes. (photo ci-dessus ; p. 52)

African Burial Ground National Monument Émouvant hommage aux esclaves africains de l'ère coloniale. (p. 53)

Frick Collection Admirez les œuvres des maîtres européens en payant ce que vous voulez le mercredi de 14h à 18h. (p. 189)

Green-Wood Cemetery Vue sur le port, sites d'anciennes batailles et parc magnifique. (p. 226)

Scène gay et lesbienne

ARTURO HOLMES/SHUTTERSTOCK ©

Soirées festives du lundi au dimanche

À New York, n'importe quel soir de la semaine est parfait pour sortir faire la fête – surtout dans la communauté gay. Les mercredis et jeudis rugissent d'un enchaînement régulier de soirées festives, tandis que les habitants adorent sortir le dimanche soir (surtout en été). La Gay Pride (voir photo) se déroule en juin.

Sites Internet

De nombreux sites Internet sont consacrés à la communauté gay new-yorkaise. Consultez **Get Out!** (www.getoutmag.com).

Organisateurs de soirées

BoiParty (www.boiparty.com). Impressionnantes et récurrentes soirées dansantes.

Hot Rabbit (www.hotrabbit.com). Organise régulièrement des soirées gays ouvertes aux femmes à Manhattan et à Brooklyn.

The Saint at Large (www.saintatlarge.com). Les organisateurs de la Black Party, immense soirée qui a lieu chaque année en mars.

Daniel Nardicio (www.danielsbigideas.com). Programme des soirées dansantes et d'autres événements festifs à New York et à Fire Island.

Lieux mythiques

Marie's Crisis Un ancien repaire de prostituées, devenu un piano-bar du Village où l'on entonne des tubes de Broadway. (p. 123)

Duplex Humour, crooners et drag-queens caractérisent ce pilier du Village. (p. 128)

Pour les Dancing Queens

Industry Quand la nuit avance, ce bastion de Hell's Kitchen passe du bar animé au club avec musique à plein volume. (p. 167)

Therapy Une petite piste de danse amusante pour changer des méga-discothèques. (p. 168)

Bars lesbiens

Cubbyhole Un bastion sans chichis du Village, avec juke-box et habituées volubiles. (p. 122)

Henrietta Hudson Un sympathique et classique bar dans son jus, avec une clientèle de rockeuses hyper-sympathiques. (p. 126)

Sports et activités

EDDTORO/SHUTTERSTOCK ©

Outre la course aux taxis, un sport en soi, et l'attente sur les quais du métro, qui peut s'apparenter au sauna en été, les New-Yorkais aiment se dépenser pendant leur temps libre. Il est surprenant de voir que cette mégalopole offre un immense choix d'activités de plein air.

Course à pied et vélo

Dans Central Park, la piste de 2,5 km autour du réservoir Jacqueline Kennedy Onassis est dédiée aux coureurs et aux marcheurs. D'autres itinéraires bordent l'Hudson, dans Lower Manhattan, ou FDR Dr et l'East River, dans l'Upper East Side. Prospect Park, à Brooklyn, possède de nombreux sentiers.

La ville a créé plus de 320 km de voies cyclables depuis 2009, mais les débutants devraient se limiter aux sentiers peu fréquentés.

Fitness

Les studios de yoga et de pilates sont nombreux. Les grandes salles de fitness offrent parfois une entrée gratuite.

Voir un match

NY Yankees (photo ci-dessus ; www.mlb.com/yankees ; 1 E 161st St, jusqu'à River Ave ; visites 20 $; **S** B/D, 4 jusqu'à 161st St-Yankee Stadium). Équipe de Major League Baseball (MLB).

NY Mets (www.mlb.com/mets ; 120-01 Roosevelt Ave, Flushing ; **S** 7 jusqu'à Mets-Willets Point). Joue en MLB.

NY Knicks (p. 170). NBA.

Brooklyn Nets (www.barclayscenter.com ; angle Flatbush Ave et Atlantic Ave, Prospect Heights ; **S** B/D, N/Q/R, 2/3, 4/5 jusqu'à Atlantic Ave-Barclays Ctr). Basket (NBA).

NY Rangers (p. 170). Hockey sur glace (NHL).

Vaut le détour

Achetez des places pour des rencontres des grands championnats auprès de **Ticketmaster** (www.ticketmaster.com) ou de **StubHub** (www.stubhub.com).

New York en 4 jours

1er jour

EASTVILLAGE IMAGES/SHUTTERSTOCK ©

Passez la matinée à **Central Park** (p. 204), où vous pourrez découvrir la **fontaine Bethesda** (voir photo), le **Conservatory Water** et **Strawberry Fields**. Prenez le temps d'une promenade à la rame à proximité du **Loeb Boathouse** (p. 205).

Ensuite, allez admirer **Grand Central Terminal** (p. 158), le **Chrysler Building** (p. 159) et la **New York Public Library** (p. 159). Terminez l'après-midi par une visite du **Museum of Modern Art** (p. 154).

Imprégnez-vous du maelström urbain de **Times Square** (p. 150). Achetez des places pour un show de **Broadway** ou pour un spectacle novateur au **Playwrights Horizons** (p. 171). Sirotez un cocktail à la **Rum House** (p. 168) puis filez à **Top of the Rock** (p. 158) pour saluer la ville.

2e jour

Contemplez les magnifiques collections du **Metropolitan Museum of Art** (voir photo ; p. 182), en été, gagnez le toit pour profiter de la vue sur Central Park. Non loin, la **Neue Galerie** (p. 190) offre un festival d'art allemand et autrichien dans une demeure de 1914.

Rejoignez SoHo pour un après-midi de shopping dans **Prince Street** et **Spring Street** (p. 80), puis arpentez **Mulberry Street** (p. 73) et visitez le **Museum of Chinese in America** (p. 71). Ralliez le **Madison Square Park** (p. 138) pour admirer le classique Flatiron Building.

Après le dîner, allez voir un spectacle comique au **Peoples Improv Theater** (p. 145), puis terminez la soirée par un verre de vin italien au **Serra** (p. 143), le sublime bar sur le toit d'Eataly.

3e jour

OSUGI/SHUTTERSTOCK ©

À Brooklyn, flânez dans **Prospect Park** (p. 226), puis filez vers l'ouest afin d'explorer le paisible quartier de **Park Slope** et le plus sensible secteur de **Gowanus**. Fouillez les rayons de **No Relation Vintage** (p. 233) et dévorez une tarte à **Four & Twenty Blackbirds** (p. 228).

Prenez un taxi pour **Williamsburg** (p. 234) et écumez les boutiques et cafés de **Bedford Avenue**. Dégottez des souvenirs uniques à l'**Artists & Fleas** (p. 235), allez voir une exposition ésotérique au **City Reliquary** (p. 235) et rejoignez **Maison Premiere** (p. 235) pour un dîner et un cocktail.

Faites une promenade digestive jusqu'à **Domino Park** (voir photo ; p. 235) et admirez une vue splendide sur Manhattan. Pour regagner l'autre rive, prenez un **NYC Ferry** (p. 242).

4e jour

Prenez le **Staten Island Ferry** (p. 242) de bonne heure pour admirer le soleil se lever sur Manhattan. Puis une vue imprenable vous attend depuis le **One World Observatory** (p. 48), avant de visiter l'émouvant **National September 11 Memorial & Museum** (p. 46).

Ralliez le Meatpacking District pour visiter le **Whitney Museum of American Art** (p. 114). La **High Line** (p. 108) offre une balade sur une ancienne voie ferroviaire aérienne.

Explorez les charmantes rues de Greenwich Village, où vous pourrez dîner et profiter d'un concert de jazz intimiste à **Smalls** (p. 127) ou à **Village Vanguard** (voir photo ; p. 128). Terminez la soirée autour d'une bière artisanale ou d'un cocktail au **Tippler** (p. 123).

Les basiques

Pour plus de renseignements, consultez le *Carnet pratique* (p. 237).

Monnaie
Dollar américain ($US)

Langue
Anglais

Visas
Voir les formalités p. 246.

Argent
DAB omniprésents ; cartes bancaires largement acceptées.

Téléphones portables
Les cartes SIM locales peuvent être utilisées dans un téléphone déverrouillé (sinon, achetez un portable à charger avec des cartes prépayées).

Heure locale
Eastern Standard Time (GMT -5 heures).

Pourboire
Obligatoire à New York. 18-20% pour les serveurs au restaurant ; 1 $ par verre pour les barmen ; 10-15% pour les chauffeurs de taxi ; 2-4 $ par jour pour les femmes de chambre.

Budget quotidien

Moins de 250 $

Dortoir en auberge de jeunesse : 40-70 $

Part de pizza : environ 4 $

Taco dans un food truck : à partir de 3 $

Verre de vin à l'happy hour : 10 $

Billet de bus ou de métro : moins de 3 $

De 250 à 500 $

Chambre double : à partir de 200 $

Billet pour les observatoires de l'Empire State Building : 58 $

Dîner à deux dans un restaurant de catégorie moyenne : 150 $

Cocktail artisanal : 15-19 $

Billets à prix réduit pour Broadway : environ 80 $

Plus de 500 $

Une nuit au mirifique Greenwich Hotel : à partir de 650 $

Menu dégustation haut de gamme : 90-315 $

Massage d'une heure au Great Jones Spa : 150 $

Fauteuil d'orchestre au Metropolitan Opera : 85-445 $

À prévoir

Deux mois avant Réservez votre hébergement – plus vous tardez, plus le prix sera élevé. Décrochez des billets pour les affiches de Broadway et demandez une visite gratuite avec un guide de Big Apple Greeters.

Un mois avant La plupart des restaurants chics ouvrent leurs réservations quatre semaines à l'avance.

Une semaine avant Parcourez le Web pour être au courant des inaugurations d'établissements, des concerts, des spectacles comiques et des manifestations artistiques.

Arriver à New York

John F Kennedy International Airport (JFK)

L'AirTrain (5 $) est connecté au métro (2,75 $) ; comptez 1 heure jusqu'à Manhattan. Le bus express pour Midtown coûte 19 $. Un taxi coûte 52 $ (hors péage, pourboire et surcoût aux heures de pointe).

LaGuardia Airport (LGA)

Prenez le bus express Q70 jusqu'à la station de métro 74th St-Broadway. Le bus express vers Midtown coûte 16 $, et un taxi 35-55 $ (hors pourboire et péage).

Newark Liberty International Airport (EWR)

Prenez l'AirTrain (5,50 $) pour la Newark Airport Station ; empruntez n'importe quel train à destination de Penn Station New York (13 $). Un taxi coûte de 50 à 70 $ (plus environ 15 $ de péage et de pourboire).

Comment circuler

Métro

Bon marché, efficace et ouvert 24h/24, 7j/7. Un trajet coûte 2,75 $; inclus dans le réseau MetroCard ou OMNY.

Bus

Pratique pour circuler entre les quartiers est et ouest de Manhattan. 2,75 $ par trajet ; réseau MetroCard.

Taxi

Le compteur est réglé sur 2,50 $ au départ et augmente de 50 ¢ tous les 0,2 mile. Voir www.nyc.gov/taxi.

Ferry

Fait des haltes à Manhattan, Brooklyn et Queens. Voir www.ferry.nyc.

Vélo

Les vélos en libre-service de Citi Bike (www.citibikenyc.com).

Gare d'Oculus (p. 47 ; conçue par Santiago Calatrava), National September 11 Memorial & Museum

Les quartiers de New York

Upper West Side et Central Park (p. 203)
Quartier du Lincoln Center et de Central Park, antidote aux interminables étendues de béton.

West Village, Chelsea et Meatpacking District (p. 107)
Cafés de quartier et lieux de sortie tendance ponctuent des rues pittoresques aux belles maisons de brique.

Financial District et Lower Manhattan (p. 39)
Ce secteur englobe le mémorial et musée du 11-septembre, le Brooklyn Bridge et la statue de la Liberté.

Brooklyn: Park Slope, Gowanus et Green-Wood Cemetery (p. 223)
Une des zones résidentielles les plus appréciées de la ville, avec l'un de ses plus beaux parcs et le charmant Green-Wood Cemetery.

Central Park
Guggenheim Museum
Metropolitan Museum of Art
MoMA PS1

Upper East Side (p. 181)
Boutiques de luxe, hôtels particuliers et le Museum Mile en point d'orgue architectural.

Midtown (p. 149)
New York tel qu'on l'imagine : Times Square, Broadway, forêts de gratte-ciel et foule affairée.

Union Square, Flatiron District et Gramercy (p. 135)
Secteur regroupant plusieurs quartiers disparates et hauts en couleur. Peu de monuments mais excellents restaurants.

East Village et Lower East Side (p. 85)
L'ancien côtoie le moderne dans ces deux quartiers très courus pour manger à petit prix et sortir.

SoHo et Chinatown (p. 65)
Temples cachés et restaurants de raviolis émaillent Chinatown. À côté, les rues léchées de SoHo sont bordées de boutiques chics.

Explorer New York

Vaut le détour

Promenades à pied

Vue aérienne de Central Park (p. 204) et Manhattan

Explorer

Financial District et Lower Manhattan

La pointe sud de Manhattan ne se limite plus aux affaires et compte quelques sites phares comme le National September 11 Memorial & Museum et le One World Observatory, sans oublier Ellis Island et la statue de la Liberté. Au nord du quartier se trouvent les entrepôts reconvertis de Tribeca, abritant restaurants haut de gamme, boutiques et galeries d'art.

À ne pas manquer

- ***Statue de la Liberté (p. 40)*** *Grimper à l'intérieur de la plus célèbre statue d'Amérique et contempler la ville.*
- ***National September 11 Memorial & Museum (p. 46)*** *Un moment de recueillement, d'espoir et de résilience devant Ground Zero.*
- ***One World Observatory (p. 48)*** *Une montée express jusqu'au sommet du plus haut édifice de l'hémisphère Ouest pour admirer un panorama renversant.*
- ***Staten Island Ferry (p. 52)*** *Une vue sur les gratte-ciel rougeoyant au crépuscule depuis ce ferry emblématique – et gratuit – qui traverse la baie de New York.*
- ***Ellis Island (p. 43)*** *Une plongée dans l'histoire de l'immigration américaine depuis l'une des portes d'entrée les plus importantes et poignantes du pays.*

Comment y aller

S Le Financial District est bien desservi par le métro ; les lignes A/C, J/Z, 2/3 et 4/5 transitent par la station Fulton St. Prenez la ligne 1 vers South Ferry pour embarquer à destination de Staten Island, ou bien vers la statue de la Liberté et Ellis Island.

Plan du quartier p. 50

Panorama de Lower Manhattan

Les incontournables

Statue de la Liberté et Ellis Island

Depuis 1886, Lady Liberty pose un regard sévère sur le continent aux Lumières éteintes, de l'autre côté de l'Atlantique. Surnommée la "Mère des exilés", elle est souvent interprétée comme le rappel à l'ordre symbolique d'un ancien monde injuste. Le poème "Le Nouveau Colosse" (1883), de Emma Lazarus, illustre son défi : "Donne-moi tes pauvres, tes exténués / Qui en rangs serrés aspirent à vivre libres / Le rebut de tes rivages surpeuplés."

PLAN P. 50, C8

www.nps.gov/stli

adulte/enfant avec Ellis Island 18,50/9 $

8h30-18h (horaires variables selon la saison)

jusqu'à Liberty Island, S 1 jusqu'à South Ferry, 4/5 jusqu'à Bowling Green, puis ferry

De Suez à New York

Beaucoup seront surpris d'apprendre que l'imposant cadeau de la France à l'Amérique n'était pas, à l'origine, destiné aux États-Unis. En effet, Frédéric-Auguste Bartholdi avait initialement en tête une colossale sculpture vouée à garder l'entrée du canal de Suez en Égypte, l'une des plus grandes prouesses d'ingénierie du XIXe siècle. Toutefois, l'ambitieux monument ne parvint pas à s'attirer de solides financements de la part de la France ou de l'Égypte, semblant ainsi reléguer le rêve de Bartholdi aux oubliettes. L'écrivain français Édouard de Laboulaye ayant proposé d'offrir un cadeau à l'Amérique pour symboliser les valeurs démocratiques communes aux deux pays, Bartholdi modifia son projet pour transformer son fiasco du canal de Suez en "Liberté éclairant le monde" – un cadeau impérissable visant à célébrer le centenaire de la Déclaration d'indépendance des États-Unis.

Genèse de la statue

Bartholdi dédia presque 20 ans à son rêve : créer ce colosse de cuivre creux et l'ériger dans la baie de New York. Contrarié par d'importants problèmes financiers, le projet fut néanmoins facilité par la campagne d'appel de fonds de l'homme de presse Joseph Pulitzer et de la poétesse Emma Lazarus, dont l'ode à la statue est désormais gravée sur le piédestal, conçu par l'architecte américain Richard Morris Hunt. Par ailleurs, le travail de Bartholdi se heurta à un défi structurel, résolu grâce à l'ossature métallique interne signée Gustave Eiffel.

Finalement achevée en 1884 (un peu en retard pour le centenaire de 1876), l'œuvre fut expédiée par bateau en 350 morceaux emballés dans 214 caisses, puis remontée quatre mois durant et placée sur un piédestal de granit. Son inauguration en octobre 1886 s'accompagna de la première *ticker-tape parade* (défilé avec lâcher

★ À savoir

- Pour visiter à la fois la statue de la Liberté et Ellis Island, prenez le ferry avant 14h.
- Les mesures de sécurité au terminal des ferries sont strictes, avec des scanners de type aéroport. Comptez une attente de 90 minutes en haute saison.
- Les billets officiels ne sont vendus que par **Statue Cruises** (plan p. 50, C8 ; ☎877-523-9849 ; www.statuecruises.com ; Battery Park, Lower Manhattan ; adulte/enfant à partir de 18,50/9 $; ⏲départs 8h30-17h, horaires réduits hiver) – ne croyez aucun vendeur de rue vous affirmant le contraire. Il est recommandé d'acheter ses tickets en ligne de bonne heure.

✕ Une petite faim ?

Apportez un pique-nique, car la nourriture sur place est médiocre. Sinon, venez tôt le matin et repartez à Lower Manhattan pour savourer les délices de District (p. 55).

de papiers dans les airs) et d'une flottille de près de 300 bateaux. C'est le National Park Service qui gère la statue depuis 1933. En 1984, une restauration a été entamée sur la robe de cuivre oxydée de la vieille dame, qui a été inscrite la même année au patrimoine mondial de l'Unesco.

La statue de la Liberté aujourd'hui

Les visiteurs ayant réservé à l'avance pourront gravir les 162 marches (abruptes) qui mènent du sommet du piédestal jusqu'à la couronne, laquelle offre une vue époustouflante sur la ville et le port. Cela dit, l'accès à la couronne est très limité et le seul moyen d'y accéder est la réservation de bonne heure ; le plus tôt sera le mieux (une fenêtre de six mois est proposée).

Si vous avez raté votre sésame pour la couronne, vous aurez peut-être plus de chance avec l'accès au piédestal, d'où la vue est également imprenable. Comme pour la couronne, les billets sont en nombre limité et sont réservables à l'avance, soit en ligne, soit par téléphone. Seuls les détenteurs de tickets pour la couronne et le piédestal ont accès au **musée de la Statue de la Liberté**, situé dans le piédestal.

Si vous n'avez de billets ni pour la couronne ni pour le piédestal, ne paniquez pas. Tous les billets de ferry pour Liberty Island et Ellis Island offrent un accès au parc de Liberty Island, avec notamment des visites guidées par les gardiens ou avec un audioguide.

Bâtiment principal d'Ellis Island

Ellis Island

Plus célèbre porte d'entrée de l'Amérique, point de rencontre entre le désespoir de la vieille Europe et les promesses du Nouveau Monde, **Ellis Island** (☎212-363-3200, billets 877-523-9849 ; www.nps.gov/elis) a vu transiter entre 1892 et 1924 plus de 12 millions de personnes en quête d'un avenir meilleur ; 40% des Américains d'aujourd'hui auraient au moins un ancêtre qui serait passé par cette île. D'ici, les nouveaux arrivants allaient directement dans le Lower East Side, dont les boutiques et leurs enseignes en yiddish, italien, allemand et chinois reflètent les multiples origines.

Une Irlandaise à New York

La première personne à débarquer à Ellis Island fut Anna Moore, dite "Annie", 17 ans. Après une traversée de 12 jours depuis le comté irlandais de Cork, elle arriva le 1er janvier 1892, accompagnée de ses frères Philip et Anthony ; tous trois venaient retrouver leurs parents, émigrés à New York quatre ans plus tôt. Elle épousa l'immigrant allemand Joseph Augustus Schayer et donna naissance à au moins 11 enfants, dont seuls 5 survécurent. Morte le 6 décembre 1924, elle repose au Calvary Cemetery, dans le Queens.

Bâtiment principal

Après l'incendie de l'édifice en bois originel en 1897, les architectes Edward Lippincott Tilton et William A. Boring conçurent ce bâtiment Art nouveau, digne "prélude" à l'aventure américaine avec sa grande entrée dotée d'une triple arcade, ses briques rouges, ses pierres angulaires et ses belvédères en granit. Les candidats à l'immigration faisaient la queue sous le magnifique plafond voûté de la Registry Room de 103 m de long pour présenter leurs papiers (polygames, indigents, criminels et anarchistes étaient refoulés).

Restauration

Après une restauration à 160 millions de dollars, le bâtiment principal de l'île a rouvert au public en 1990, sous le nom d'Ellis Island Immigration Museum. Ce musée rend un hommage poignant à l'expérience des immigrants : les récits d'historiens, d'immigrants et de diverses autres sources donnent vie à une fascinante collection d'objets personnels, de documents officiels, de photographies et de séquences de films. Achetez votre billet sur Internet (www.statuecruises.com) pour éviter l'attente interminable aux guichets.

Les incontournables

Brooklyn Bridge

Figurant parmi les sites les plus photographiés de New York, le pont de Brooklyn fut ouvert en 1883. Offrant une portée alors inégalée de 486 m entre ses deux tours, il devint le premier lien terrestre entre Brooklyn et Manhattan, mais aussi le premier pont suspendu en acier au monde. Cet exemple d'urbanisme intemporel a inspiré divers poètes, écrivains et peintres... tout en continuant de nous émerveiller aujourd'hui.

PLAN P. 50, F4

S 4/5/6 jusqu'à Brooklyn Bridge-City Hall, J/Z jusqu'à Chambers St, R/W jusqu'à City Hall, 2/3 jusqu'à Clark St, A/F jusqu'à High St-Brooklyn Bridge

Une histoire émaillée de tragédies

Le concepteur du pont, l'ingénieur d'origine allemande John Roebling, contracta le tétanos en se faisant écraser le pied par un ferry à l'embarcadère de Fulton et mourut avant même le début du chantier. Son fils Washington Roebling assuma la responsabilité du projet, qui dura 14 ans. Il fut également victime du projet, contractant la maladie des caissons après avoir travaillé sous l'eau. Cloué au lit – avec vue sur le pont – pendant des années, il confia à son épouse Emily Warren Roebling, mathématicienne et ingénieure, le soin de superviser la construction à sa place. Elle dut faire face à des dépassements de budget et à des politiciens mécontents. Outre les malheurs des Roebling, au moins 27 ouvriers perdirent la vie durant la construction de l'ouvrage. Enfin, une ultime tragédie marqua la naissance du pont : en 1883, six jours après l'inauguration officielle, une énorme foule de piétons se retrouva compressée dans un escalier après que la rumeur d'un effondrement, peut-être née d'une plaisanterie, eut entraîné une bousculade, causant au final 12 morts et des dizaines de blessés.

Traversée du pont

La traversée du pont de Brooklyn figure généralement en bonne place sur la liste des activités "à faire absolument" à New York. La promenade piétonnière offre une très belle vue sur Lower Manhattan et les points de vue situés sous les piliers sont dotés de panneaux en cuivre explicatifs. La balade d'environ 1,5 km vous prendra de 20 à 40 minutes en fonction du nombre d'arrêts que vous ferez pour admirer le paysage.

L'entrée du pont côté Manhattan se trouve à l'extrémité est du City Hall Park ; arrivé de l'autre côté, vous serez à la frontière de deux quartiers : Brooklyn Heights, résidentiel et verdoyant, et Dumbo, apprécié pour ses boutiques et restaurants.

★ À savoir

- Sur le pont, restez du côté réservé aux piétons. L'autre est conçu pour les cyclistes.
- Pour fuir la foule et jouir du panorama en solo, venez tôt le matin (avant 7h).

Une petite faim ?

Pour refaire le plein d'énergie après la balade, optez pour l'une des deux échoppes à pizza concurrentes, Juliana's (p. 11) et **Grimaldi's** (☎ 718-858-4300 ; www.grimaldis-pizza.com ; 1 Front St, angle Old Fulton St ; pizzas 20-22 $; 🕐 11h30-22h45 lun-jeu, 11h30-23h45 ven, 12h-23h45 sam, 12h-22h45 dim ; S A/C jusqu'à High St-Brooklyn Bridge), situées juste en dessous du pont, à Brooklyn Heights.

Les incontournables

National September 11 Memorial & Museum

Empreint de dignité, le mémorial du 11-Septembre commémore le pire attentat terroriste jamais perpétré sur le sol américain. Ses deux bassins sont un symbole d'espoir et de renouveau, mais surtout un monument à la mémoire des milliers de victimes. À côté, dans une atmosphère solennelle, le musée du Mémorial relate les événements de ce terrible jour de 2001.

PLAN P. 50, C5

www.911memorial.org/museum

180 Greenwich St

mémorial entrée libre, musée adulte/enfant 26/15 $

9h-20h dim-jeu, 9h-21h ven et sam

S E jusqu'à World Trade Center, 2/3 jusqu'à Park Pl, R/W jusqu'à Cortlandt St

Bassins-miroirs

Baptisés *Reflecting Absence* (le reflet de l'absence), les bassins-miroirs (voir photo) du mémorial du 11-Septembre sont entourés d'une esplanade plantée de 400 chênes blancs d'Amérique, et reposent sur les anciennes fondations des tours jumelles. De l'eau ruisselle en permanence le long des parois, recueillie dans une fosse centrale de 9 m de profondeur. Autour des bassins, des plaques de bronze portent les noms des victimes des attentats du 11 septembre 2001 et de celui à la voiture piégée du 26 février 1993.

Musée du Mémorial

Le National Septembre 11 Memorial Museum est logé entre les bassins réfléchissants. L'entrée vitrée évoque une tour effondrée. À l'intérieur, un escalator conduit au principal hall souterrain du musée. Les visiteurs descendent à l'ombre de deux tridents d'acier initialement scellés dans les fondations de la tour nord. Les murs de l'émouvante galerie In Memoriam sont tapissés des photos et des noms des victimes. On peut en apprendre davantage sur leurs vies en naviguant sur les écrans tactiles mis à disposition.

On peut aussi avoir un peu plus conscience de ce qui s'est passé ce jour-là en voyant le camion de pompier désagrégé qui est exposé ici. Il témoigne de la violence du brasier auquel firent face les soldats du feu.

La principale exposition du musée, une collection de vidéos, d'enregistrements audio, d'images, d'objets et de témoignages, donne à réfléchir sur la tragédie et les histoires de deuil, de résilience et d'espoir qui l'ont suivie. On peut aussi voir la dernière poutre d'acier retirée du site, couverte de messages et de témoignages en hommage aux personnes qui ont péri.

★ À savoir

- Dans le musée, ne manquez pas l'"Ange du 11-Septembre", le visage angoissé d'une femme visible sur une poutre métallique.
- À l'extérieur, admirez l'immense Oculus blanc de Santiago Calatrava, inspiré des ailes d'une colombe.
- La dernière entrée se fait 2 heures avant la fermeture.
- L'accès au musée est gratuit le mardi de 17h à 20h.

✕ Une petite faim ?

- Échappez à la foule de Wall Street à l'heure du déjeuner en rejoignant Tribeca, où vous trouverez tout un choix de restaurants prisés, comme la Locanda Verde (p. 55) ou Two Hands (p. 57), une bonne adresse à prix plus doux.

Les incontournables

One World Observatory

Comblant le trou béant qui marquait la skyline *de Lower Manhattan, le One World Trade Center incarne la renaissance, la détermination et la résilience de la ville. Il ne s'agit pas d'un simple gratte-ciel, mais d'un géant hautement symbolique, à la fois imprégné du passé et fermement tourné vers l'avenir. Pour les amoureux de New York, c'est aussi le point culminant de la visite, offrant une vue vertigineuse et inoubliable sur la ville.*

PLAN P. 50, B4

www.oneworldobservatory.com

285 Fulton St

adulte/enfant/-5 ans 35/29 $/gratuit

9h-21h sept-avr, 8h-21h mai-août

S E jusqu'à World Trade Center, 2/3 jusqu'à Park Pl, A/C, J/Z, 4/5 jusqu'à Fulton St

Le bâtiment

Se dressant à l'angle nord-ouest du site du World Trade Center, le bâtiment de 104 étages est la nouvelle version, signée David M. Childs, du concept mis au point par Daniel Libeskind en 2002. Ce gratte-ciel fuselé est actuellement le plus haut building de l'hémisphère Ouest, et le sixième du monde, si on tient compte de son antenne. Ses angles biseautés forment plusieurs triangles isocèles qui, vus du sol, semblent s'élever à l'infini. Codessiné par le sculpteur Kenneth Snelson, il atteint la hauteur symbolique de 1 776 pieds (541 m), en référence à l'année de l'indépendance des États-Unis.

C'est également l'un des rares édifices au monde à s'être vu décerner la certification LEED Or pour ses divers atouts écologiques. Près de la moitié des matériaux de construction est composée de contenu postindustriel recyclé, tandis que l'eau de pluie est récoltée pour le refroidissement des équipements et l'irrigation des végétaux. La lumière naturelle, ainsi que les systèmes électriques et CVC, réduisent les besoins en électricité.

Vue panoramique

Les plateformes d'observation, les plus hautes de la ville, s'étendent des niveaux 100 à 102 : elles sont accessibles par les cinq ascenseurs Sky Pod, qui figurent parmi les plus rapides au monde. Au niveau 100 s'étale un spectaculaire panorama à 360 degrés, qui invite forcément à traquer les sites célèbres, des ponts de Brooklyn et de Manhattan à la statue de la Liberté, en passant par le Woolworth Building, l'Empire State Building et le Chrysler Building. Si vous avez besoin d'aide, des tablettes interactives en huit langues sont disponibles à la location (comprises dans le billet pour 10 $ de plus). Comme on peut s'y attendre, la vue est extraordinaire, embrassant les cinq *boroughs* et les trois États voisins. Privilégiez une belle journée pour une expérience optimale.

★ À savoir

- Préachetez vos billets en ligne (www.oneworldobservatory.com/tickets) pour éviter les longues files d'attente.
- Au moment de l'achat, vous devrez sélectionner un créneau horaire spécifique pour la visite ; venez dès 9h15 pour profiter d'une courte période d'attente et d'une foule clairsemée. Le coucher du soleil est le moment le plus couru.
- Si vous êtes vraiment pressé par le temps (ou simplement impatient), vous pouvez couper toutes les files avec un billet Priority Reserve.

Une petite pause ?

Il y a des options de restauration aux tarifs délirants au niveau 101. Mieux vaut patienter jusqu'à la redescente, puis marcher vers l'ouest sur un block jusqu'à Brookfield Place, où vous pourrez grignoter à Hudson Eats (p. 58) ou au District (p. 55).

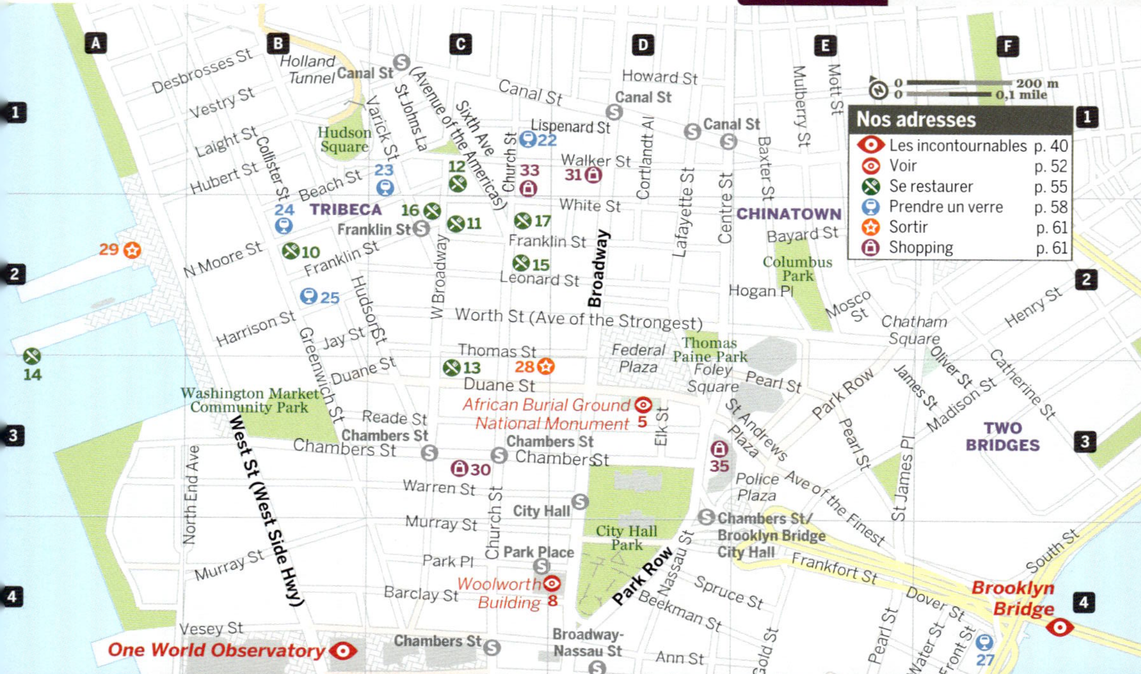
Nos adresses
Les incontournables p. 40
Voir p. 52
Se restaurer p. 55
Prendre un verre p. 58
Sortir p. 61
Shopping p. 61
0 200 m
0 0,1 mile
TRIBECA
CHINATOWN
TWO BRIDGES
One World Observatory
Woolworth Building 8
African Burial Ground National Monument 5
Brooklyn Bridge
Washington Market Community Park
Hudson Square
Columbus Park
Thomas Paine Park
Federal Plaza
Foley Square
City Hall Park
Police Plaza
St Andrews Plaza
Chatham Square
Holland Tunnel
West St (West Side Hwy)
Broadway
Park Row
Worth St (Ave of the Strongest)
Sixth Ave (Avenue of the Americas)
Ave of the Finest
Canal St
Franklin St
Chambers St
City Hall
Park Place
Chambers St/ Brooklyn Bridge City Hall
Broadway-Nassau St
Desbrosses St
Vestry St
Laight St
Hubert St
Collister St
Beach St
N Moore St
Harrison St
Jay St
Hudson St
Greenwich St
Duane St
Reade St
Warren St
Murray St
Park Pl
Barclay St
Vesey St
North End Ave
Varick St
St Johns La
W Broadway
Church St
Lispenard St
Walker St
White St
Leonard St
Thomas St
Howard St
Cortlandt Al
Lafayette St
Centre St
Baxter St
Mulberry St
Mott St
Bayard St
Hogan Pl
Mosco St
Elk St
Pearl St
Nassau St
Beekman St
Spruce St
Ann St
Gold St
Frankfort St
Dover St
Water St
Front St
South St
St James Pl
James St
Oliver St
Madison St
Catherine St
Henry St
A B C D E F
1 2 3 4
10 11 12 13 14 15 16 17 22 23 24 25 27 28 29 30 31 33 35

A
B
C
D
E
F
5
6
7
8
World Trade Center
Memorial Pools
9
19
National September 11 Memorial & Museum
North Cove
Cortlandt St
Dey St
Fulton St
Century 21
Cortlandt St
BATTERY PARK CITY
Liberty St
Zuccotti Park
Cedar St
Thames St
Broadway
Albany St
South End Ave
Rector Pl
Battery Park City Esplanade
W Thames St
Carlisle St
Washington St
Edgar St
West Side Hwy
Trinity 3 Church
Wall St
Rector St
Rector St
Greenwich St
Trinity Pl
Morris St
FINANCIAL DISTRICT
Bowling Green
Battery Pl
2nd Pl
Battery Pl
South Cove
Museum of 2 Jewish Heritage
Robert F Wagner Jr Park
26
Pier A
Hudson River
Upper New York Bay
Ferry pour la statue de la Liberté
Castle Clinton
6 Battery Park
National Museum of the American Indian
4
Whitehall St
Stone St
Bridge St
Pearl St
State St
South Ferry
Statue de la Liberté et Ellis ISland
1 Ferry pour Staten Island
Ferry pour Governors Island
Whitehall Ferry Terminal
Whitehall St
South St
Vietnam Veterans Plaza
20
Broad St
S William St
Beaver St
Stone St
New St
21
Exchange Al
Broad St
Wall St
Wall St
Nassau St
Liberty St
LOWER MANHATTAN
John St
Dutch St
Fulton St
William St
Cedar St
Pine St
Pearl St
Water St
Old Slip
Gouverneur La
Front St
Water St
Maiden La
Fletcher St
Platt St
TKTS Booth
Cliff St
Fulton St
Guilbert Park
Beekman St
32
34
South St
18
Franklin D Roosevelt Dr
South Street 7 Seaport Museum
Pier 17
Pier 16
Pier 15
Pier 11
Pier 6
New York Water Taxi Arrêt : Wall Street
East River

Voir

Ferry de Staten Island FERRY

1 PLAN P. 50, D8

Moyen de transport pour les habitants de Staten Island, instrument d'escapades romantiques pour ceux de New York, ces imposants ferries orange permettent la traversée (8,3 km, 25 minutes) entre Lower Manhattan et le quartier de St George, à Staten Island. L'un des beaux périples gratuits de New York. (www.siferry.com ; Whitehall Terminal, 4 Whitehall St, au niveau de South St, Lower Manhattan ; entrée libre ; 24h/24 ; S 1 jusqu'à South Ferry ; R/W jusqu'à Whitehall St, 4/5 jusqu'à Bowling Green)

Museum of Jewish Heritage MUSÉE

2 PLAN P. 50, B7

Construit au bord de l'eau, ce musée explore la question de l'identité et de la culture juives modernes à travers la religion et l'art. L'exposition permanente s'étale sur 3 étages thématiques – *La vie des juifs il y a un siècle*, *La renaissance juive* et *La guerre contre les juifs* – ce dernier offrant une plongée détaillée dans l'Holocauste à travers des milliers d'objets personnels, de photographies, de films documentaires et de témoignages de survivants. L'installation extérieure, **Garden of Stones**, un étroit passage composé de 18 blocs de pierre d'où jaillissent des arbres, commémore aussi les victimes de la Shoah. (646-437-4202 ; www.mjhnyc.org ; 36 Battery Pl, Financial District ; adulte/enfant 8 $/gratuit, 16h-21h mer et jeu gratuit ; 10h-21h dim-jeu, 10h-17h ven mi-mars à mi-nov, 10h-15h ven le reste de l'année ; 4/5 jusqu'à Bowling Green, R/W jusqu'à Whitehall St)

Trinity Church ÉGLISE

3 PLAN P. 50, C6

Plus haut édifice de New York à sa consécration en 1846, Trinity Church affiche un clocher culminant à 85 m et un vitrail richement coloré dominant l'autel. Parmi les résidents célèbres de son cimetière figure le père fondateur et premier secrétaire du Trésor Alexander Hamilton (dont la vie est retracée dans un spectacle de Broadway). L'excellent programme musical comprend les récitals d'orgue Pipes at One (13h vendredi) et des spectacles de chorale en soirée. (212-602-0800 ; www.trinitywallstreet.org ; 75 Broadway, au niveau de Wall St ; Lower Manhattan ; 7h-18h, cimetière jusqu'à 18h en été, coucher du soleil en hiver ; S 1, R/W jusqu'à Rector St, 2/3, 4/5 jusqu'à Wall St) de Handel en décembre.

National Museum of the American Indian MUSÉE

4 PLAN P. 50, D7

Ce musée occupe l'ancienne **Maison des Douanes**, de style Beaux-Arts, conçue par Cass Gilbert en 1907. Par-delà une vaste rotonde elliptique coiffée d'un puits de lumière, d'élégantes galeries abritent des expositions temporaires consacrées à l'art, à la culture, à la vie et aux croyances des Amérindiens. Les œuvres d'art décoratif, tissus et objets rituels de la collection permanente illustrent la diversité de ces communautés, tandis que l'**imagiNATIONS Activity Center** explore leurs techniques. (212-514-3700 ; www.nmai.si.edu ; 1 Bowling Green, Financial District ; entrée libre ; 10h-17h lun-mer, 10h-20h jeu ; ; S 4/5 jusqu'à Bowling Green, R/W jusqu'à Whitehall St)

African Burial Ground National Monument MÉMORIAL

5 PLAN P. 50, D3

En 1991, des ouvriers découvrirent ici plus de 400 cercueils, entre 4 et 8 m sous le niveau du sol. Ils contenaient les ossements d'esclaves et d'Afro-Américains affranchis des XVIIe et XVIIIe siècles (la Trinity Church voisine leur refusa d'être enterrés dans son cimetière à partir de 1697). Désormais, un poignant **mémorial** et **centre des visiteurs**, doté de quatre salles contenant des expositions pédagogiques, rend hommage aux quelque 15 000 hommes, femmes et enfants enterrés dans ce cimetière africain, le plus vaste et le plus ancien d'Amérique. (212-637-2019 ; www.nps.gov/afbg ; 290 Broadway, entre Duane St et Elk St, Lower Manhattan ; entrée gratuite ; 10h-16h mar-sam ; S J/Z jusqu'à Chambers St, R/W jusqu'à City Hall, 4/5/6 jusqu'à Brooklyn Bridge-City Hall)

Staten Island Ferry

South Street Seaport

Avant que l'ouragan Sandy ne frappe le secteur en 2012, les New-Yorkais ne s'y promenaient guère, préférant laisser aux touristes son ambiance commerçante artificielle, ses artistes de rue et ses restaurants médiocres et souvent bondés. Les travaux de rénovation et de réaménagement ont pris du temps, mais ont récemment connu un coup d'accélérateur. Un édifice flambant neuf sur le **Pier 17** (Plan p. 50, F5 ; www.pier17ny.com ; 89 South St, South Street Seaport, Lower Manhattan ; S 2/3, 4/5, A/C, J/Z jusqu'à Fulton St) abrite quelques restaurants haut de gamme, une vaste terrasse sur le fleuve offrant une vue stupéfiante et un espace de concert à ciel ouvert ; le réaménagement se poursuit et des buildings vertigineux pourraient venir garnir l'horizon. Et même si les nouveaux projets menacent la préservation des éléments historiques, quelques bars et restaurants conservent leur charme évocateur et méritent le coup d'œil.

Battery Park

PARC

6 PLAN P. 50, C8

À l'extrémité sud de Manhattan, cette oasis de 4,8 ha abrite des œuvres d'art, des allées sinueuses et des plantes vivaces. On y trouve divers monuments commémoratifs, honorant notamment le navigateur Giovanni da Verrazzano. La première colonie néerlandaise de Manhattan y fut fondée en 1625, avant que la première batterie de défense de la ville n'y soit installée. Le parc compte aussi le charmant **SeaGlass Carousel** (212-344-3491 ; www.seaglasscarousel.nyc ; 5 $; 10h-22h), le vénérable **Castle Clinton** (212-344-7220 ; www.nps.gov/cacl ; gratuit ; 7h45-17h) et les ferries desservant Ellis Island et la statue de la Liberté. (www.nycgovparks.org ; Broadway, au niveau de Battery Pl ; 6h-1h ; S 4/5 jusqu'à Bowling Green, R/W jusqu'à Whitehall St, 1 jusqu'à South Ferry)

South Street Seaport Museum

MUSÉE

7 PLAN P. 50, E5

Dispersé au fil des rues pavées du quartier portuaire, ce musée de 1967 comporte de fascinantes expositions relatives à l'histoire maritime de la ville, une presse typographique et une imprimerie du XVIIIe siècle (p. 62), ainsi qu'une poignée d'imposants navires à découvrir sur le Pier 16. Outre la visite à quai du *Wavertree* (1885) et du bateau-phare *Ambrose* (1907), il est possible aux beaux jours de sillonner le port à bord du *Pioneer*, de 1885, et du *WO Decker*, un remorqueur en bois de 1930. (212-748-8600 ; www.

southstreetseaportmuseum.org ; 12 Fulton St, entre Water St et Front St, Lower Manhattan ; expositions et bateaux adulte/enfant 20 $/gratuit, presse et imprimerie gratuit ; bateaux et centre des visiteurs 11h-17h mer-dim, imprimerie 11h-19h mar-dim ; ; S 2/3, 4/5, A/C, J/Z jusqu'à Fulton St)

Woolworth Building

ÉDIFICE REMARQUABLE

8 PLAN P. 50, D4

Édifice le plus haut du monde à son achèvement en 1913 (seulement dépassé par le Chrysler Building en 1930), le Woolworth Building, conçu par Cass Gilbert, est un joyau néogothique de 60 étages et 241 m de hauteur, élégamment vêtu de maçonnerie et de terre cuite. Son hall classé, dont les mosaïques évoquent les splendeurs byzantines, est accessible dans le cadre d'une visite guidée (sur réservation) qui offre des surprises, comme la découverte d'une entrée de métro dédiée et d'une piscine secrète. (203-966-9663 ; www.woolworthtours.com ; 233 Broadway, au niveau de Park Pl, Lower Manhattan ; visites 30 min/1 heure/1 heure 30 20/30/45 $; S R/W jusqu'à City Hall, 2/3 jusqu'à Park Pl, 4/5/6 jusqu'à Brooklyn Bridge-City Hall)

Se restaurer

Le District

ESPACE RESTAURATION $$$

9 PLAN P. 50, B5

La France est à l'honneur dans ce vaste espace de restauration servant des pâtisseries, du fromage ou des steaks-frites. Le **Beaubourg**, son restaurant principal, propose des classiques de bistrot. Pour un repas rapide, gagnez le comptoir du **Market District** ou bien le **Cafe District**. (212-981-8588 ; www.ledistrict.com ; Brookfield Place, 225 Liberty St, au niveau de West St, Lower Manhattan ; Market District plats 12-30 $, Beaubourg plats dîner 19-36 $; Beaubourg 8h-22h lun, 8h-23h mar-mer, 8h-minuit jeu-ven, 10h-minuit sam, 10h-22h dim, comptoirs horaires variables ; ; S E jusqu'à World Trade Center, 2/3 jusqu'à Park Pl, R/W jusqu'à Cortlandt St, 4/5 jusqu'à Fulton St, A/C jusqu'à Chambers St)

Locanda Verde

ITALIEN $$$

10 PLAN P. 50, B2

Sur le trottoir du **Greenwich Hotel** figure le raffiné établissement italien d'Andrew Carmellini. Derrière les rideaux de velours, le cadre affiche cravates dénouées, robes noires et personnel de bar impeccable. Même si c'est le genre d'endroit où il faut se faire voir, la cuisine – espadon grillé avec salade de farro, *orecchiette* avec saucisse de canard, ou encore *rigatoni* à la sauce bolognaise au veau – reste son atout principal. (212-925-3797 ; www.locandaverdenyc.com ; 377 Greenwich St, au niveau de Moore St, Tribeca ; plats déj 24-36 $, dîner 27-58 $; 7h-23h lun-jeu, 7h-23h30 ven, 8h-23h30 sam, 8h-23h dim ; S 1 jusqu'à Franklin St , A/C/E jusqu'à Canal St)

Maman

CAFÉ $

11 PLAN P.50, C2

Avec sa peinture blanche passée, ses puits de lumière et ses pots de lavande séchée, ce café de quartier prisé conjugue l'allure d'une ferme provençale et chic industriel de Manhattan. La carte aux accents français comporte une série de salades, d'omelettes et de sandwichs richement garnis, ainsi que de somptueuses gaufres au babeurre et à la nectarine, sans oublier la quiche du jour. Un comptoir à l'avant propose du café et des pâtisseries à emporter. (www.mamannyc.com ; 211 W Broadway, Tribeca ; plats 13-16 $; 8h-16h lun-ven, 9h-16h sam-dim ; S 1 jusqu'à Franklin St)

Bâtard

EUROPÉEN $$$

12 PLAN P. 50, C1

Le chef autrichien Markus Glocker dirige ce chaleureux restaurant étoilé, où la sobriété du décor fait porter l'attention sur la cuisine. Les plats sont le reflet fidèle des gastronomies française et italienne : les menus recèlent de généreux délices comme le bar rayé servi avec des chanterelles, ou des tagliatelles avec du rôti d'agneau, des olives et du pecorino. (212-219-2777 ; www.batardtribeca.com ; 239 W Broadway, entre Walker St et White St, Tribeca ; 2/3/4 plats 65/89/99 $; 17h30-22h lun-mer, 17h30-22h30 jeu-sam ; S 1 jusqu'à Franklin St, A/C/E jusqu'à Canal St)

Tiny's & the Bar Upstairs

AMÉRICAIN $$$

13 PLAN P.50, C3

L'intérieur rustique de cette maison de ville de Tribeca de 1810 – papier peint ancien, boiseries récupérées, plafond en étain d'origine, comptoirs en cuivre martelé et en marbre – mérite la visite à lui seul. Cela dit, vous ne regretterez pas d'être resté pour un repas ou un cocktail. On y sert une cuisine américaine moderne aux accents français : canard saisi à la poêle accompagné de navets et d'échalotes, moules au safran, etc. (212-374-1135 ; www.tinysnyc.com ; 135 W Broadway, entre Thomas St et Duane St, Tribeca ; plats déj 13-19 $, dîner 25-34 $; 8h-minuit ; S 1 jusqu'à Franklin St, A, C jusqu'à Chambers St)

Grand Banks

PRODUITS DE LA MER $$

14 PLAN P. 50, A3

À bord du **Sherman Zwicker**, une goélette de 1942 ancrée dans l'Hudson, le chef Kerry Heffernan prépare des produits de la mer issus de pratiques durables, notamment des huîtres de l'Atlantique (essayez aussi le ceviche, les sandwichs au homard ou le crabe en mue). Une clientèle chic s'y retrouve après le travail ou le week-end ; un dîner tardif procure une vue imprenable sur le coucher du soleil. (212-660-6312 ; www.grandbanks.org ; Pier 25, près de N Moore St, Tribeca ; huîtres 3-4 $, plats 19-29 $; 11h-0h30 lun-ven, 10h-0h30 sam-dim fin avr-oct ; S 1 jusqu'à Franklin St, A/C/E jusqu'à Canal St)

Two Hands

AUSTRALIEN $$

15 PLAN P. 50, C2

L'intérieur de briques chaulées donne une touche spacieuse à ce café-restaurant moderne "à l'australienne" – adoré de la clientèle locale. La carte recèle des options légères pour le petit-déjeuner et le déjeuner– bols d'açai généreusement garnies de baies et de granola, sandwich au poulet accompagné de crème de feta et de tapenade d'olive, etc. Le café est top et l'happy hour s'étale de 14h à 17h. (www.twohandsnyc.com ; 251 Church St, entre Franklin St et Leonard St, Tribeca ; déj et brunch plats 14-19 $; 8h-17h tlj ; ; S 1 jusqu'à Franklin St, N/Q/R/W, 6 jusqu'à Canal St)

Gotan

CAFÉ $

16 PLAN P.50, C2

Ce café animé et lumineux est fréquenté par les *digerati* du centre-ville, qui profitent largement du Wi-Fi gratuit, des prises de courant savamment disposées et des tapis de charge. La carte est réduite mais roborative, avec sandwichs, salades et options petit-déjeuner aux accents méditerranéens et moyen-orientaux. Counter Culture Coffee fournit le café, les experts baristas font le reste. (212-431-5200 ; www.gotannyc.com ; 130 Franklin St, entre Varick St et W Broadway, Tribeca ; sandwichs et salades 11-14 $; 7h-17h lun-ven, 8h-17h sam-dim ; ; S 1 jusqu'à Franklin St)

Le District (p. 55)

Da Mikele

PIZZAS $$

17 PLAN P. 50, C2

Dans un décor à mi-chemin entre l'Italie et Tribeca (métal gaufré, bois recyclé et Vespa rétro), succombez à la *dolce vita* lors de l'*aperitivo* (17h-20h du lundi au vendredi) : un assortiment de mets à grignoter vous sera gracieusement servi avec votre verre. Quant aux pizzas, légères, cuites à la perfection, à la fois croustillantes et moelleuses, elles feraient pleurer de bonheur n'importe quel Napolitain. (212-925-8800 ; www.luzzosgroup.com/about-us-damikele ; 275 Church St, entre White St et Franklin St, Tribeca ; pizzas 17-22 $; 12h-23h dim-jeu, 12h-minuit ven-sam ; S 1 jusqu'à Franklin St, A/C/E, N/Q/R, J/Z, 6 jusqu'à Canal St)

Luchadores NYC

MEXICAIN $

18 PLAN P.50, E5

Par une belle journée, asseyez-vous dans la minuscule cour de cet établissement et commandez burritos, tacos et quesadillas à base de *short ribs* (plat de côtes), *carne asada* (bœuf rôti), *pollo asado* (poulet rôti) ou crevettes à la mode cajun. Fort d'une happy hour de 15h à 18h (nachos offerts pour deux bières), ce lieu est une alternative bienvenue aux options moins pragmatiques autour de South Street Seaport. (917-409-3033 ; 87 South St, au niveau de John St, Lower Manhattan ; tacos 5-7 $, burritos 10-12 $; 12h-22h ; S 2/3 jusqu'à Wall St)

Hudson Eats

RESTAURATION RAPIDE $

19 PLAN P. 50, B5

Situé à **Brookfield Place**, un ensemble de bureaux et de commerces rénové, ce *food court* est chic et élégant et possède une belle vue sur Jersey City et l'Hudson. Plusieurs stands de restauration de qualité, comme **Blue Ribbon Sushi**, **Fuku**, **Northern Tiger** et **Dos Toros Taqueria**. (212-978-1698 ; www.bfplny.com/food ; 225 Liberty St, jusqu'à West St, Lower Manhattan ; plats à partir de 7 $; 8h-21h lun-sam, 8h-19h dim ; ; S E jusqu'à World Trade Center, 2/3 jusqu'à Park Place, R/W jusqu'à Cortlandt St, 4/5 jusqu'à Fulton St, A/C jusqu'à Chambers St)

Prendre un verre

Dead Rabbit

BAR

20 PLAN P. 50, D7

Baptisée d'après un gang irlando-américain du XIXe siècle, cette célèbre taverne sur 3 étages propose des bières spéciales, des punchs à l'ancienne et des *pop-inns* (bières aromatisées). Au 2e étage, le très cosy Parlor sert des cocktails soigneusement recherchés et l'Occasional Room, sur réservation uniquement, est conçu "pour les explorateurs du whisky". (646-422-7906 ; www.deadrabbitnyc.com ; 30 Water St, entre Broad St et Coenties Slip, Financial District ; bar 11h-4h lun-ven, 10h-3h sam-dim, salon 11h-15h et 17h-2h lun-sam, 12h-minuit dim ; S R/W jusqu'à Whitehall St, 1 jusqu'à South Ferry)

Bluestone Lane

CAFÉ

21 PLAN P.50, D6

Cette enseigne australienne est en plein boom aux États-Unis. Ce minuscule bastion logé dans un coin d'immeuble de bureaux Art déco est parsemé de souvenirs de Melbourne. Parmi les costumes-cravates de Wall Street, vous trouverez des citoyens des Antipodes venus savourer un Flat White correct et crémeux, ainsi qu'une petite sélection de plats, comme le toast à l'avocat (8 $). (718-374-6858 ; www.bluestonelaneny.com ; 7h-17h lun-ven, 8h-16h sam-dim ; S J/Z jusqu'à Broad St, 2/3, 4/5 jusqu'à Wall St)

La Colombe

CAFÉ

22 PLAN P.50, C1

Rejoignez une jeunesse branchée autour d'un expresso intense, ou encore d'une spécialité du cru comme le *draft latte*, un café au lait sucré et frappé. Également disponible à La Colombe : le Pure Black Coffee, un café pressé à froid et conservé pendant 16 heures dans une cuve à vin en acier inoxydable. (212-343-1515 ; www.lacolombe.com ; 319 Church St, au niveau de Lispenard St, Tribeca ; 7h30-18h30 lun-ven, 8h30h-18h30 sam-dim ; S A/C/E jusqu'à Canal St)

Brandy Library

BAR À COCKTAILS

23 PLAN P. 50, C1

Affichant un ton brandy, ce temple des alcools bruns est l'adresse idéale pour commander un cognac ou un whisky de premier ordre. Installez-vous dans un beau fauteuil club, en face d'étagères murales jalonnées de bouteilles, puis sirotez votre boisson préférée, accompagnée de petits mets à grignoter – gougères, steak tartare au couteau, foie gras, etc. Pour un tête-à-tête, le samedi soir est plus calme que les soirs de semaine. (212-226-5545 ; www.brandylibrary.com ; 25 N Moore St, entre Varick St et Hudson St, Tribeca ; 17h-1h dim-mer, 16h-2h jeu, 16h-4h ven et sam ; S 1 jusqu'à Franklin St)

Smith & Mills

BAR À COCKTAILS

24 PLAN P.50, B2

Ce petit établissement coche toutes les cases de l'adresse branchée : façade anonyme, intérieur de style industriel et cocktails savamment concoctés, avec un penchant pour les classiques. L'espace est limité : mieux vaut donc y aller tôt pour profiter des banquettes douillettes. Carte de saison, en-cas et excellent burger aux oignons caramélisés. (212-226-2515 ; www.smithandmills.com ; 71 N Moore St, entre Hudson St et Greenwich St, Tribeca ; 11h-2h ; S 1 jusqu'à Franklin St)

Terroir Tribeca

BAR À VINS

25 PLAN P. 50, B2

Ce plaisant bar à vins vous gratifie d'une carte bien pensée et abordable, comprenant des crus de la vieille Europe et du Nouveau Monde, notamment des vins naturels et des petites productions. On y trouve en outre un personnel expert derrière le comptoir, une généreuse sélection de vins au verre et une bonne cuisine française de type bistrot (plats 18-28 $). Happy hour en début et en fin de soirée. (212-625-9463 ; www.wineisterroir.com ; 24 Harrison St, entre Greenwich St et Hudson St, Tribeca ; 16h-minuit lun et mar, 16h-1h mer-sam, 16-23h dim ; S 1 jusqu'à Franklin St)

Pier A Harbor House BAR

26 PLAN P. 50, C8

Construit en 1886 pour accueillir le siège du Board of Dock Commissioners, le Pier A est un restaurant-bar décontracté ultra-spacieux, logé directement dans le port de New York. Par beau temps, optez pour une place en terrasse – les bancs de pique-nique, les parasols et la *skyline* new-yorkaise créent un espace fabuleux pour siroter une bière artisanale ou un cocktail maison. (212-785-0153 ; www.piera.com ; 22 Battery Pl, Battery Park, Financial District ; Harbor House 11h-minuit dim-mer, 11h-2h jeu-sam, BlackTail 17h-2h ; ; S 4/5 jusqu'à Bowling Green, R/W jusqu'à Whitehall St, 1 jusqu'à South Ferry)

Cowgirl SeaHorse BAR

27 PLAN P. 50, F4

Noyé dans un océan de bars et de restaurants sérieux, le Cowgirl SeaHorse ressemble à un navire de croisière festif. Sa thématique entre ranch et mer (roues de chariots, hippocampes aux murs) et sa cuisine maison du Sud

Pier A Harbor House

ARTYOORAN/SHUTTERSTOCK ©

(poisson noirci, burgers aux huîtres de La Nouvelle-Orléans, crevettes et gruau, etc.) le rendent irrésistible. Les concerts du lundi, l'happy hour (sauf le samedi) et les excellentes *frozen* margaritas ne gâchent rien. (212-608-7873 ; www.cowgirlseahorse.com ; 259 Front St, au niveau de Dover St, Lower Manhattan ; 11h-2h lun-ven, 10h-1h sam-dim ; S A/C, J/Z, 2/3, 4/5 jusqu'à Fulton St)

Sortir

Flea Theater

THÉÂTRE

28 PLAN P. 50, C3

Parmi les meilleures compagnies du Broadway alternatif (*off-off-Broadway*), le Flea propose un théâtre innovant et actuel. Il abrite trois espaces, dont le "Siggy", qui porte le nom de sa cofondatrice, Sigourney Weaver. Le programme annuel comprend des productions musicales et chorégraphiques, ainsi que des spectacles dominicaux pour le jeune public (à partir de 2 ans) et SERIALS, un joyeux concours de pièces de 10 minutes en fin de soirée. (billets 212-226-0051 ; www.theflea.org ; 20 Thomas St, entre Timble Pl et Broadway, Tribeca ; billets à partir de 10 $; ; S A/C, 1/2/3 jusqu'à Chambers St, R/W jusqu'à City Hall)

City Vineyard

MUSIQUE LIVE

29 PLAN P. 50, A2

Ce bar-restaurant au bord de l'eau possède une petite salle de 233 places qui accueille des concerts tous les soirs.

Billets à prix réduits

Vous cherchez des billets à prix réduits pour Broadway ? Optez pour le **kiosque TKTS** (Plan p. 50, E5 ; www.tdf.org ; angle Front St et John St, Lower Manhattan ; 11h-18h lun-sam, 11h-16h dim ; S A/C, 2/3, 4/5, J/Z jusqu'à Fulton St, R/W jusqu'à Cortlandt St) de South Street Seaport plutôt que pour celui de Times Square. Il y a un peu moins de monde et on peut acheter des places pour les spectacles en matinée du lendemain (chose impossible à Times Sq). L'application TKTS pour Smartphone indique les disponibilités en temps réel.

Au programme : jeunes chanteurs-interprètes, superstars du folk et parfois groupes de rock indé. (www.citywinery.com ; Quai 26, près de N Moore St, Tribeca ; S 1 jusqu'à Franklin St, A/C/E jusqu'à Canal St)

Shopping

Philip Williams Posters

VINTAGE

30 PLAN P. 50, C3

Cette caverne d'Ali Baba recèle plus de 100 000 affiches, datant de 1870 pour certaines : énormes publicités pour des parfums et des cognacs français, affiches de cinéma de l'ère soviétique et posters chinois de *nianhua* (Nouvel An). Les prix vont de 15 $

Shopping à la new-yorkaise

Pour les fashionistas au budget serré, l'immense magasin d'outlet **Century 21** (Plan p. 50, C5 ; ☎212-227-9092 ; www.c21stores.com ; 22 Cortlandt St, entre Church St et Broadway, Financial District ; ⏱7h45-21h lun-mer, 7h45-21h30 jeu et ven, 10h-21h sam, 11h-20h dim ; Ⓢ A/C, J/Z, 2/3, 4/5 jusqu'à Fulton St, R/W jusqu'à Cortlandt St) est hautement addictif. Il faut parfois affronter la mêlée pour pouvoir s'approcher des présentoirs. Tout n'est pas forcément intéressant, mais la patience finit par payer. Vous y trouverez également des vêtements sur mesure, des chaussures, des cosmétiques, des articles pour la maison et des jouets.

pour une petite reproduction à plusieurs milliers de dollars pour un original rare, comme un Cassandre. Une seconde entrée se trouve au 52 Warren St. (☎212-513-0313 ; www.postermuseum.com ; 122 Chambers St, entre Church St et W Broadway, Lower Manhattan ; ⏱10h-19h lun-sam ; Ⓢ A/C, 1/2/3 jusqu'à Chambers St)

Pearl River Mart GRAND MAGASIN

31 PLAN P. 50, D1

Institution locale depuis 1971, Pearl River offre un choix étourdissant de cadeaux, d'articles pour la maison, de vêtements et d'accessoires asiatiques : pyjamas en soie pour hommes, robes *cheongsam*, vaisselle en céramique japonaise, gadgets pour la cuisine, lanternes en papier, kits d'origami et de calligraphie, bambous et chats porte-bonheur. La galerie d'art en mezzanine accueille des expositions temporaires mettant à l'honneur des peintres et des photographes américains d'origine asiatique. (☎212-431-4770 ; www.pearlriver.com ; 395 Broadway, au niveau de Walker St, Tribeca ; ⏱10h-19h20 ; Ⓢ N/Q/R/W, J/M/Z, 6 jusqu'à Canal St)

Bowne & Co Stationers CADEAUX ET SOUVENIRS

32 PLAN P. 50, E5

Idéalement logé dans le secteur pavé de South Street Seaport et affilié au South Street Seaport Museum voisin (p. 54), ce vénérable magasin du XVIIIe siècle recèle des reproductions rétro d'affiches locales, ainsi que des carnets, des trousses, des cartes, des timbres et même du papier cadeau sur le thème de New York. À **l'atelier d'impression**, commandez des cartes de visite personnalisées ou affûtez vos compétences en imprimerie lors de **cours** mensuels (voir la page *Events* du site Web). (☎646-628-2707 ; 211 Water St, entre Beekman St et Fulton St, Lower Manhattan ; ⏱11h-19h ; Ⓢ 2/3, 4/5, A/C, J/Z jusqu'à Fulton St)

Best Made Company

MODE ET ACCESSOIRES

33 PLAN P. 50, C1

Cette boutique/atelier de design vend de quoi préparer votre prochaine sortie camping : hachettes fabriquées à la main, sacs de voyage en cuir, lunettes de soleil, glands en émail, jeux de fléchettes et trousses de premier secours, souvent marqués d'un "X", le logo maison. Quelques beaux vêtements pour hommes, comme des chemises en flanelle, des sweat-shirts ou encore des lainages Dehen Knitting Mills, faits à Portland. (☎646-478-7092 ; www.bestmadeco.com ; 36 White St, au niveau de Church St, Tribeca ; 12h-19h lun-ven, 11h-19h sam, 11h-18h dim ; S A/C/E jusqu'à Canal St, 1 jusqu'à Franklin St)

Pasanella & Son

VINS

34 PLAN P. 50, F5

Les œnophiles adorent ce caviste expert, qui propose plus de 400 crus bien choisis et abordables. L'accent est mis sur les petites productions, sans oublier un certain nombre de vins biodynamiques et biologiques. L'endroit recèle un choix impressionnant de whiskies américains et programme des dégustations de vins gratuites à l'occasion des arrivées du samedi (17h-19h). (☎212-233-8383 ; www.pasanellaandson.com ; 115 South St, entre Peck Slip et Beekman St, Lower Manhattan ; 12h-21h lun-sam,

KRISTI BLOKHIN/SHUTTERSTOCK ©

Century 21

12h-19h dim ; S A/C, J/Z, 2/3, 4/5 jusqu'à Fulton St, R/W jusqu'à Cortlandt St)

CityStore

CADEAUX ET SOUVENIRS

35 PLAN P. 50, D3

Vous trouverez ici toutes sortes de souvenirs de New York : des plaques de taxis, des dessous-de-verre façon plaque d'égout, des T-shirts bien sûr, des casquettes NYPD, des panneaux de métro, des livres... et, plus insolites, des ouvrages sur les normes locales d'urbanisme et autres réglementations. (☎212-386-0007 ; www.nyc.gov/citystore ; North Plaza, Municipal Bldg, 1 Centre St, au niveau de Chambers St, Lower Manhattan ; 10h-17h lun-ven ; S J/Z jusqu'à Chambers St, 4/5/6 jusqu'à Brooklyn Bridge-City Hall, R/W jusqu'à City Hall)

永泰
麗心餅屋
麗心餅屋
125 Manna House Bakery 125
有限公司

Explorer

SoHo et Chinatown

Les quartiers branchés de SoHo ("South of Houston"), NoHo ("North of Houston") et Nolita ("North of Little Italy") sont connus pour leurs boutiques, bars et restaurants. Chinatown et ce qu'il reste de Little IItaly séduisent par leur ambiance de rue unique. On trouve ici un mélange aussi délicieux que contradictoire d'édifices de style "cast iron" (avec éléments en fonte), de fashionistas, de lieux de culte et de salamis suspendus en vitrine.

À ne pas manquer

- **Shopping** ***(p. 81)*** *Faire chauffer sa carte bancaire dans les grandes rues commerçantes de SoHo (sans oublier les quartiers voisins de Nolita et NoHo).*
- ***Chinatown (p. 70)*** *Découvrir des rues animées, avaler des raviolis chinois et marchander des babioles.*
- ***Little Italy (p. 73)*** *Savourer un délicat tiramisu tout en écoutant les anciens parler l'italien en sirotant un verre de grappa.*
- ***Merchant's House Museum (p. 70)*** *Explorer ce musée vénérable – et peut-être hanté – et imaginer la vie new-yorkaise dans les années 1800.*
- ***Peking Duck House (p. 75)*** *Déguster un succulent canard laqué dans le meilleur restaurant en dehors de la capitale chinoise.*

Comment y aller

S Les lignes de métro vous déposent en divers points de Canal St (J/Z, N/Q/R/W et 6). De là, explorez le secteur à pied.

Évitez de prendre des taxis ou des bus par ici – surtout à Chinatown – car la circulation y est très dense.

Plan du quartier p. 68

Chinatown (p. 70) MICHAL STIPEK/GETTY IMAGES ©

Promenade à pied

Les artisans de SoHo

Les amateurs de shopping du monde entier rêvent des magasins de SoHo où se pavanent les fashionistas. Ne vous arrêtez toutefois pas aux grandes marques internationales : vous découvrirez qu'ici, les artisans talentueux et les créateurs indépendants ont permis au paysage de conserver un parfum local, unique et créatif.

Itinéraire

Départ Café Integral

Arrivée McNally Jackson

Distance et durée
3,2 km ; 3 heures

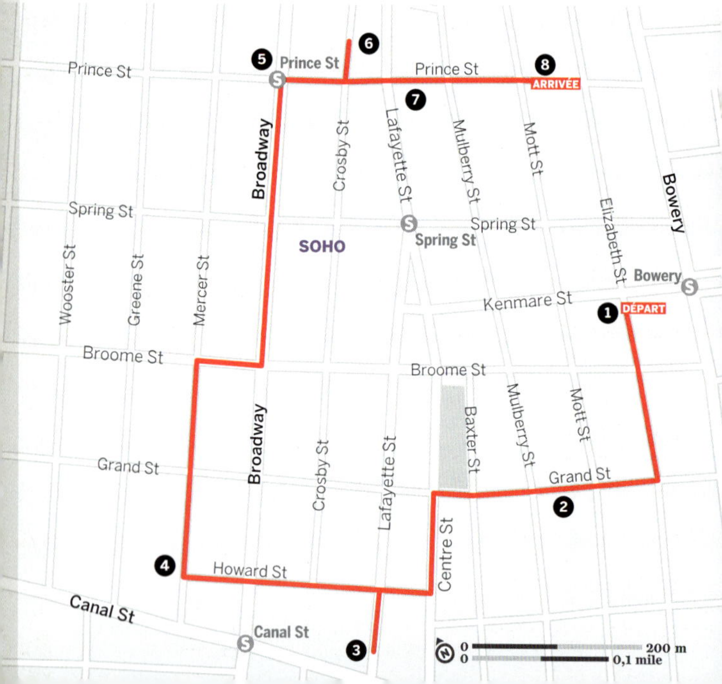

❶ Café Integral

Faites le plein d'énergie avec une tasse de café au parfum unique et un croissant dans ce vaste **café** (☎646-801-5747 ; www.cafeintegral.com ; 149 Elizabeth St, entre Broome St et Kenmare St, Nolita ; ⌚7h-17h lun-ven, 8h-17h sam-dim ; S N/Q/R, J/Z, 6 jusqu'à Canal St) situé dans Elizabeth St.

❷ Ferrara Cafe & Bakery

Cette **boulangerie** (☎212-226-6150 ; www.ferraranyc.com ; 195 Grand St, entre Mulberry St et Mott St, Little Italy ; pâtisseries 7-9 $; ⌚9h-23h dim-jeu, 9h-minuit ven-sam ; S J/Z, N/Q/R, 6 jusqu'à Canal St ; B/D 6 jusqu'à Grand St) propose un énorme choix de délices, mais aussi et surtout un tiramisu (8,95 $) extraordinaire.

❸ Glossier Flagship

Obtenez un teint frais grâce au maquillage et aux soins de la peau de cette **boutique culte** (p. 80).

❹ 3x1

Trouvez votre jean idéal dans cette **boutique** (p. 81), qui offre aussi bien du prêt-à-porter que des articles sur mesure. Les employés s'appliquent minutieusement à leur confection dans un atelier vitré.

❺ Street art sur les trottoirs

On doit l'œuvre sur le trottoir à l'angle nord-ouest de Prince St et de Broadway à Ken Hiratsuka, artiste d'origine japonaise qui en a réalisé près de quarante similaires depuis son installation à New York en 1982. Si l'œuvre nécessita cinq heures de travail effectif, il fallut deux ans (1983-1984) en tout pour l'achever. En effet, l'activité nocturne et illicite de l'artiste était souvent interrompue par des patrouilles de police.

❻ MiN New York

Faites une halte dans cette **échoppe de parfums** (☎212-206-6366 ; www.min.com ; 117 Crosby St, entre Jersey St et Prince St, SoHo ; ⌚11h-19h mar-sam, 12h-18h dim-lun ; S B/D/F/M jusqu'à Broadway-Lafayette St ; N/R jusqu'à Prince St) aux airs de bibliothèque – qui recèle des fragrances raffinées, des produits de bain et de beauté, ou encore des bougies parfumées – demandez un *fragrance flight* gratuit. Il est possible que vous rentriez à l'hôtel en sentant la rose ou la mer.

❼ McNally Jackson

Cette **librairie** indépendante, l'une des plus appréciées de la ville (p. 80), est bien garnie en magazines et livres pour connaisseurs ; un café sur place permet de s'offrir une pause agréable.

❽ Bulletin

Parcourez ce **concept store** (☎646-928-0213 ; bulletin.co ; 27 Prince St, Nolita ; ⌚11h-20h lun-sam, 11h-19h dim ; S N/Q/R/W jusqu'à Prince St ; 4/6 jusqu'à Spring St), qui abrite une collection soignée d'articles féminins conçus par des créateurs indépendants.

A
B
C
D
E
F
1
2
3
4
WEST VILLAGE
GREENWICH VILLAGE
EAST VILLAGE
NOHO
NOLITA
Washington Square Park
New York University
Sara D Roosevelt Park
Washington Pl
Waverly Pl
Washington Sq E
Washington Sq S
Washington Sq
W 4th St-Washington Sq
W 4th St
W 3rd St
MacDougal St
Sullivan St
Thompson St
LaGuardia Pl
Mercer St
Broadway
Lafayette St
Fourth Ave
Bowery
Second Ave
2nd Ave
Chrystie St
E 6th St
E 5th St
E 4th St
E 3rd St
E 2nd St
E 1st St
Great Jones St
Bond St
Bleecker St
E Houston St
W Houston St
Houston St
Broadway-Lafayette St
Elizabeth St
Mott St
Mulberry St
Jersey St
Crosby St
Prince St
Spring St
Stanton St
Rivington St
W Broadway
Sixth Ave (Avenue of the Americas)
Carmine St
Downing St
King St
Charlton St
Vandam St
Varick St
Joe's Pub
Film Forum
Merchant's House Museum
New York Earth Room
2
5
10
11
12
13
16
21
26
29
32
33
36
38
39

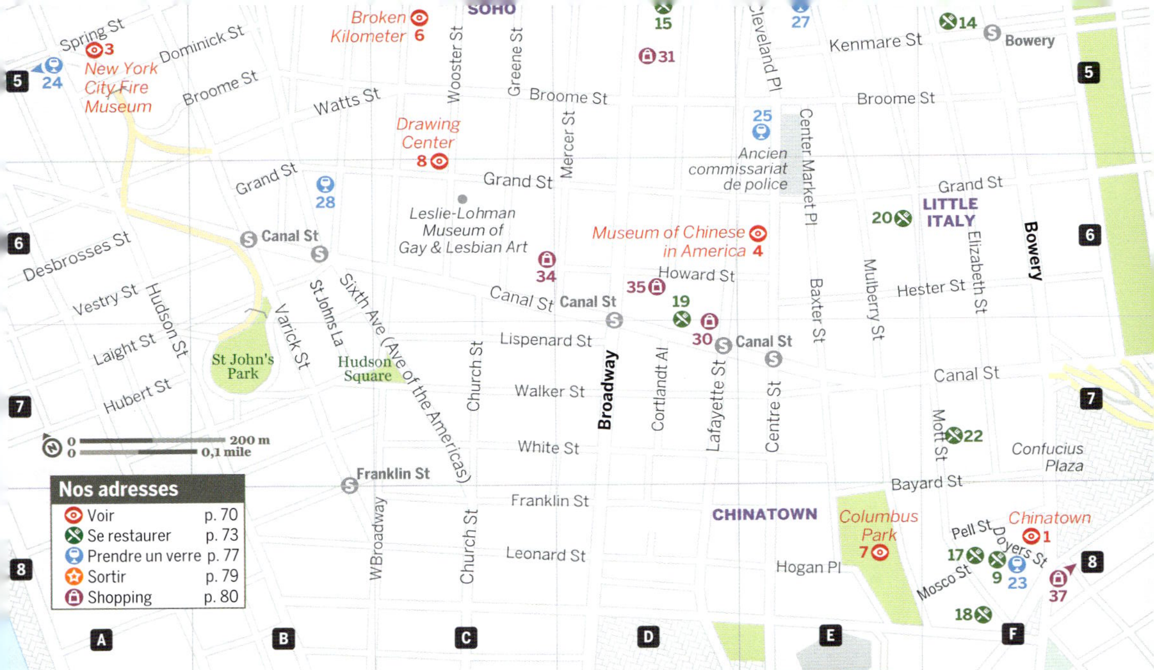
SOHO
Spring St
3
New York City Fire Museum
24
Dominick St
Broome St
Broken Kilometer 6
Watts St
Drawing Center 8
Wooster St
Greene St
Broome St
15
31
Cleveland Pl
27
Kenmare St
14
Bowery
Broome St
25
Ancien commissariat de police
Center Market Pl
Grand St
Grand St
Mercer St
Grand St
28
LITTLE ITALY
20
Leslie-Lohman Museum of Gay & Lesbian Art
Canal St
Desbrosses St
Museum of Chinese in America 4
Bowery
34
Howard St
35
Hester St
Elizabeth St
Mulberry St
Baxter St
Vestry St
Hudson St
Varick St
St Johns La
Sixth Ave (Ave of the Americas)
Canal St
Canal St
19
30
Canal St
Laight St
St John's Park
Hudson Square
Lispenard St
Church St
Walker St
Broadway
Cortlandt Al
Lafayette St
Centre St
Canal St
Hubert St
White St
Mott St
22
Confucius Plaza
200 m
0,1 mile
Franklin St
Bayard St
Franklin St
CHINATOWN
Columbus Park
7
Chinatown
1
Pell St
Doyers St
17
9
23
37
Mosco St
18
WBroadway
Church St
Leonard St
Hogan Pl
Nos adresses
Voir p. 70
Se restaurer p. 73
Prendre un verre p. 77
Sortir p. 79
Shopping p. 80
A
B
C
D
E
F
5
6
7
8

Voir

Chinatown

QUARTIER

1 PLAN P. 68, F8

Parcourir les rues du quartier le plus dense et le plus coloré de Manhattan est toujours une expérience unique. Observez les temples et les boutiques, humez le parfum des kakis, écoutez les tuiles de mah-jong claquer sur des tables de fortune, regardez les canards laqués suspendus dans les vitrines et achetez tous les articles imaginables, lanternes en papier de riz, démonte-pneus ou encore noix de muscade. (www.explorechinatown.com ; au sud de Broome St et à l'est de Broadway ; S N/Q/R/W, J/Z, 6 jusqu'à Canal St, B/D jusqu'à Grand St, F jusqu'à East Broadway)

Merchant's House Museum

MUSÉE

2 PLAN P. 68, E1

Bâtie en 1832 et acquise en 1835 par le négociant Seabury Tredwell, cette maison en brique rouge reste la demeure de style fédéral la plus authentique de la ville. On y découvre autant le passé marchand de la ville que l'ameublement typique du XIXe siècle, dans sa version la plus luxueuse : lustres en bronze, cheminées en marbre et élégantes chaises de salon du célèbre ébéniste Duncan Phyfe. Le système de sonnettes pour appeler les domestiques fonctionne encore. (212-777-1089 ; www.merchantshouse.org ; 29 E 4th St, entre Lafayette St et Bowery, NoHo ; adulte/enfant 15 $/gratuit ; 12h-17h ven-lun, 12h-20h

Nom Wah Tea Parlor (p. 73)

Leslie-Lohman Museum of Gay & Lesbian Art

Le **Leslie-Lohman Museum of Gay & Lesbian Art** (Plan p. 68, C6 ; 212-431-2609 ; www.leslielohman.org ; 26 Wooster St, entre Grand St et Canal St, Little Italy ; don suggéré 9 $; 12h-18h mer et ven-dim, 12h-20h jeu ; S A/C/E, N/Q/R, 1 jusqu'à Canal St), le premier musée LGBT du monde, agrandi en 2017, présente chaque année 6 à 8 expositions consacrées à des artistes américains ou étrangers. Il a ainsi accueilli des rétrospectives d'artistes et des programmes prenant par exemple pour thème l'art et le sexe sur le front de mer new-yorkais. La plupart des œuvres présentées proviennent du fonds de l'institution (qui en compte plus de 24 000). Également : lectures, projections et spectacles *queer*. Consultez le site pour les dernières infos.

jeu, visite guidée 14h jeu-lun et 18h30 jeu ; S 6 jusqu'à Bleecker St ; B/D/F/M jusqu'à Broadway-Lafayette St)

New York City Fire Museum

MUSÉE

3 PLAN P.68, A5

Logé dans une majestueuse caserne de 1904, ce musée à la gloire des combattants du feu recèle une fabuleuse collection de pièces historiques. Observez le moindre détail – voiture de pompier tirée par des chevaux, casques de style haut-de-forme, Chief, héros quadrupède de Brooklyn... Les expositions retracent l'histoire de la lutte contre les incendies à New York. Grâce à l'imposant matériel et au sympathique personnel, ce musée est en outre une excellente adresse pour les petits. (212-691-1303 ; www.nycfiremuseum.org ; 278 Spring St, entre Varick St et Hudson St, SoHo ; adulte/enfant 10/8 $; 10h-17h ; S C/E jusqu'à Spring St)

Museum of Chinese in America

MUSÉE

4 PLAN P. 68, E6

Dans un espace conçu par l'architecte Maya Lin, qui a aussi créé le fameux Vietnam Veterans Memorial à Washington, des expositions permanentes et temporaires présentent la vie passée et actuelle des Sino-Américains à travers de multiples bornes interactives, cartes, tableaux chronologiques, photos, lettres, films et objets. La principale exposition permanente, *With a Single Step: Stories in the Making of America*, traite de l'immigration, de l'identité culturelle et des stéréotypes raciaux. (MOCA ; 212-619-4785 ; www.mocanyc.org ; 215 Centre St, entre Grand St et Howard St, Chinatown ; adulte/enfant 12/8 $, 1er jeudi du mois gratuit ; 11h-18h mar-mer et ven-dim, 11h-21h jeu ; S N/Q/R/W, J/Z, 6 jusqu'à Canal St)

New York Earth Room

GALERIE

5 PLAN P. 68, C3

Depuis 1980, cette œuvre de l'artiste Walter De Maria séduit les curieux avec quelque chose qu'on trouve difficilement en ville : de la terre ! 191 m³, 127 tonnes de terre pour être précis. Circuler dans ce petit espace est une expérience grisante, l'odeur donnant l'impression d'entrer dans une forêt humide. La vue d'une terre aussi belle et pure au milieu de la frénésie urbaine est particulièrement émouvante. (212-989-5566 ; www.earthroom.org ; 141 Wooster St, entre Prince St et W Houston St, SoHo ; entrée libre ; 12h-15h et 15h30-18h mer-dim ; S N/R jusqu'à Prince St)

Broken Kilometer

GALERIE

6 PLAN P. 68, C5

Cette installation de 1979 créée par feu l'artiste américain Walter De Maria occupe une vaste salle au rez-de-chaussée d'une galerie de SoHo. Elle se compose de 500 tiges de laiton disposées au sol sur 5 rangées parallèles, l'espace entre deux tiges augmentant à chaque fois de 5 mm. Le résultat brouille notre perception de l'espace : les tiges semblent espacées de manière égale, alors que les dernières sont à 60 cm les unes des autres. Photos interdites. (212-989-5566 ; www.diaart.org ; 393 W Broadway, entre Spring St et Broome St, SoHo ; entrée libre ; 12h-15h et 15h30-18h mer-dim, fermé mi-juin à mi-sept ; S N/R jusqu'à Prince St, C/E jusqu'à Spring St)

Columbus Park

PARC

7 PLAN P. 68, E8

Joueurs de mah-jong, pratiquants de tai-chi et vieilles dames papotant en mangeant des raviolis chinois... Si cette oasis de verdure évoque Shanghai, **Columbus Park** constitue pourtant le cœur historique de New York. Au XIXe siècle, le parc faisait partie de Five Points, un quartier malfamé qui abritait les premiers logements collectifs de la ville et a inspiré le film *Gangs of New York*, de Martin Scorsese. (Plan p. 68, E8 ; Mulberry St et Bayard St, Chinatown ; S J/Z, N/Q/R, 6 jusqu'à Canal St)

Drawing Center

MUSÉE

8 PLAN P. 68, C6

Le Drawing Center est le seul institut du pays à but non lucratif exclusivement consacré au dessin. Des œuvres d'artistes célèbres ou inconnus illustrent les différents styles. On a ainsi pu découvrir le travail de Michel-Ange, James Ensor, Marcel Duchamp ou, plus contemporain, Richard Serra, Ellsworth Kelly et Richard Tuttle. Les pièces exposées vont du dessin d'humour à l'œuvre engagée. (212-219-2166 ; www.drawingcenter.org ; 35 Wooster St, entre Grand St et Broome St, SoHo ; gratuit ; 12h-18h mer et ven-dim, 10h-20h jeu ; S A/C/E, 1, N/Q/R jusqu'à Canal St)

Découvrir Little Italy

Ces 50 dernières années, Little Italy a beaucoup perdu de sa superficie et de son caractère. Dans les années 1950, l'exode vers les faubourgs de Brooklyn et au-delà a vu cet ancien bastion italien se muer en micro-caricature de lui-même. Aujourd'hui, les restaurants italiens les plus authentiques se trouvent le long d'Arthur Ave, dans le Bronx.

Aujourd'hui, le quartier se concentre principalement autour de **Mulberry Street** (Little Italy ; S N/Q/R, J/Z, 6 jusqu'à Canal St, B/D jusqu'à Grand St), charmante artère kitsch où dominent les nappes vichy, les airs de mandoline et la nostalgie du vieux pays.

Fin septembre, Mulberry St accueille durant 11 jours la **fête de San Gennaro** (www.facebook.com/sangennaronyc ; sept), saint patron de Naples. Dans une ambiance bruyante et conviviale, Italo-Américains et touristes se pressent autour des étals de nourriture et des stands de fête foraine et des divertissements gratuits.

Se restaurer

Nom Wah Tea Parlor — CHINOIS $

9 PLAN P. 68, F8

Dans une petite allée, cet établissement aux allures de *diner* est le plus vieux restaurant de dim sum de New York. Investissez une banquette rouge ou un tabouret de bar, puis cochez ce que vous désirez. Brioches au porc rôti, raviolis de Shanghai, *siu mai* aux crevettes... tout est exquis. (212-962-6047 ; www.nomwah.com ; 13 Doyers St, Chinatown ; dim sum à partir de 4 $; 10h30-22h dim-mer, 10h30-23h ven-sam ; S J/Z jusqu'à Chambers St ; 4/5/6 jusqu'à Brooklyn Bridge-City Hall)

Uncle Boons — THAÏLANDAIS $$

10 PLAN P. 68, F4

Ce restaurant étoilé bénéficie d'un cadre sympathique qui combine lambris rétro, affiches de cinéma thaïlandais et vieux clichés de famille. Mêlant l'ancien et le nouveau, la cuisine thaïe est acidulée, riche et inventive. Parmi les plats vedettes figurent les *kob woonsen* (cuisses de grenouilles marinées à l'ail et au soja), les *koong* (crevettes grillées) et le *kaduuk* (satay d'os à moelle). (646-370-6650 ; www.uncleboons.com ; 7 Spring St, entre Elizabeth St et Bowery, Nolita ; petites assiettes 15-18 $, grandes assiettes 25-31 $; 17h30-23h dim-jeu, 17h30-minuit ven-sam ; ; S J/Z jusqu'à Bowery ; 6 jusqu'à Spring St)

Chefs Club — FUSION $$$

11 PLAN P. 68, E3

Dans un bâtiment qui sert de cadre à la série télé *Will & Grace*, le Chefs Club est un établissement d'exception : aux fourneaux se succèdent des chefs invités qui, pendant une période donnée (de 3 semaines à 3 mois), préparent leurs spécialités. Le menu change donc souvent et peut ainsi provenir de n'importe quelle région du globe. (☎212-941-1100 ; www.chefsclub.com ; 275 Mulberry St, Nolita ; menu à prix fixe 85-125 $; 17h30-22h30 lun-sam ; S R/W jusqu'à Prince St, B/D/F/M jusqu'à Broadway-Lafayette St)

Dominique Ansel Bakery BOULANGERIE $

12 PLAN P. 68, B4

L'une des meilleures pâtisseries de New York, célèbre pour son *cronut* (croisement entre le croissant et le donut), vaut aussi le détour pour son kouign-amann, ses tartes aux fruits et son Paris-New York, sorte de Paris-Brest au chocolat, caramel et beurre de cacahuète. Pour goûter un *cronut*, venez bien avant l'ouverture, car on se les arrache. (☎212-219-2773 ; www.dominiqueansel.com ; 189 Spring St, entre Sullivan St et Thompson St, SoHo ; desserts 5-8 $; 8h-19h lun-jeu, 8h-20h ven-sam, 9h-19h dim ; S C/E jusqu'à Spring St)

Tacombi Fonda Nolita MEXICAIN $

13 PLAN P.68, E3

Guirlandes lumineuses joyeusement disposées, chaises pliantes, Mexicains cuisant des tacos dans un vieux combi Volkswagen – si vous ne pouvez pas vous rendre sur la côte du Yucatan, voici votre plan B. Cet endroit informel, convivial et toujours prisé sert d'excellents tacos frais, notamment le *barbacoa* (au rôti de bœuf Black Angus). Faites descendre ce délice avec un pichet de sangria et commencez à planifier vos prochaines vacances au sud du Texas. (☎917-727-0179 ; www.tacombi.com ; 267 Elizabeth St, entre E Houston St et Prince St, Nolita ; tacos 4-9 $; 11h-23h dim-mer, 11h-minuit jeu-sam ; S F jusqu'à 2nd Ave ; 6 jusqu'à Bleecker St)

Butcher's Daughter VÉGÉTARIEN $$

14 PLAN P.68, F5

Il semblerait que la "fille du boucher" se soit définitivement émancipée : en effet, ce café à la façade chaulée ne sert plus que des denrées végétariennes. La cuisine y est saine, mais nullement ennuyeuse. Au contraire, tout y est divin : muesli bio, salade César épicée au chou frisé avec parmesan d'amandes, ou encore le *Butcher's burger* (steak de légumes et de haricots noirs) du soir. (☎212-219-3434 ; www.thebutchersdaughter.com ; 19 Kenmare St, au niveau de Elizabeth St, Nolita ; salades et sandwichs 13-15 $, plats dîner 15-18 $; 8h-22h ; ; S J jusqu'à Bowery ; 6 jusqu'à Spring St)

Balthazar FRANÇAIS $$$

15 PLAN P.68, D5

Toujours roi de sa catégorie après plus de 20 ans d'existence, ce bistrot animé (voire bruyant) n'est jamais désert. Il doit sa réussite à trois atouts imparables : son emplacement parmi les boutiques de SoHo, son exaltante atmosphère parisiano-new-yorkaise, et sa carte satisfaisant à tous les goûts. Parmi les classiques : le remarquable bar à fruits de mer, le steak-frites, la salade niçoise, ou encore la salade de betteraves rôties. (212-965-1414 ; www.balthazarny.com ; 80 Spring St, entre Broadway et Crosby St, SoHo ; plats 22-45 $; 7h30-minuit dim-jeu, 7h30-1h ven, 8h-1h sam ; S 6 jusqu'à Spring St ; N/R jusqu'à Prince St)

Prince Street Pizza PIZZAS $

16 PLAN P. 68, E4

Dans cette classique échoppe de pizzas sans places assises, les murs affichent des photos de clients célèbres comme Rebel Wilson, Usher et Kate Hudson. Les sauces, la mozzarella et la ricotta sont faites maison et les New-Yorkais sont fous des parts de pizza rectangulaires aux *pepperoni* qu'on y sert. La pizza est correcte, mais pas extraordinaire au point de justifier la queue. (212-966-4100 ; 27 Prince St, entre Mott St et Elizabeth St, Nolita ; parts de pizza à partir de 3,30 $; 11h45-23h dim-jeu, 11h45-2h ven et sam ; S R/W jusqu'à Prince St ; 6 jusqu'à Spring St)

Peking Duck House CHINOIS $$$

17 PLAN P. 68, F8

Ce restaurant, extrêmement réputé pour son canard laqué, propose plusieurs menus incluant cette spécialité maison. Plus chic que certains établissements chinois, il est parfait pour un dîner en amoureux. Le fameux canard

Butcher's Daughter

Manger à Chinatown

Le mieux pour les touristes est de découvrir Chinatown à travers sa cuisine. Plus que partout ailleurs à Manhattan, on trouve ici des restaurants incroyablement bon marché où le cadre et la réputation n'ont pas d'influence sur les prix, et où l'on sert des recettes familiales transmises au fil des générations et des continents. L'Amérique n'a rien changé à la présentation des produits ni à leur préparation ; on voit souvent dans les devantures diverses viandes laquées – en particulier poulet, lapin et canard. Sur les trottoirs, des étals fumants vendent de petites brioches fourrées au porc et d'autres gourmandises à grignoter. Flânez dans les petites rues pour trouver l'assortiment coloré d'épices et d'herbes qui donneront du peps à vos recettes.

laqué, tendre à souhait et à la peau croustillante, est servi avec des crêpes, des oignons blancs et de la sauce. (☎212-227-1810 ; www.pekingduckhousenyc.com ; 28a Mott St, Chinatown ; canard laqué 45 $/pers ; 🕒11h30-22h30 dim-jeu, 11h30-23h30 ven-sam ; S J/Z jusqu'à Chambers St ; 6 jusqu'à Canal St)

Buddha Bodai CHINOIS $

18 PLAN P.68, F8

Surnommé l'"Original Buddha Bodai" depuis qu'un autre restaurant affichant le même nom et une carte similaire a ouvert à quelques rues de là, cet établissement (inauguré en 2004) propose une exquise cuisine végétarienne et casher aux parfums cantonais : soupe de nouilles au "canard", roulés de riz aux épinards, brioches au porc rôti, etc. Les dim sum sont servis jusqu'à 16h. (☎212-566-8388 ; www.buddha-bodai.com ; 5 Mott St, Chinatown ; plat 9-22 $; 🕒11h-21h30 lun-ven, 10h-21h30 sam-dim ; ✍ ; S J/Z jusqu'à Chambers St ; 4/5/6 jusqu'à Brooklyn Bridge-City Hall)

Canal St Market ESPACE RESTAURATION $

19 PLAN P.68, D6

Situé à la lisière de Chinatown et de SoHo, ce marché d'alimentation et d'articles au détail donne inévitablement le tournis. L'espace restauration aux allures d'entrepôt offre un tour du monde des tendances culinaires – glace râpée japonaise, ceviche, produits saisonniers de la ferme, etc. L'étage réservé au shopping est idéal pour traquer les pépites, comme les skateboards vintage, les habits pour fans de K-pop et les bijoux de fabrication locale. (www.canalstreet.market ; 265 Canal St, entre Broadway et Lafayette St ; 🕒restauration 10h-22h lun-sam, 10h-18h dim ; autres stands 11h-19h lun-sam, 11h-18h dim ; S 6, N/Q/R/W jusqu'à Canal St)

Golden Steamer

CHINOIS $

20 PLAN P.68, E6

Faufilez-vous dans cette minuscule échoppe pour déguster des *bao* (brioches vapeur) parmi les plus légers et savoureux de Chinatown. Composées sur place, les garnitures incluent un succulent rôti de porc, de la saucisse chinoise, des œufs salés et du potiron – l'option préférée de la clientèle. Pour une touche plus sucrée, testez la tarte à la *custard cream*. Venez de bonne heure pour un choix maximal. (212-226-1886 ; 143a Mott St, entre Grand St et Hester St, Chinatown ; brioches 80 ¢-1,75 $, 2,50 $ les 3 ; 7h-19h ; S B/D jusqu'à Grand St ; N/Q/R, 6 jusqu'à Canal St ; J/Z jusqu'à Bowery)

Rubirosa

PIZZAS $$

21 PLAN P.68, E4

La pizza fine et croustillante, d'après une recette familiale, attire ici une clientèle des quatre coins de la ville. À dévorer dans un cadre douillet, perché sur un tabouret de bar ou bien à table, après avoir goûté aux antipasti et autres hors-d'œuvre salés. Le menu affiche aussi des bols de pâtes (la "petite" portion devrait remplir la plupart des estomacs). Menu sans gluten disponible. (212-965-0500 ; www.rubirosanyc.com ; 235 Mulberry St, entre Spring St et Prince St, Nolita ; pizzas 20-32 $, plat 13-34 $; 11h30-23h dim- mer, 11h30-minuit jeu-sam ; S N/R jusqu'à Prince St ; B/D/F/M jusqu'à Broadway-Lafayette St ; 6 jusqu'à Spring St)

Amazing 66

CHINOIS $$

22 PLAN P.68, F7

Cet établissement lumineux et animé, ainsi que l'une des meilleures adresses cantonaises, attire des quantités de Chinois nostalgiques. Rejoignez-les autour de plats remarquables : travers de porc grillés au miel, crevettes à la sauce aux haricots noirs, ailes de poulet au sel et au poivre, etc. Plats du jour dès 7 $ le midi. (212-334-0099 ; www.amazing66.com ; 66 Mott St, entre Canal St et Bayard St, Chinatown ; plats 12-36 $; 11h-23h ; S N/Q/R/W, J/Z, 6 jusqu'à Canal St)

Prendre un verre

Apothéke

BAR À COCKTAILS

23 PLAN P. 68, F8

Un petit effort est requis pour trouver cette ancienne fumerie d'opium devenue bar-apothicaire (guettez le vase à bec sur le panneau "*chemist*" – pharmacie –au-dessus de l'entrée). À l'intérieur, des barmen compétents œuvrent à la manière de chimistes prudents, utilisant des produits locaux et de saison pour concocter des "prescriptions" intenses et parfumées. Le "Sitting Buddha", cocktail épicé à base d'ananas et de coriandre, est l'une des meilleures options à la carte. (212-406-0400 ; www.apothekenyc.com ; 9 Doyers St, Chinatown ; 18h30-2h lun-sam, 20h-2h dim ;

S J/Z jusqu'à Chambers St, 4/5/6 jusqu'à Brooklyn Bridge-City Hall)

Ear Inn

PUB

24 PLAN P.68, A5

Envie de savoir à quoi ressemblait SoHo avant l'arrivée des créateurs de tendances et des fashionistas ? Poussez donc la porte de l'Ear Inn, qui se présente fièrement comme l'une des plus anciennes tavernes de New York. L'endroit occupe une bâtisse construite à la fin du XVIIIe siècle pour James Brown, assistant afro-américain de George Washington. Les boissons y sont bon marché et la clientèle est éclectique. (212-226-9060 ; www.earinn.com ; 326 Spring St, entre Washington St et Greenwich St, SoHo ; bar 11h30-4h, cuisine 11h30-2h ; ; S C/E jusqu'à Spring St)

La Compagnie des Vins Surnaturels

BAR À VINS

25 PLAN P. 68, E5

Dans un décor mélangeant papier peint, fauteuils élégants et photophores, cette adresse cosy est une succursale du bar parisien du même nom. Le sommelier en chef, Theo Lieberman, propose une incroyable carte de quelque 600 vins, essentiellement français, ainsi qu'un grand nombre de vins au verre allant de 11 à 76 $. Accompagnez le tout d'une sélection de petits plats, par exemple des charcuteries maison, un tartare à la menthe et au concombre, ou des *duck buns*. (212-343-3660 ; www.compagnienyc.com ; 249 Centre St, entre Broome St et Grand St, Nolita ; 17h-1h lun-mer, 17h-2h jeu et ven, 15h-2h sam, 12h-1h dim ;

Public Theater

S 6 jusqu'à Spring St ; R/W jusqu'à Prince St)

Pegu Club

BAR À COCKTAILS

26 PLAN P. 68, C3

Lumières tamisées, intérieur chic, le Pegu Club tient son nom d'un *gentleman's club* de Rangoon célèbre à l'époque coloniale. Enfoncez-vous dans un fauteuil en velours et savourez un "Earl Grey MarTEAni" (gin infusé au thé, jus de citron et blanc d'œuf cru). Parmi les options à grignoter, citons les brochettes de poulet au satay et les calamars croustillants. (212-473-7348 ; www.peguclub.com ; 2e ét., 77 W Houston St, entre W Broadway et Wooster St, SoHo ; 17h-2h dim-mer, 17h-4h jeu-sam ; S B/D/F/M jusqu'à Broadway-Lafayette St, C/E jusqu'à Spring St, 1 jusqu'à Houston St)

Spring Lounge

BAR

27 PLAN P. 68, E5

Rebelle, le Spring Lounge l'a toujours été. Pendant la Prohibition, il débitait la bière au seau. Dans les années 1960, son sous-sol servait de tripot. Aujourd'hui, ce bar d'habitués est surtout connu pour ses requins empaillés et ses fêtes ouvertes à tous, qui durent jusqu'au bout de la nuit. Les boissons bon marché et les en-cas gratuits (hot dogs le mercredi dès 17h, bagels le dimanche dès 12h) garantissent l'ambiance. (212-965-1774 ; www.thespringlounge.com ; 48 Spring St, au niveau de Mulberry St, Nolita ; 8h-4h lun-sam, 12h-4h dim ; S 6 jusqu'à Spring St ; R/W jusqu'à Prince St)

Joe's Pub

Mi-bar, mi-cabaret et salle de spectacle, le **Joe's Pub** (212-539-8778, billets 212-967-7555 ; www.joespub.com ; Public Theater, 425 Lafayette St, entre Astor Pl et 4th St, NoHo ; S 6 jusqu'à Astor Pl, R/W jusqu'à 8th St-NYU), un établissement intime, accueille aussi bien des jeunes talents que des artistes célèbres. On y a vu Patti LuPone, Amy Schumer, feu Leonard Cohen et la chanteuse anglaise Adele. L'entrée se fait par le Public Theater.

Jimmy

BAR À COCKTAILS

28 PLAN P.68, B6

Perché en haut de l'hôtel James New York, à SoHo, le Jimmy offre une vue vertigineuse sur la ville. En été, les clients prennent l'air sur la terrasse ; par temps frais, ils se réfugient autour du comptoir encadré par d'immenses baies vitrées. Piscine extérieure. (212-201-9118 ; www.jimmysoho.com ; 15 Thompson St, au niveau de Grand St, SoHo ; 17h-1h lun-mer, 17h-2h jeu-ven, 15h-2h sam, 15h-1h dim ; S A/C/E, 1 jusqu'à Canal St)

Sortir

Public Theater

THÉÂTRE

29 PLAN P. 68, E1

Fondé sous le nom de Shakespeare Workshop en 1954, ce théâtre

Film Forum

Le cinéma à but non lucratif **Film Forum** (Plan p. 68, A3 ; 212-727-8110 ; www.filmforum.org ; 209 W Houston St, entre Varick St et 6th Ave, SoHo ; adulte/enfant 15/9 $; 12h-minuit ; S 1 jusqu'à Houston St) propose dans ses trois salles des films indépendants, des reprises et des rétrospectives de grands. Pour les cinéphiles invétérés, les séances sont souvent suivies de rencontres avec les réalisateurs ou de débats. Dernièrement, un quatrième écran a été ajouté et et les salles modernisées.

légendaire a monté certains des plus gros succès de New York, comme *Hamilton* en 2015. Il programme aussi bien des productions novatrices que des classiques revisités, parmi lesquels Shakespeare figure en bonne place – celui-ci fait en outre l'objet du festival Shakespeare in the Park en été. (212-539-8500, billets 212-967-7555 ; www.publictheater.org ; 425 Lafayette St, entre Astor Pl et 4th St, NoHo ; S 6 jusqu'à Astor Pl, R/W jusqu'à 8th St-NYU)

Shopping

Glossier Flagship — COSMÉTIQUES

30 PLAN P.68, D7

Initialement fournisseur de produits de beauté en ligne, Glossier (prononcez à la française) accueille désormais ses fans dans son magasin amiral en brique et mortier, devant lequel la queue s'étire régulièrement au-delà de l'entrée de Lafayette St. Une fois à l'intérieur, gravissez un escalier de quartz rouge pour rejoindre le scintillant espace rose abondant aux touches déco bien pensées – lumières tamisées et banquette en forme de lèvres. (www.glossier.com ; 123 Lafayette St, SoHo ; 11h-21h lun-sam, 11h-20h dim ; S 6 ; J/Z jusqu'à Canal St)

Galeria Melissa — CHAUSSURES

31 PLAN P.68, D5

Cette créatrice brésilienne est spécialisée dans les chaussures en plastique. Recyclables, durables et élégantes – ces souliers pour femmes et enfants parcourent toute la gamme, de la sandale moderne aux bottes, évidemment. (212-775-1950 ; www.melissa.com.br/us/galerias/ny ; 500 Broadway, entre Broome St et Spring St, SoHo ; 10h-19h lun-ven, 10h-20h sam, 11h-19h dim ; ; S 6 jusqu'à Spring St, R/W to Prince St)

McNally Jackson — LIVRES

32 PLAN P.68, E4

Cette librairie indépendante recèle un excellent choix de magazines et de livres, allant de la fiction contemporaine aux livres de cuisine, en passant par l'architecture, le design, l'art et l'histoire. Si vous trouvez une place assise, son **café** est une bonne adresse pour s'installer avec un roman, ou pour assister à l'une des fréquentes lectures et dédicaces organisées sur place. (☎ 212-274-1160 ; www.mcnallyjackson.com ; 52 Prince St, entre Lafayette St et Mulberry St, Nolita ; 🕒 10h-22h lun-sam, 10h-21h dim ; S R/W jusqu'à Prince St ; 6 jusqu'à Spring St)

Resurrection VINTAGE

33 🛍 PLAN P. 68, E2

Cette belle boutique donne une nouvelle vie aux plus beaux modèles des dernières décennies. En excellent état, les articles reflètent des tendances oubliées et inspirent des stylistes réputés, tel Marc Jacobs. Parmi les produits phares, citons les robes Halston, les manteaux Courrèges et les bijoux Jack Boyd. (☎ 212-625-1374 ; www.resurrectionvintage.com ; 45 Great Jones St, entre Lafayette St et Bowery, NoHo ; 🕒 10h-18h lun-ven ; S 6 jusqu'à Spring St, N/R jusqu'à Prince St)

3x1 MODE ET ACCESSOIRES

34 🛍 PLAN P. 68, C6

Créez le jean parfait dans cet atelier-magasin offrant trois niveaux de prestation. Le "ready-to-wear", modèle prêt-à-porter avec ourlet au choix (femme dès 200 $, homme dès 265 $) ; le "custom", modèle existant dont on choisit la toile et qu'on personnalise (625-1 200 $) ; et le "full bespoke" (1 800 $), conçu de A à Z. (☎ 212-391-6969 ; www.3x1.us ; 15 Mercer St, entre Howard St et Grand St ; 🕒 11h-19h lun-sam, 12h-18h dim ; S N/Q/R/W, J/Z, 6 jusqu'à Canal St)

Glossier Flagship

Opening Ceremony

MODE ET ACCESSOIRES

35 PLAN P. 68, D6

Une enseigne réputée pour son excellent choix de marques indépendantes et de streetwear. Des griffes du monde entier, à la fois confirmées et émergentes, s'y relaient en mode masculine, féminine et unisexe ; les créations avant-garde d'Opening Ceremony viennent compléter le tout. Des vêtements pas comme les autres : citadins, audacieux et délicieusement inattendus. (212-219-2688 ; www.openingceremony.us ; 35 Howard St, entre Broadway et Lafayette St, SoHo ; 11h-20h lun-sam, 12h-19h dim ; S N/Q/R/W, J/Z, 6 jusqu'à Canal St)

Housing Works Bookstore

LIVRES

36 PLAN P.68, D3

Un formidable choix de livres, de vinyles, de CD et de BD d'occasion sont ici en vente et pour une bonne cause (les recettes sont reversées aux sans-abri séropositifs de la ville) ! C'est le genre d'endroit où l'on peut passer une partie de l'après-midi à feuilleter des ouvrages, à se détendre au **café** sur place, ou à fouiller dans la **friperie** attenante. (212-334-3324 ; www.housingworks.org/locations/bookstore-cafe ; 126 Crosby St, entre E Houston St et Prince St, SoHo ; 10h-21h lun-jeu, 10h-18h ven-dim ; ; S B/D/F/M jusqu'à Broadway-Lafayette St ; N/R jusqu'à Prince St)

Housing Works Bookstore

Shopping à SoHo et Chinatown

SoHo regorge de boutiques branchées, grandes ou petites. Gagnez Broadway pour les chaînes de prêt-à-porter, de chaussures et de jeans, ou les rues à l'ouest de ce secteur pour des vêtements et accessoires plus haut de gamme. Lafayette St est le repaire des DJ et des skateurs avec ses boutiques de labels indé et ses magasins vintage, tandis que SoHo est un aimant à fashionistas. Avant une virée shopping, consultez les blogs pour tout savoir sur les promotions, les offres spéciales et les ouvertures de nouveaux magasins. Voyez notamment thestylishcity.com, www.thecut.com et www.the12ishstyle.com.

Si vous aimez le style bohème chic, continuez vers l'est jusqu'à Nolita, où de charmantes petites boutiques vendent vêtements, chaussures et accessoires uniques : les meilleures rues sont Mott St, Mulberry St et Elizabeth St.

Pour les herbes médicinales, les fruits exotiques, les woks et les théières chinoises, arpentez les rues bondées de Chinatown.

Fong On

ALIMENTATION

37 PLAN P.68, F8

Après 80 ans d'activité, le magasin familial spécialiste du tofu, Fong Inn Two, avait fermé. Mais le fils, Paul, a récemment redémarré l'activité. Il a notamment fait renaitre le tofu maison, le lait de soja, le *bai tang gao* (un gâteau de riz sucré) et le *dau fu fa* (un pudding au tofu sirupeux). (917-261-7222 ; 81 Division St, Chinatown ; 11h-19h mar-dim ; S F jusqu'à East Broadway)

New York Shaving Company

SANTÉ ET BIEN-ÊTRE

38 PLAN P.68, F4

Une charmante boutique fondée par John Scala, un Sicilien né à Brooklyn. À vendre : baumes à barbe, gels à raser et kits de rasage, plus des eaux de Cologne. (212-334-9495 ; www.nyshavingcompany.com ; 202b Elizabeth St, entre Prince St et Spring St, Nolita ; 11h-20h lun-ven, 10h-20h sam, 11h-19h dim ; S 6 jusqu'à Spring St, J/Z jusqu'à Bowery)

Rag & Bone

MODE ET ACCESSOIRES

39 PLAN P. 68, D4

Cette marque mixte fait un tabac à New York. Les chemises et blazers aux coupes franches, les T-shirts imprimés, les pulls de couleur unie, les robes à bretelles légères, les articles en cuir et les jeans (très prisés) séduisent une clientèle branchée et exigeante. (212-219-2204 ; www.rag-bone.com ; 117-119 Mercer St, entre Prince St et Spring St, SoHo ; 11h-20h lun-sam, 11h-19h dim ; S R/W jusqu'à Prince St)

MATCHA
KARAOKE
lounge & suites

Explorer

East Village et Lower East Side

Des générations d'immigrants ont débuté leur aventure américaine dans ces quartiers à loyers modiques. Aujourd'hui, on y trouve quelques-uns des meilleurs bars et magasins indépendants de la ville, et, malgré la menace inévitable de modernisation, il reste encore quantité de vestiges "authentiques" et une certaine atmosphère rugueuse.

À ne pas manquer

- ***Lower East Side Tenement Museum (p. 90)*** *Découvrir les rudes conditions de vie des immigrants au XIXe siècle.*
- ***New Museum of Contemporary Art (p. 90)*** *Apprécier les folles variations de l'art à travers divers médias.*
- ***St Marks Place (p. 91)*** *Écumer les échoppes de babioles et les bars à saké, puis explorer les petites rues.*
- ***Alphabet City (p. 91)*** *Fréquenter les bars à cocktails et jeter un coup d'œil aux somptueux jardins communautaires.*
- ***Essex Market (p. 97)*** *Tester les cuisines du monde dans ce nouvel espace de restauration.*

Comment y aller

S Pour l'East Village, prenez la ligne L jusqu'à First Ave ou Third Ave, la 6 jusqu'à Astor Pl ou la F jusqu'à Second Ave. Pour le Lower East Side, prenez la B/D jusqu'à Grand St, la F ou la J/M/Z jusqu'à Delancey St-Essex St.

Les bus M14, M21 et B39 parcourent 14th St, Houston St et Delancey St, respectivement.

Plan du quartier p. 88

St Marks Place (p. 91) BEN BRYANT/SHUTTERSTOCK ©

Promenade à pied

Repères historiques de l'East Village

L'East Village possède une longue histoire en matière d'accueil des immigrants, à l'origine du melting-pot new-yorkais, comme les rues en témoignent encore.

Itinéraire

Départ St Marks Pl

Arrivée Tompkins Square Park

Distance et durée 1,6 km ; 1 heure 15

❶ Mosaic Trail

Descendez St Marks Pl au fil du **Mosaic Trail** (www.mosaicmannyc.com ; St Marks Pl, entre Astor Pl et Ave A, East Village ; S 6 jusqu'à Astor Pl), une série d'œuvres en céramique ornant des poteaux municipaux. Le vétéran du Vietnam Jim Power a initié ce "sentier des mosaïques" dans les années 1980, à l'époque où l'artère était le bastion de la trépidante contre-culture new-yorkaise, avant la gentrification du secteur.

❷ Bibliothèque et clinique allemandes

Guettez la raffinée façade couleur terre cuite d'une **bibliothèque municipale** et d'une **ancienne clinique** (depuis devenues des bureaux) aux n°s 135 et 137 de Second Ave ; construites en 1884, elles servaient à l'importante communauté d'immigrants allemands qui y vivaient du temps où le quartier était surnommé "Kleindeutschland" (la petite Allemagne).

❸ St Mark's Church in-the-Bowery

En 1660, le gouverneur hollandais Peter Stuyvesant fit construire la chapelle de sa famille sur le site de cette **église** (☎ 212-674-6377 ; www.stmarksbowery.org ; 131 E 10th St, au niveau de Second Ave, East Village ; ⏲ 10h-18h lun-ven ; S L jusqu'à 3rd Ave, 6 jusqu'à Astor Pl). Stuyvesant repose dans la crypte de ce lieu de culte, le plus ancien de New York encore en activité.

❹ Mémorial du théâtre yiddish

Sur le trottoir à l'angle sud-est de E 10th St et Second Ave figurent les noms d'acteurs et de dramaturges des nombreux théâtres juifs qui prospéraient ici avant la Seconde Guerre mondiale.

❺ Russian & Turkish Baths

Depuis 1892, les habitants transpirent dans les saunas et hammams de ces sympathiques **bains publics** (p. 93).

❻ Maison de Charlie Parker

Ralliez Ave B, entre 9th St et 10th St. Au n°151 vivait le légendaire saxophoniste de jazz Charlie Parker dans les années 1950.

❼ La Plaza Cultural

Prenez le temps d'explorer ce paisible **jardin communautaire** (p. 91), l'un des nombreux qui parsèment "Loisada", la partie orientale à forte consonance hispanique du Lower East Side.

❽ Tompkins Square Park

Cet **espace vert** animé (p. 92) offre un moment de répit aux diverses communautés du quartier depuis des années : immigrants européens, allemands et juifs (XIXe-début du XXe siècle) ; population portoricaine d'Alphabet City après la guerre ; révolutionnaires, musiciens et artistes du milieu du XXe siècle, ou encore jeunes employés et familles de classe moyenne d'aujourd'hui.

EAST VILLAGE
ALPHABET CITY
Tompkins Square Park
Russian & Turkish Baths
St Marks Place
Cooper Square
E 14th St
E 13th St
E 12th St
E 11th St
E 10th St
E 9th St
E 8th St
E 7th St
E 6th St
E 5th St
E 4th St
E 3rd St
St Marks Pl
Stuyvesant St
Astor Pl
Great Jones St
Lafayette St
Broadway
Fourth Ave
Third Ave
Second Ave
First Ave
Ave A
Ave B
Ave C
14th St-Union Sq
3rd Ave
1st Ave
8th St-NYU
Astor Pl
Nowhere
Cock

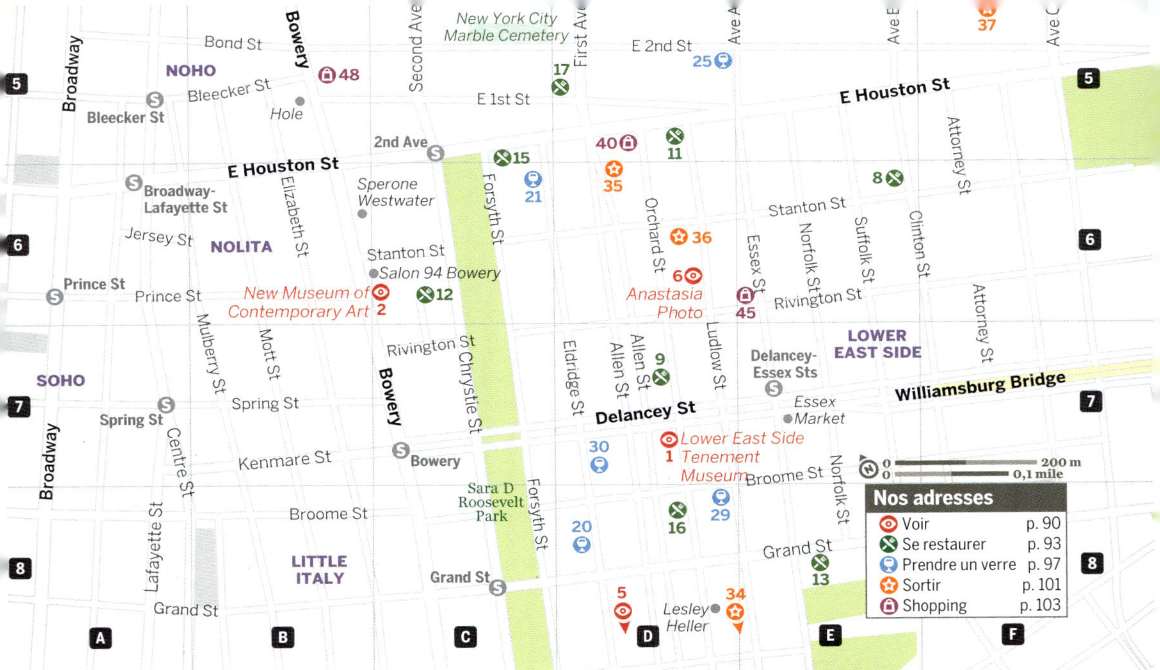
Nos adresses
Voir p. 90
Se restaurer p. 93
Prendre un verre p. 97
Sortir p. 101
Shopping p. 103
0 200 m
0 0,1 mile
NOHO
NOLITA
SOHO
LITTLE ITALY
LOWER EAST SIDE
New York City Marble Cemetery
Sara D Roosevelt Park
Williamsburg Bridge
Broadway
Bond St
Bowery
Bleecker St
Bleecker St
Hole
48
Second Ave
First Ave
17
E 1st St
E 2nd St
25
Ave A
Ave E
Ave C
37
E Houston St
E Houston St
2nd Ave
15
21
40
35
11
8
Broadway-Lafayette St
Elizabeth St
Sperone Westwater
Forsyth St
Orchard St
36
Attorney St
Stanton St
Stanton St
Jersey St
Salon 94 Bowery
Essex St
Norfolk St
Suffolk St
Clinton St
Prince St
Prince St
New Museum of Contemporary Art 2
12
6 Anastasia Photo
45
Rivington St
Rivington St
Mulberry St
Mott St
Chrystie St
Eldridge St
Allen St
Allen St
9
Ludlow St
Delancey-Essex Sts
Spring St
Spring St
Centre St
Delancey St
Essex Market
Kenmare St
Bowery
30
1 Lower East Side Tenement Museum
Broome St
Norfolk St
Broome St
20
16
29
Lafayette St
Grand St
Grand St
Grand St
13
5
Lesley Heller
34
A
B
C
D
E
F
5
6
7
8

Voir

Lower East Side Tenement Museum MUSÉE

1 ◉ PLAN P. 88, D7

Ce musée permet aux visiteurs de plonger brièvement dans le patrimoine du Lower East Side, rude et poignant mais aussi étonnamment passionnant. Deux immeubles remarquablement préservés font l'objet de plusieurs visites, avec notamment la maison-atelier incroyablement exiguë des Levine, une famille polonaise, ainsi que deux logements d'immigrants du temps des grandes dépressions de 1873 et 1929. Les visites du bâtiment ne sont possibles que dans le cadre de visites guidées, programmées plusieurs fois par jour. (☎877-975-3786 ; www.tenement.org ; 103 Orchard St, entre Broome St et Delancey St, Lower East Side ; adulte/étudiant 6-17 ans et senior 29/24 $; 🕐centre des visiteurs 10h-18h30 ven-mer, 10h-20h30 jeu ; 👪 ; S B/D jusqu'à Grand St, F, J/M/Z jusqu'à Delancey St-Essex St)

New Museum of Contemporary Art MUSÉE

2 ◉ PLAN P. 88, C6

Le New Museum of Contemporary Art est déjà un spectacle en soi : un empilement de boîtes blanches aériennes et désaxées (conçu par Kazuyo Sejima et Ryue Nishizawa, du cabinet SANAA de Tokyo, et le cabinet new-yorkais Gensler) s'élevant au-dessus d'un quartier

New Museum of Contemporary Art

LEWIS TSE PUI LUNG/SHUTTERSTOCK ©

Jardins communautaires d'Alphabet City

Après une période d'abstinence arboricole, les jardins communautaires d'Alphabet City offrent désormais un spectacle saisissant. Ils ont été aménagés sur des parcelles abandonnées pour fournir des jardins publics à la population défavorisée et majoritairement hispanique du quartier (surnommé "Loisada" en raison de la prononciation locale de "Lower East Side"). Des arbres, des fleurs, des bacs à sable, des sculptures en matériaux de récupération et des jeux de dominos occupent désormais des espaces verts entre les immeubles, voire des blocks entiers. Le **6th & B Garden** (www.6bgarden.org ; E 6th St et Ave B ; 13h-18h sam-dim avr-oct ; S 6 jusqu'à Astor Pl ; L jusqu'à 1st Ave) est un espace bien organisé qui accueille des concerts, des ateliers et des cours de yoga gratuits. Trois splendides saules pleureurs et un bassin à carpes koï ornent les jardins jumeaux de **La Plaza Cultural** (www.laplazacultural.com ; 674 E 9th St, au niveau de Ave C ; 10h-19h sam-dim avr-oct ; S F jusqu'à 2nd Ave ; L jusqu'à 1st Ave). Et bien que certains jardins aient été détruits par des promoteurs – malgré les protestations –, nombre d'espaces verts subsistent.

On peut les visiter d'avril à fin octobre, période où la plupart des jardins sont ouverts au public ; beaucoup des jardiniers sont très impliqués dans la vie du quartier et constituent une bonne source d'information sur la politique locale. Un plan détaillant tous les jardins du secteur est disponible sur le site Internet de **Loisada United Neighborhood Gardens** (www.lungsnyc.org).

relativement peu élevé. Ouvert en 2007, il a apporté une bouffée d'oxygène au Bowery alors en pleine décrépitude, revitalisant le quartier par la construction de nombreux autres bâtiments. (212-219-1222 ; www.newmuseum.org ; 235 Bowery, entre Stanton St et Rivington St, Lower East Side ; adulte/enfant 18 $/gratuit, 19h-21h jeu don bienvenu ; 11h-18h mar, mer et ven-dim, 11h-21h jeu ; ; S F jusqu'à 2nd Ave, R/W jusqu'à Prince St, J/Z jusqu'à Bowery, 6 jusqu'à Spring St)

St Marks Place — RUE

3 PLAN P. 88, C3

La magie de New York réside aussi dans l'histoire de chaque rue, du présent qui se déroule sous nos yeux au riche passé qu'abritent ses façades colorées. St Marks Pl est particulièrement volubile en la matière. Chaque bâtiment de cette rue mythique frémit d'anecdotes datant d'une époque où l'East Village incarnait un esprit bohème inventif. (St Marks Pl, Ave A jusqu'à Third Ave, East

Galeries du Lower East Side

Si Chelsea reste le poids lourd new-yorkais en matière de galeries d'art, le Lower East Side compte néanmoins plusieurs lieux de qualité. Parmi les pionniers, le **Sperone Westwater** (plan p. 88, B6 ; 212-999-7337 ; www.speronewestwater.com ; 257 Bowery, entre E Houston St et Stanton St ; 10h-18h lun-ven ; S F jusqu'à 2nd Ave), ouvert en 1975, défend des grands noms du monde artistique comme William Wegman et Richard Long ; son nouvel édifice est l'œuvre du célèbre architecte Norman Foster, déjà connu à New York pour la conception de la Hearst Tower et du David Geffen Hall (anciennement Avery Fisher Hall). Le **Salon 94 Bowery** (plan p. 88, C6 ; 212-979-0001 ; www.salon94.com ; 243 Bowery, angle Stanton St ; 11h-18h lun-ven ; S F jusqu'à 2nd Ave ; J/Z/M jusqu'à Bowery), une galerie d'avant-garde située près du **New Museum of Contemporary Art** (p. 90), possède un mur vidéo de 6 m de long qui projette des œuvres d'art dans la rue (à noter l'annexe, discrètement installée dans Freemans Alley, juste à l'angle ; informez-vous pour une visite sur rendez-vous). Quelques blocks plus au nord, toujours dans le Bowery, se trouve le **Hole** (plan p. 88, B5 ; 212-466-1100 ; www.theholenyc.com ; 312 Bowery, au niveau de Bleecker St ; 12h-19h mar-dim ; S 6 jusqu'à Bleeker St ; B/D/F/M jusqu'à Broadway-Lafayette St), un espace de 370 m² aussi connu pour ses œuvres d'art que pour ses bruyants vernissages. Ces derniers rassemblent les habitués de la scène artistique du sud de Manhattan et les personnalisés célèbres, comme Courtney Love ou Salman Rushdie.

Broome St, entre Chrystie et Bowery, abrite des galeries comme le **Con Artist Collective** et **Jack Hanley**, situés côte à côte. Une autre série de dynamiques galeries figure dans Orchard St, entre Rivington St et Canal St, notamment le **Lesley Heller** (plan p. 88, D8 ; 212-410-6120 ; www.lesleyheller.com ; 54 Orchard St, entre Grand St et Hester St ; 11h-18h mer-sam, 12h-18h dim ; S B/D jusqu'à Grand St ; F jusqu'à East Broadway).

Village ; S 6 jusqu'à Astor Pl, L jusqu'à 3rd Ave ou 1st Ave, F jusqu'à 2nd Ave)

Tompkins Square Park PARC

4 PLAN P. 88, E3

Datant de 1879, ce parc de plus de 4 ha fait office de place du village pour les habitants. Ils s'y retrouvent pour jouer aux échecs sur des tables en ciment, pique-niquer sur les pelouses ou jouer des percussions sur ses tertres herbeux. L'endroit offre également des terrains de basket, une aire de jeux pour les chiens, une mini-piscine municipale pour les enfants, de fréquents concerts en été et une aire de jeux toujours animée. (www.nycgovparks.org ; entre E 7th St et E 10th St, et Ave A et Ave B, East Village ; 6h-minuit ; ; S 6 jusqu'à Astor Pl)

Musée de la Synagogue d'Eldridge Street

MUSÉE

5 PLAN P. 88, D8

Cet important lieu de culte, bâti en 1887, était jadis un épicentre de la communauté juive, avant de connaître une désaffection à la fin des années 1920. Après la Seconde Guerre mondiale, le sanctuaire principal fut fermé et le culte transféré au sous-sol. Très détériorée, la synagogue a connu une restauration qui a duré 20 ans et qui s'est achevée en 2007. Elle a redonné au lieu sa splendeur originelle. L'entrée inclut une **visite guidée**, qui part toutes les heures (la dernière à 16h). (212-219-0302 ; www.eldridgestreet.org ; 12 Eldridge St, entre Canal St et Division St, Lower East Side ; adulte/enfant 14/8 $, lun entrée sur don de son choix ; 10h-17h dim-jeu, 10h-15h ven ; S F jusqu'à East Broadway, B/D jusqu'à Grand St)

Anastasia Photo

GALERIE

6 PLAN P. 88, D6

Cette petite galerie spécialisée dans la photo documentaire et le photojournalisme présente des œuvres évocatrices sur la pauvreté dans l'Amérique rurale, les ravages de la guerre et la disparition de certaines cultures africaines. (212-677-9725 ; www.anastasia-photo.com ; 143, Ludlow St, Stanton St et Rivington, Lower East Side ; 10h-18h mar-sam ; S F, J/M/Z jusqu'à Delancey St-Essex St)

Russian & Turkish Baths

BAINS PUBLICS

7 PLAN P. 88, D2

Depuis 1892, ces bains exigus et dépenaillés attirent une clientèle polyglotte et éclectique. Acteurs, étudiants, habitués russes et New-Yorkais vieille école se mettent en sous-vêtements (ou revêtent les amples shorts en coton fournis) pour circuler entre les hammams, le bassin d'eau glacée, le sauna et la terrasse. (212-674-9250 ; www.russianturkishbaths.com ; 268 E 10th St, entre First Ave et Ave A, East Village ; visite journée 52 $; 12h-22h lun, mar, jeu et ven, 10h-22h mer, 9h-22h sam, 8h-22h dim ; S L jusqu'à 1st Ave, 6 jusqu'à Astor Pl)

Se restaurer

Ivan Ramen

RAMEN $$

8 PLAN P. 88, E6

Après avoir créé deux adresses du genre très prisées à Tokyo, Ivan Orkin, originaire de Long Island, est revenu exercer ses talents à domicile. Classé parmi les meilleurs restaurants de ramen, cet établissement intimiste sert des nouilles *tsukumen* (qu'on fait tremper), accompagnées de chou cavalier mariné et de poitrine de porc glacée au shoyu. Les clients en solo peuvent s'asseoir au bar pour voir leur bol prendre forme.

(☎ 646-678-3859 ; www.ivanramen.com ; 25 Clinton St, entre Stanton St et E Houston St, Lower East Side ; plat 15-21 $; ⏲ 12h30-22h dim-jeu, 12h30-23h ven-sam ; S F, J/M/Z jusqu'à Delancey St-Essex St, F jusqu'à 2nd Ave)

Russ & Daughters Cafe JUIF $$

9 PLAN P. 88, D7

Prenez place pour savourer un festin de bagels bouillis et le meilleur lox (saumon fumé) de la ville, dans le cadre cosy d'un *diner* à l'ancienne, logé dans l'annexe du vénérable restaurant juif Russ & Daughters (p. 103). Outre les épaisses tranches de poisson fumé, on y sert des latkes (galettes de pomme de terre), du bortsch, des œufs cuisinés de toutes sortes et même du foie haché. (☎ 212-475-4880 ; www.russanddaughterscafe.com ; 127 Orchard St, entre Delancey St et Rivington St, Lower East Side ; plats 13-20 $; ⏲ 9h-22h lun-ven, 8h-22h sam-dim ; S F, J/M/Z jusqu'à Delancey St-Essex St)

Veselka UKRAINIEN $$

10 PLAN P. 88, C3

Ce vestige du passé ukrainien de l'East Village sert des *pierogi* (raviolis de fromage, de pomme de terre ou de viande), du bortsch et du goulasch depuis 1954. Les tables disséminées sont disponibles pour les personnes souhaitant s'installer confortablement pour refaire le plein d'énergie. Sinon, l'endroit est aussi un formidable lieu de passage express à toute heure de la journée, ainsi qu'un repaire d'écrivains, d'acteurs et de personnages du quartier. (☎ 212-228-9682 ; www.veselka.com ; 144 2nd Ave, au niveau de 9th St, East Village ; plats 13-19 $; ⏲ 24h/24 ; S 6 jusqu'à Astor Pl, L jusqu'à 3rd Ave)

Katz's Delicatessen TRAITEUR $$

11 PLAN P. 88, D5

C'est dans ce restaurant, l'un des derniers établissements juifs traditionnels du Lower East Side, que Meg Ryan simule un orgasme dans la fameuse scène du film *Quand Harry rencontre Sally* (1989). Les sandwichs au pastrami ou au salami sur pain de seigle pourraient vous faire le même effet... (☎ 212-254-2246 ; www.katzsdelicatessen.com ; 205 E Houston St, au niveau de Ludlow St, Lower East Side ; sandwichs 12-23,50 $; ⏲ 8h-22h45 lun-mer, 8h-2h45 jeu, 8h-minuit ven, 24h/24 sam, 8h-22h45 dim ; S F jusqu'à 2nd Ave)

Freemans AMÉRICAIN $$$

12 PLAN P. 88, C6

Niché au bout de Freeman Alley, ce lieu assez labyrinthique attire une clientèle plutôt branchée autour de tables en bois, où l'on s'installe pour siroter des cocktails remplis à ras bord et grignoter du poulet rôti ou du flétan poché à feu doux. Les plantes en pot et les trophées empaillés confèrent au lieu un parfum de cabane rustique – offrant une évasion charmante du tapage ambiant (quand il n'y a pas foule à l'intérieur). (☎ 212-420-

0012 ; www.freemansrestaurant.com ; Freeman Alley, près de Rivington St, Lower East Side ; plat déj 16-34 $, dîner 27-38 $; 11h-23h lun-jeu, 11h-1h ven, 10h-1h sam, 10h-23h dim ; S F jusqu'à 2nd Ave)

Kossar's Bagels & Bialys

JUIF $

13 PLAN P. 88, E8

Depuis 1936, le Kossar sert des pâtisseries juives comme les bagels, les *babkas* (gâteaux tressés) au chocolat et à la cannelle, ou encore les *bialys*, ces petits pains plats garnis d'oignons ou d'ail originaires de Bialystok, en Pologne. Parmi les nouvelles garnitures, citons les olives, les tomates séchées et le pesto. (212-473-4810 ; www.kossars.com ; 367 Grand St, Lower East Side ; pâtisseries à partir de 1,15 $; 6h-18h ; S F/M, J/Z jusqu'à Delancey St-Essex St)

Dun-Well Doughnuts

PÂTISSERIES $

14 PLAN P. 88, D3

Les meilleurs beignets végans de la ville sont cuits chaque jour à partir d'ingrédients bio et sont servis dans des variantes classiques (glaçage, cannelle, chocolat) et inventives (noix de pécan et thé matcha, pain perdu, beurre de cacahuète et fraise). À accompagner d'un expresso fumant. (646-998-5462 ; www.dunwelldoughnuts.com ; 102 St Marks Pl, entre First Ave et Ave A, East Village ; doughnut à partir de 2,50 $; 8h-21h

Freemans

lun-jeu 8h-22h ven, 9h-22h sam, 9h-21h dim ; ; S 6 jusqu'à Astor Pl)

Yonah Schimmel Knish Bakery

JUIF $

15 PLAN P. 88, C5

Remontez le cours du temps dans ce café-boulangerie qui vend des *knishes* – des chaussons de pâte farcis de purée de pommes de terre, de sarrasin, de chou, d'épinards, de myrtilles et de fromage frais – depuis 1910. D'autres mets classiques (galettes de pomme de terre, strudel aux pommes) sont également disponibles, tout comme l'*egg cream* et les sodas de type *lime rickey*. Difficile de faire plus authentique. (212-477-2858 ; www.knishery.com ; 137 E Houston St, au niveau de Forsyth St, Lower East Side ; knish 4-5 $; 10h-19h lun-dim ; ; S F jusqu'à Second Ave)

An Choi

VIETNAMIEN $

16 PLAN P. 88, D8

Avec ses affiches du Parti communiste aux murs et un bar qui semble sorti des années 1970, l'An Choi cultive un style rétro que les habitants de l'East Village adorent. Pour ne rien gâter, la cuisine – des plats vietnamiens tout simples comme le *phô* (soupe de nouilles) et les *banh mi* (sandwichs) – est savoureuse et pas trop chère pour le coin. (212-226-3700 ; anchoinyc.com ; 85 Orchard St, entre Broome St et Grand St, Lower East Side ; banh mi 11-15 $, plats 13-18 $; 18h-22h30 lun, 12h-22h30 mar-jeu, 12h-23h ven-sam, 12h-22h dim ; S B/D jusqu'à Grand St, F, J/M/Z jusqu'à Delancey St-Essex St)

Prune

AMÉRICAIN $$

17 PLAN P. 88, D5

Attendez-vous à faire la queue le week-end quand les fêtards se remettent d'aplomb avec un brunch et un excellent Bloody Mary (servi dans une dizaine de variantes). Dans la petite salle, toujours bondée, on se régale de truite grillée à la menthe, de magret de canard et de ris de veau. Réservation possible uniquement pour le dîner et le déjeuner. (212-677-6221 ; www.prunerestaurant.com ; 54 E 1st St, entre 1st Ave et 2nd Ave, East Village ; plats brunch 14-22 $, dîner 19-28 $, brunch 15-19 $; 12h-23h lun-ven, 10h-15h30 et 17h30-23h sam-dim ; S F jusqu'à 2nd Ave)

Luzzo's

PIZZAS $$

18 PLAN P. 88, D1

Occupant un petit coin rustique de l'East Village, ce lieu populaire attire les foules autour de pizzas fines, nappées de tomates généreuses et cuites au four à bois. Espèces uniquement. (212-473-7447 ; www.luzzosgroup.com ; 211 First Ave, entre E 12th St et 13th St, East Village ; pizzas 18-20 $; 12h-23h ; S L jusqu'à 1st Ave)

Cafe Mogador

MAROCAIN $$

19 PLAN P. 88, D3

Bastion de l'East Village, le Mogador sert de généreuses

portions de couscous, d'agneau grillé au feu de bois et de merguez, le tout accompagné de riz basmati et de salade orientale, ainsi que d'appétissantes assiettes à base de houmous, de tomate et de persil. Toutefois, les plats vedettes restent les tagines, servis avec quatre sauces au choix. (212-677-2226 ; www.cafemogador.com ; 101 St Marks Pl, entre First Ave et Ave A, East Village ; plats 17-24 $; 9h-23h30 dim-jeu, 9h-minuit ven-sam ; S 6 jusqu'à Astor Pl)

Prendre un verre

Flower Shop

BAR

20 PLAN P. 88, D8

Prenez l'escalier qui descend sous le restaurant animé du même nom et découvrez un bar en sous-sol, à la déco éclectique-rétro. Les photos et affiches réunies au petit bonheur la chance font souvent sourire, tandis que les banquettes fleuries et les bons cocktails invitent à s'attarder. (212-257-4072 ; www.theflowershopnyc.com ; 107 Eldridge St, entre Grand St et Broome St, Lower East Side ; 17h-minuit dim-lun, 17h-2h mar-sam ; S B/D jusqu'à Grand St, J/Z jusqu'à Bowery)

Bar Goto

BAR À COCKTAILS

21 PLAN P. 88, C6

L'expert ès mixologie Kenta Goto envoûte les amateurs de cocktails dans ce lieu intimiste, très couru. Attendez-vous à des breuvages méticuleusement préparés et inspirés de la culture japonaise de Goto (l'Umami Mary, à base de vodka, shiitaké, dashi, miso, citron, tomate et jus de Clamato, est remarquable), à accompagner d'authentiques délices japonais tels les *okonomiyaki* (crêpes salées au chou). (212-475-4411 ; www.bargoto.com ; 245 Eldridge St, entre E Houston et Stanton St, Lower East Side ; 17h-minuit mar-jeu et dim, 17h-2h ven-sam ; S F jusqu'à 2nd Ave)

Essex Market

Fondé en 1940 dans un bâtiment exigu de l'autre côté de Delancey St, l'Essex Market (plan p. 88, E7 ; www.essexmarket.nyc ; 115 Delancey St, au niveau de Essex St, Lower East Side ; 8h-20h lun-sam, 10h-20h dim ; ; S F, J/M/Z jusqu'à Delancey St-Essex St), un marché et espace de restauration offrant un vaste choix de produits spécialisés, a récemment emménagé dans un nouveau site très spacieux. Admirez les fruits de mer frais, les viandes et les fromages artisanaux, avant d'aller déjeuner à l'étage dans un atrium ouvert et ensoleillé. Les différents vendeurs y proposent du poisson fumé de Scandinavie, une cuisine dominicaine traditionnelle, des bentos japonais, du poulet à la mode thaïe, de la glace raffinée et quantité d'autres choses.

PDT

BAR

22 PLAN P. 88, D3

Le "Please Don't Tell" (n'en parlez à personne) ne lésine pas sur l'originalité. Décrochez le combiné dans la cabine téléphonique de la boutique de hot dogs Crif Dogs ; une fois le sésame accordé (il est recommandé de réserver pour éviter d'être refoulé), le mur s'ouvre et l'on entre dans un bar à l'ambiance tamisée, orné de quelques trophées d'animaux aux murs et offrant des cocktails de premier ordre. (212-614-0386 ; www.pdtnyc.com ; 113 St Marks Pl, entre Ave A et First Ave, East Village ; 18h-2h dim-jeu, 18h-4h ven-sam ; S 6 jusqu'à Astor Pl, L jusqu'à 1st Ave)

Rue B

BAR

23 PLAN P. 88, E2

Dans une partie de l'avenue B jalonnée de bars, ce lieu accueille des musiciens de jazz (et parfois de rockabilly) tous les soirs à partir de 21h (entrée 10 $). Une clientèle jeune et joyeuse se presse dans un espace exigu : attention, vous pourriez finir avec le joueur de trombone sur les genoux ! Des photos et des affiches de légendes du jazz et d'icônes new-yorkaises ajoutent encore à l'atmosphère. (212-358-1700 ; www.rueb-nyc.com ; 188 Ave B, entre 11th St et E 12th St, East Village ; 18h-4h ; S L jusqu'à 1st Ave)

Pouring Ribbons

BAR À COCKTAILS

24 PLAN P. 88, E1

Un bar aussi soigné et élégant. La surprise est aussi rafraîchissante que les breuvages. Ici, on ne surcharge pas les cocktails et les saveurs en sont exceptionnelles. La longue carte saura étancher toutes les soifs. Par ailleurs, testez le plus large choix de chartreuses de New York. (917-656-6788 ; www.pouringribbons.com ; 225 Ave B, 2e ét., entre E 13th St et 14th St, East Village ; 18h-2h ; S L jusqu'à 1st Ave)

Berlin

CLUB

25 PLAN P. 88, D5

Cette caverne au plafond voûté en brique fait tout son possible pour être discret – on y entre par une porte anonyme à l'angle du bar qui semble occuper l'adresse du Berlin, puis on emprunte un escalier abrupt pour descendre dans un bruyant repaire indé. Une fois à l'intérieur, on pourra profiter de la musique rock, funk, disco ou house (entre autres) dans une proche intimité avec ses camarades de soirée. (réservation 347-586-7247 ; www.berlinundera.com ; 25 Ave A, entre E 1st St et E 2nd St, East Village ; entrée payante occasionnelle 5 $; 20h-2h dim-jeu, 20h-4h ven-sam ; S F jusqu'à 2nd Ave)

Angel's Share

BAR

26 PLAN P. 88, B3

Arrivez de bonne heure pour trouver un siège dans ce bijou caché, niché derrière un restaurant japonais (au même étage). Calme et élégant, avec des barmen talentueux servant des cocktails originaux et un excellent choix de whiskies, à consommer impérativement assis. (☎ 212-777-5415 ; 6, Stuyvesant St, 2e ét., près de 3rd Avenue et de E 9th St, East Village ; 🕐18h-1h30 dim-mer, 18h-2h30 jeu-sam ; S 6 jusqu'à Astor Pl)

Otto's Shrunken Head BAR

27 PLAN P. 88, E1

Glissez-vous dans l'un des box en similicuir de ce bar polynésien-rockabilly où l'on vous sert un Mai Tai ou un Zombie dans un classique mug tiki (à ramener chez soi moyennant 6 $). La salle du fond accueille des concerts, des stand-up et des drag-shows, tandis que les DJ mixent à l'avant – le tout sans jamais aucune entrée payante. (☎ 212-228-2240 ; www.ottosshrunkenhead.com ; 538 E 14th St, près d'Ave B, East Village ; 🕐14h-4h ; S L jusqu'à 1st Ave)

Phoenix GAY ET LESBIEN

28 PLAN P. 88, D1

Littéralement ressuscité des cendres de The Bar (qui a brûlé), le Phoenix est moins "grunge" que son prédécesseur, mais tout aussi chaleureux. À noter l'happy hour de 14h à 20h, le billard, ainsi que les soirées karaoké et quiz. Consultez le site Internet pour accéder aux diverses soirées thématiques. (☎ 212-477-9979 ; www.phoenixbarnyc.com ; 447 E 13th St, entre First Ave et Ave A, East Village ; 🕐14h-4h ; S L jusqu'à 1st Ave)

Proletariat BAR

Les spécialistes new-yorkais du houblon se massent dans ce minuscule bar juste à l'ouest de Tompkins Square Park, à côté du

Yonah Schimmel Knish Bakery

Une autre facette du New York gay

Parmi les bars sportifs et les bars à cocktails, vous trouverez de nombreux lieux gays où l'on privilégie la chemise en flanelle aux débardeurs laissant voir une plastique impeccable. Le **Nowhere** (plan p. 88, C1 ; ☎212-477-4744 ; www.nowherebarnyc.com ; 322 E 14th St, entre First Ave et Second Ave ; 15h-4h ; S L jusqu'à 1st Ave) et le **Phoenix** (p. 99) sont d'excellentes adresses pour rencontrer de nouveaux visages accueillants, tandis que le **Cock** (plan p. 88, C4 ; 93 Second Ave, entre E 5th St et E 6th St ; 21h-4h lun-mar, 18h-4h mer-dim ; S F/M jusqu'à 2nd Ave) accueille une clientèle plus fougueuse. En général, les boissons sont aussi beaucoup moins chères.

Dun-Well Doughnuts (voir **14** plan p. 88, D3). Promettant "des bières rares, nouvelles et originales", le Proletariat ne déçoit pas avec une série de crus mousseux qu'on ne trouve nulle part ailleurs. (www.proletariatny.com ; 102 St Marks Pl, entre Ave A et First Ave, East Village ; 17h-2h lun-jeu, 14h-2h ven-sam, 14h-minuit dim ; S L jusqu'à 1st Ave)

Ten Bells

BAR

29 PLAN P. 88, D8

Cette charmante adresse aux faux airs de grotte est idéale pour faire connaissance. Tous les jours, de l'ouverture à 19h, l'Oyster Happy Hour permet de déguster des huîtres à 1 $ pièce ! (☎212-228-4450 ; www.tenbellsnyc.com ; 247, Broome St, entre Ludlow St et Orchard St, Lower East Side ; 17h-2h lun-ven, à partir de 15h sam-dim ; S F, J/M/Z à Delancey St-Essex St)

Attaboy

BAR À COCKTAILS

30 PLAN P. 88, D7

Parmi les innombrables bars anonymes de style "clandestin", celui-ci est un cran au-dessus de la moyenne, avec ses formidables cocktails artisanaux à 17 $. Pas de carte : laissez les barmen vous guider. (www.attaboy.us ; 134 Eldridge St, entre Delancey St et Broome St, Lower East Side ; 18h-4h ; S B/D jusqu'à Grand St)

Abraço

CAFÉ

31 PLAN P. 88, D3

Aménagé dans un espace ouvert de plain-pied, ce refuge de l'East Village sert des expressos et des *latte* préparés à la perfection, ainsi que des douceurs maison. À siroter en dégustant une part de cake à l'huile d'olive – addictif. (www.abraconyc.com ; 81 E 7th St, entre First Ave et Second Ave, East Village ; 8h-22h mar-sam, 9h-18h dim ; S F jusqu'à 2nd Ave ; L jusqu'à 1st Ave ; 6 jusqu'à Astor Pl)

Death & Co

BAR À COCKTAILS

32 PLAN P. 88, D3

Ce bar à cocktails récompensé à la déco élégante propose quelques-uns des cocktails les plus réussis de la ville (standards et créations à partir de 17 $). L'endroit est généralement bondé – s'il n'y a pas de place, laissez votre numéro et on vous appellera dès qu'il y en aura. (☎ 212-388-0882 ; www.deathandcompany.com ; 433 E 6th St, entre First Ave et Ave A, East Village ; ⏱ 18h-2h dim-jeu, 18h-3h ven-sam ; S F jusqu'à 2nd Ave, L jusqu'à 1st Ave)

Amor y Amargo BAR

33 PLAN P. 88, D3

Le minuscule "Amour et Amers" est un puissant spécialiste en cocktails astucieux, mettant en valeur son choix d'amers. Demandez conseil aux barmen avertis en matière de saveurs. Vous ne serez pas déçu. (☎ 212-614-6818 ; www.amoryamargony.com ; 443 E 6th St, entre Ave A et First Ave, East Village ; ⏱ 17h-1h dim-jeu, 17h-3h ven-sam ; S F jusqu'à 2nd Ave ; L jusqu'à 1st Ave ; 6 jusqu'à Astor Pl)

Sortir

Metrograph CINÉMA

34 PLAN P. 88, D8

Le secteur n'ayant pas encore cédé à la gentrification, les propriétaires de cet authentique temple du 7e art ont pu acquérir un bâtiment adapté à leur vision. Il comporte deux écrans équipés d'un projecteur numérique dernier cri et d'un vieux modèle 35 mm. Les films soigneusement choisis composent souvent des thématiques, comme les animations japonaises du Studio Ghibli ou les œuvres sulfureuses

Angel's Share (p. 98)

de Gaspar Noé. (212-660-0312 ; www.metrograph.com ; 7 Ludlow St, entre Canal St et Hester St, Lower East Side ; billets 15 $; 11h-minuit dim-mer, 11h-2h ven-sam ; ; S F jusqu'à East Broadway, B/D jusqu'à Grand St)

Rockwood Music Hall

MUSIQUE EN DIRECT

35 PLAN P. 88, D6

Lancée par le rocker Ken Rockwood, cette petite salle de trois scènes invite de nombreux groupes ou compositeurs-interprètes. Si votre budget est serré, optez pour la scène 1, où les concerts, gratuits, se succèdent à une heure d'intervalle : les plus déterminés peuvent ainsi en voir cinq ou plus d'affilée. Coup d'envoi à 15h le week-end et à 18h en semaine. (212-477-4155 ; www.rockwoodmusichall.com ; 196, Allen St, entre Houston St et Stanton St, Lower East Side ; 17h30-2h lun-ven, 15h-14h30 sam et dim ; S F jusqu'à 2nd Ave)

Arlene's Grocery

MUSIQUE LIVE

36 PLAN P. 88, D6

Depuis 1995, cette institution du Lower East Side (logée dans une ancienne bodega) accueille une large sélection de concerts nocturnes – avec une préférence pour les groupes locaux de rock, de punk et de musique alternative. Tout le monde s'est produit ici, d'Arcade Fire aux Strokes, en passant par Lady Gaga. À l'étage figure un bar indépendant où l'on peut poursuivre la soirée après le spectacle. (www.arlenesgrocery.net ; 95 Stanton St, entre Orchard St et Ludlow St, Lower East Side ; entrée 8-10 $; bar 17h-4h dim-jeu, 14h-4h ven-sam ; S F jusqu'à 2nd Ave)

Nuyorican Poets Café

ARTS DE LA SCÈNE

37 PLAN P. 88, F5

En activité depuis 1973, le légendaire Nuyorican accueille des soirées slam, hip-hop, théâtre, cinéma, danse et musique. Cette association artistique à but non lucratif fait partie intégrante de l'histoire de l'East Village. Programmation et billets sur le site Internet. Ne manquez pas de tester votre talent lors de la soirée scène ouverte du lundi (21h, 8 $). (212-780-9386 ; www.nuyorican.org ; 236 E 3rd St, entre Ave B et Ave C, East Village ; 5-15 $; S F jusqu'à 2nd Ave)

Performance Space New York

THÉÂTRE

38 PLAN P. 88, D2

Fondé en 1980 sous le nom de Performance Space 122, ce théâtre novateur anciennement logé dans une école abandonnée accueille désormais des espaces de spectacle dernier cri, un nouveau hall et une terrasse sur le toit. L'ossature de cette ancienne école est toujours là, de même que son authentique théâtre expérimental : Eric Bogosian, Meredith Monk et Elevator Repair Service se sont tous produits ici. (212-477-5829 ; www.performancespacenewyork.org ;

150 First Ave, au niveau de E 9th St, East Village ; S L jusqu'à 1st Ave, 6 jusqu'à Astor Pl)

La MaMa ETC THÉÂTRE

39 PLAN P. 88, C4

Bastion historique de l'expérimentation théâtrale (ETC signifiant Experimental Theater Club), La MaMa abrite trois scènes, un café, une galerie d'art et une annexe qui accueillent des pièces d'avant-garde, des spectacles comiques et des conférences. Des billets à 10 $ (en nombre limité) sont disponibles pour chaque spectacle en réservant en ligne. (212-352-3101 ; www.lamama.org ; 74a E 4th St, entre Bowery et 2nd Ave, East Village ; billets à partir de 20 $; S F jusqu'à 2nd Ave)

Shopping

Russ & Daughters ALIMENTATION

40 PLAN P. 88, D5

Depuis 1914, cette épicerie fine très populaire propose des délices juifs d'Europe de l'Est, tels que le caviar, le hareng, les esturgeons et, bien entendu, le lox. Fièrement tenue depuis quatre générations par la famille Russ, cette maison est parfaite pour se ravitailler en vue d'un pique-nique ou remplir son réfrigérateur de douceurs pour le petit-déjeuner. Les gourmets, les passionnés d'histoire et les décoratrices d'intérieur adoreront cet endroit. (212-475-4800 ; www.russanddaughters.com ; 179 E Houston St, entre Orchard St

Arlene's Grocery

et Allen St, Lower East Side ; 8h-18h ven-mer, 8h-19h jeu ; S F jusqu'à 2nd Ave)

Obscura Antiques

ANTIQUITÉS

41 PLAN P. 88, D1

Cette caverne d'Ali Baba qui peut faire froid dans le dos ravira à la fois les amateurs de curiosités et les chasseurs d'antiquités. Vous y trouverez des têtes d'animaux empaillées, des crânes et des squelettes de minuscules rongeurs, des papillons dans des vitrines en verre, des photographies post-mortem de l'époque victorienne, des drapeaux avertissant de la présence de mines terrestres, de vieilles fioles de poison et des yeux de verre. (212-505-9251 ; www.obscuraantiques.com ; 207 Ave A, entre E 12th St et E 13th St, East Village ; 13h-19h30 ; S L jusqu'à 1st Ave)

Kiehl's

COSMÉTIQUES

42 PLAN P. 88, B1

Fabricant et distributeur de produits de beauté depuis 1851, Kiehl's est devenu une chaîne internationale et a doublé la taille de son magasin, tout en conservant ses petites touches personnelles – ainsi que ses échantillons aussi convoités que généreux. (212-677-3171 ; 109 3rd Ave, entre 13th St et 14th St, East Village ; 10h-21h lun-sam, 11h-19h dim ; S L jusqu'à 3rd Ave)

Verameat

BIJOUX

43 PLAN P.88, C2

Dans cette délicieuse boutique, la créatrice Vera Balyura façonne des bijoux exquis rehaussés d'un sens de l'humour noir. Ses minuscules pendentifs, bagues, boucles d'oreilles et bracelets semblent presque trop précieux... jusqu'à ce qu'une inspection plus précise n'en révèle les zombies, les robots Godzilla, les têtes d'animaux, les dinosaures et les griffes entrelacées... (212-388-9045 ; www.verameat.com ; 315 E 9th St, entre First Ave et Second Ave, East Village ; 12h-20h ; S 6

No Relation Vintage

VINTAGE

44 PLAN P. 88, D1

Parmi les nombreuses boutiques vintage de l'East Village, celle-ci se distingue par sa variété. Préparez-vous à jouer des coudes. (L Train Vintage ; 212-228-5201 ; www.ltrainvintagenyc.com ; 204 1st Ave, entre 12th St et 13th St, East Village ; 12h-20h dim-jeu, 12h-21h ven-sam ; S L jusqu'à 1st Ave)

Economy Candy

ALIMENTATION

45 PLAN P. 88, E6

Marchand de douceurs depuis 1937, ce confiseur affiche pléthore d'articles en sachets ou en vrac du sol au plafond, sans oublier quelques splendides distributeurs de chewing-gum. Vous y trouverez aussi bien des délices de l'enfance – bonbons à la gelée, sucettes, boules de gomme, Cadbury importés d'Angleterre, bonbons gélifiés, pommes d'amour – que des plaisirs plus adultes – halvah, bonbons au thé vert, racines de gingembre séchées, papaye. (212-254-1531 ; www.economycandy.com ; 108 Rivington St, à la hauteur d'Essex St, Lower East Side ; 9h-18h mar-ven, 10h-18h sam-lun ; S F, J/M/Z jusqu'à Delancey St-Essex St)

Dinosaur Hill

JOUETS

46 PLAN P. 88, C3

Les hautes fenêtres laissent filtrer les innombrables couleurs des articles faits main et originaux que recèle cette petite boutique merveilleusement désuète. On trouve ici tout ce que l'on peut désirer : marionnettes tchèques, figurines d'ombres chinoises, mini-blocs de construction, coffrets de calligraphie, mallettes d'artistes et kits du petit scientifique, musique pour enfants du monde entier, blocs en bois... ainsi que des habits en fibre naturelle pour les bébés. (212-473-5850 ; www.dinosaurhill.com ; 306 E 9th St, entre First Ave et Second Ave, East Village ; 11h-19h ; S 6 jusqu'à Astor Pl)

A-1 Records

MUSIQUE

47 PLAN P. 88, D3

Parmi les disquaires qui pullulaient autrefois dans l'East Village, voici l'un des derniers survivants. Ouvert depuis plus de 20 ans. On vient de loin pour parcourir ses étroits rayons de disques de jazz, de funk et de soul. (212-473-2870 ; www.instagram.com/

John Varvatos

a1recordshop ; 439 E 6th St, entre 1st Ave et Ave A, East Village ; 13h-21h tlj ; S F/M jusqu'à 2 Ave)

John Varvatos

MODE ET ACCESSOIRES

48 PLAN P. 88, B5

Aménagée dans l'ancien temple du punk, CBGB, la boutique de John Varvatos rend largement hommage à l'héritage rock de l'endroit, avec des disques, du matériel audio et des guitares électriques à vendre, à côté de vêtements en jean, de bottes en cuir, de ceintures et de T-shirts imprimés du créateur. (212-358-0315 ; www.johnvarvatos.com ; 315 Bowery, entre E 1st St et E 2nd St, East Village ; 12h-20h lun-ven, 11h-20h sam, 12h-18h dim ; S F/M jusqu'à 2nd Ave, 6 jusqu'à Bleecker St)

LET US RAISE A STANDARD TO WHICH THE WISE
AND THE HONEST CAN REPAIR THE EVENT
IS IN THE HAND OF GOD WASHINGTON

Explorer

West Village, Chelsea et Meatpacking District

Dans West Village, les charmantes rues sinueuses et les maisons de ville offrent des lieux intimistes pour se restaurer, prendre un verre et flâner ; le long du fleuve s'étend le Meatpacking District, dont les nombreux clubs et bars attirent les cadres dynamiques de Manhattan. Au nord figure Chelsea, qui abrite des galeries d'art et une trépidante scène gay. À plus de 9 m de la rue, la High Line arbore végétation et œuvres d'art.

À ne pas manquer

- ***High Line (p. 108)*** *Après un ravitaillement au Chelsea Market, s'offrir un pique-nique au vert au-dessus de la ville.*
- **Galeries de Chelsea (p. 110)** *Admirer les œuvres d'art les plus en vue dans les meilleures galeries du quartier.*
- ***Washington Square Park (p. 115)*** *Observer la foule dans ce populaire bastion de Greenwich Village.*
- ***Rubin Museum of Art (p. 115)*** *Découvrir des expositions provenant de la région himalayenne.*
- ***Stonewall National Monument (p. 115)*** *Se remémorer la célèbre nuit qui a déclenché le mouvement de protestation LGBT.*

Comment y aller

S Sixth Ave, Seventh Ave et Eighth Ave comptent toutes des stations de métro très pratiques. En revanche, les options se font plus rares quand on va vers l'ouest. Prenez les lignes A/C/E ou 1/2/3 jusqu'à 14th St puis finissez à pied, ou jusqu'à W 4th St-Washington Sq pour rallier le cœur du Village.

Plan du quartier p. 112

Washington Square Park (p. 115)

Les incontournables

La High Line

Sinuant à près de 10 m de haut à travers le Meatpacking District, ce parc urbain de 2,4 km de long est un fabuleux exemple de rénovation urbaine. Tombée en déshérence dans les années 1980, cette ancienne voie ferrée de fret qui reliait les abattoirs au fleuve Hudson a connu une renaissance sous la forme d'un ruban de verdure courant entre les gratte-ciel, les hôtels et les galeries d'art.

PLAN P. 112, C4

www.thehighline.org

Gansevoort St

7h-23h juin-sept, 7h-22h avr-mai et oct-nov, 7h-19h déc-mars

M14 (14th St), M23 (23rd St), S A/C/E, L jusqu'à 8th Ave-14th St, C/E jusqu'à 23rd St, 7 jusqu'à 34th St-Hudson Yards

Une ancienne voie ferrée

Au début du XXe siècle, la zone ouest située autour du Meatpacking District et de Chelsea était le plus grand quartier industriel de Manhattan. Étant donné que le transport du fret provoquait des perturbations et des accidents, valant à Tenth Ave le surnom de "Death Avenue" (avenue de la Mort), une voie surélevée fut construite, le premier train empruntant la *West Side Elevated Line* en 1933. Mais alors que la ville se développait, la ligne tomba en désuétude. La démolition fut évoquée, puis un projet fut proposé en 1999 afin de convertir le viaduc rongé par la rouille et les herbes folles en un espace vert public. En 2009, le premier tronçon de ce projet de rénovation urbaine fut inauguré.

Une balade sur la High Line

La première portion débute à Gansevoort St et suit Tenth Ave jusqu'à West 20th St. Proposant méridiennes géantes et gradins, cette section a rapidement accueilli diverses infrastructures et activités publiques. Durant les années suivantes, les 2e et 3e sections de la High Line ont ouvert et atteint la hauteur de 34th St, contournant le dépôt des West Side Rail Yards en dessinant un U. À cet endroit, le sentier s'élargit et offre une vue dégagée sur l'Hudson ; le long de la promenade, les rails rouillés, recouverts par la verdure donnent l'impression d'un espace où la nature a repris le dessus au cœur de la métropole. En 2019, l'ultime portion de la voie ferrée d'origine a été achevée. Surnommée *the Spur* (l'éperon), cette section s'étend vers l'est jusqu'à 10th Avenue, offrant une vue sur un imposant espace d'art appelé le Plinth.

De nombreux escaliers permettent d'accéder à la High Line, notamment à la hauteur de Gansevoort St, 14th St, 16th St, 17th St, 20th St, 23rd St, 26th St, 28th St, 30th St et 34th St. On trouvera également des ascenseurs à Gansevoort St, 14th St, 16th St, 23rd St et 30th St.

★ À savoir

- Devancez la foule en démarrant tôt de 30th St ou 34th St ; partez vers le sud et sortez sur 14th St pour un en-cas au Chelsea Market avant d'explorer West Village. Si vous avez faim, parcourez la High Line dans l'autre sens, armé d'un cornet de glace.
- La High Line est un bon moyen d'éviter le dédale des rues du Meatpacking District, surtout quand il y a des travaux.

Une petite faim ?

- Des stands de street-food vous attendent derrière les murs de brique du Chelsea Market (p. 114), à la sortie de la High Line, à 14th St.
- Si vous souhaitez faire une petite folie après une longue promenade, rejoignez le Top of the Standard (p. 124) pour un cocktail onéreux et une vue sublime.

Promenade à pied

Les galeries d'art de Chelsea

Une connaissance du secteur peut servir pour écumer les galeries d'art – Chelsea abrite la plus forte concentration de galeries de New York. La plupart se trouvent entre 20th St et 30th St, entre Tenth Ave et Eleventh Ave, et sont ouvertes du mardi au samedi. Elles distribuent souvent le Gallery Guide (avec plan) d'Art Info ; sinon, consultez www.chelseagalleries.nyc.

Itinéraire

Départ Paula Cooper Gallery

Arrivée Artechouse

Distance et durée 2,1 km ; 3 heures

S 1, C/E jusqu'à 23rd St

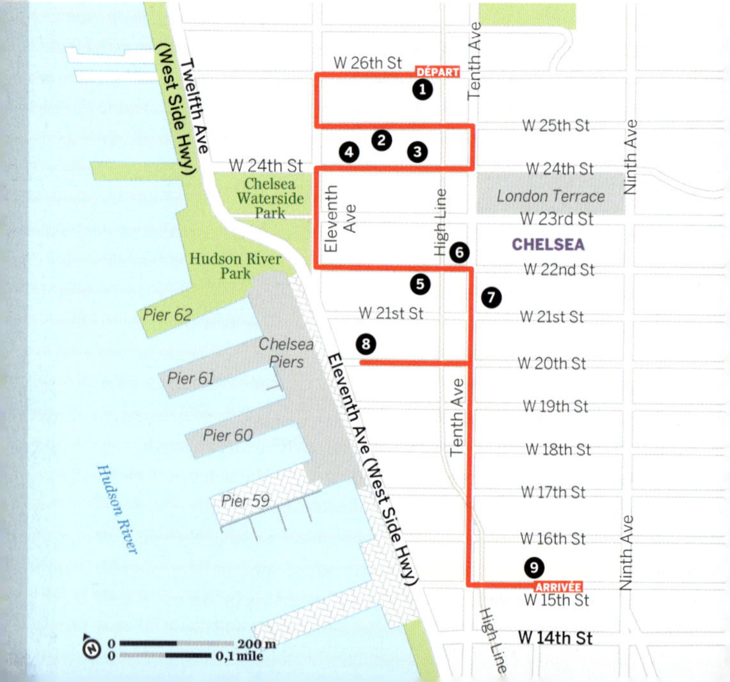

❶ Paula Cooper Gallery

La galerie **Paula Cooper** (212-255-1105 ; www.paulacoopergallery.com ; 524 West 26th St, entre Tenth Ave et Eleventh Ave ; 10h-18h mar-sam) est axée sur l'art conceptuel et minimaliste.

❷ Pace Gallery

Couvrant huit niveaux, la **Pace Gallery** (212-421-3292 ; www.pacegallery.com ; 540 W 25th St, entre Tenth Ave et Eleventh Ave ; 10h-18h mar-sam) met à l'honneur des peintres de premier plan, dont Loie Hollowell, Sol LeWitt et David Hockney.

❸ Gladstone Gallery

La **galerie** (212-206-9300 ; www.gladstonegallery.com ; 515 W 24th St, entre Tenth Ave et Eleventh Ave, Chelsea ; 10h-18h lun-sam) de Barbara Gladstone représente des artistes contemporains comme les Britanniques Anish Kapoor et Sarah Lucas.

❹ Gagosian

Le réseau planétaire **Gagosian** (212-741-1111 ; www.gagosian.com ; 555 W 24th St, au niveau de Eleventh Ave ; 10h-18h lun-sam) propose des expositions tournantes de grands artistes comme Jeff Koons, Andy Warhol et Jean-Michel Basquiat.

❺ Matthew Marks Gallery

Pionnier de Chelsea, **Matthew Marks** (212-243-0200 ; www.matthewmarks.com ; 522 W 22nd St, entre 10th Ave et 11th Ave ; 10h-18h mar-sam ; S 1, C/E jusqu'à 23rd St) expose des artistes américains, comme Nan Goldin et Terry Winters.

❻ Tía Pol

Idéal pour une pause roborative, **Tía Pol** (212-675-8805 ; www.tiapol.com ; 205 Tenth Ave, entre 22nd St et 23rd St ; petites assiettes 7-16 $; 17h30-23h lun, 12h-23h mar-jeu, 12h-minuit ven, 11h-minuit sam, 11h-22h30 dim) est un lieu intimiste pour des tapas basques espagnoles.

❼ 192 Books

Cette délicieuse petite **librairie** (212-255-4022 ; www.192books.com ; 192 10th Ave, entre 21st St et W 22nd St ; 11h-19h) recèle des œuvres littéraires, des monographies d'artistes et des livres pour la jeunesse.

❽ David Zwirner

L'un des acteurs majeurs du monde de l'art, le conservateur allemand **David Zwirner** (212-517-8677 ; www.davidzwirner.com ; 537 W 20th St, entre 10th Ave et 11th Ave ; 10h-18h mar-sam) organise certaines des expositions les plus cotées de New York.

❾ Artechouse

Plongez dans l'**Artechouse** (www.artechouse.com/nyc ; 439 W 15th St, Chelsea Market ; adulte/enfant 24/17 $; 10h-22h dim-jeu, 10h-23h ven-sam), un lieu immersif où l'art se mêle à la technologie.

A
B
C
D
1
2
3
4
5
6
Pier 66
27
Twelfth Ave (West Side Hwy)
Hudson River Park
55
Eleventh Ave
W 27th St
25
40
Chelsea Park
High Line
Tenth Ave
CHELSEA
Ninth Ave
W 26th St
W 25th St
Eighth Ave
Chelsea Waterside Park
9A
W 24th St
W 23rd St
23rd St
W 22nd St
17
7
Pier 62
W 21st St
Pier 61
Eleventh Ave (West Side Hwy)
11
W 20th St
45
W 19th St
Pier 60
33
48
W 18th St
W 17th St
Pier 59
Chelsea Market
W 16th St
30
2
W 15th St
8th Ave-14th St
59
21
W 14th St
51
31
W 13th St
MEATPACKING DISTRICT
19
Gansevoort St
Hudson St
28
La High Line
Whitney Museum of American Art
1
Horatio St
Café Cluny
Jane St
Abingdon Sq
WEST VILLAGE
W 4th St
W 12th St
Bethune St
Bank St
Bleecker St
Hudson River
Washington St
W 11th St
Perry St
Hudson River Park
14
0 500 m
0 0,25 mile
West Side Hwy
Charles St
53
23
W 10th St
15
Hudson St
Christopher St
Greenwich St
Barrow St
Hudson River Park
3
Morton St
Nos adresses
Les incontournables p. 108
Voir p. 114
Se restaurer p. 117
Prendre un verre p. 121
Sortir p. 126
Shopping p. 131

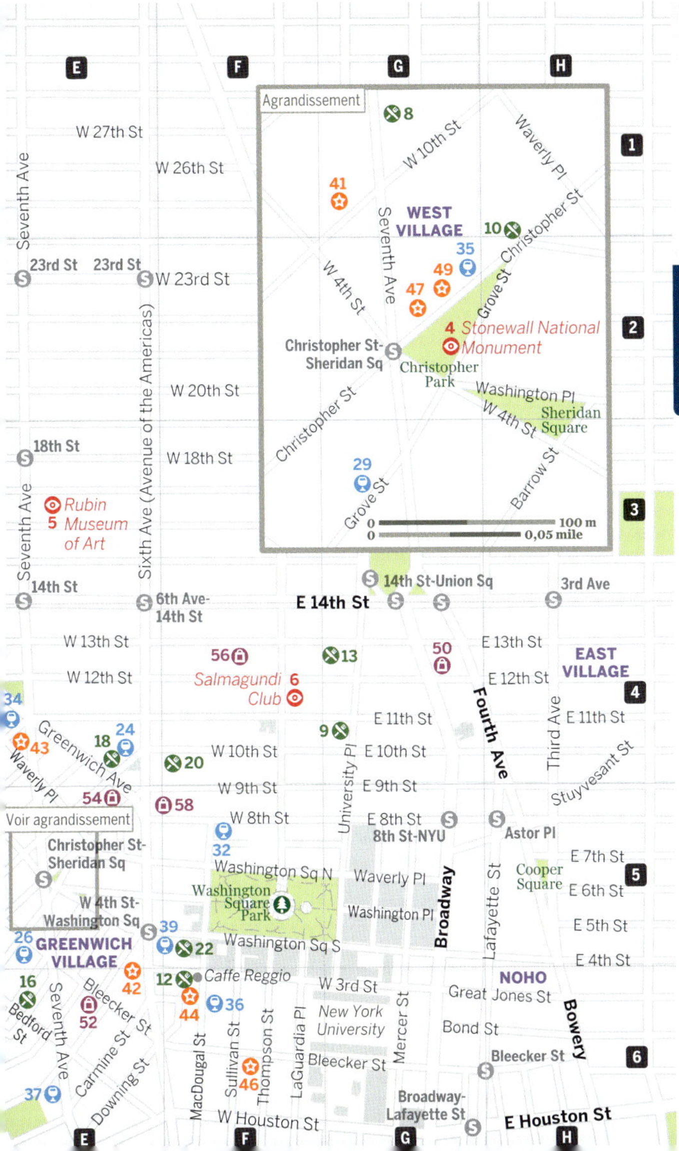
E
F
G
H
Agrandissement
W 27th St
W 26th St
Seventh Ave
23rd St
23rd St
W 23rd St
Sixth Ave (Avenue of the Americas)
W 20th St
18th St
W 18th St
5 Rubin Museum of Art
14th St
6th Ave-14th St
E 14th St
14th St-Union Sq
3rd Ave
W 13th St
W 12th St
56
6 Salmagundi Club
13
50
E 13th St
E 12th St
EAST VILLAGE
Fourth Ave
Third Ave
E 11th St
E 11th St
34
43
Greenwich Ave
18
24
9
E 10th St
W 10th St
20
Waverly Pl
54
W 9th St
E 9th St
Stuyvesant St
University Pl
58
Voir agrandissement
W 8th St
E 8th St
8th St-NYU
Astor Pl
Christopher St-Sheridan Sq
32
E 7th St
Washington Sq N
Waverly Pl
Cooper Square
E 6th St
Washington Square Park
W 4th St-Washington Sq
Washington Pl
Broadway
Lafayette St
E 5th St
39
26
GREENWICH VILLAGE
22
Washington Sq S
E 4th St
42
12
Caffe Reggio
NOHO
16
W 3rd St
Great Jones St
Seventh Ave
Bleecker St
52
44
36
New York University
Bond St
Bedford St
Mercer St
Bowery
Bleecker St
Carmine St
MacDougal St
Sullivan St
Thompson St
LaGuardia Pl
Bleecker St
37
Downing St
46
Broadway-Lafayette St
W Houston St
E Houston St
8
W 10th St
Waverly Pl
41
Seventh Ave
WEST VILLAGE
10
Christopher St
35
49
47
W 4th St
Grove St
4 Stonewall National Monument
Christopher St-Sheridan Sq
Christopher Park
Washington Pl
W 4th St
Sheridan Square
Christopher St
29
Grove St
Barrow St
0
100 m
0
0,05 mile
1
2
3
4
5
6

Voir

Whitney Museum of American Art

MUSÉE

1 PLAN P. 112, C4

Posé aux confins sud de la High Line (p. 108), ce bâtiment stupéfiant – signé Renzo Piano – fournit 5 852 m² d'espace à une incomparable collection d'art américain. À l'intérieur, des espaces lumineux où vous pourrez admirer des œuvres de tous les grands maîtres, notamment Edward Hopper, Jasper Johns, Georgia O'Keeffe et Mark Rothko. Contrairement à d'autres musées, le Whitney met particulièrement l'accent sur le travail des artistes vivants. (212-570-3600 ; www.whitney.org ; 99 Gansevoort St, au niveau de Washington St, Meatpacking District ; adulte/enfant 25 $/gratuit, 19h-22h ven entrée sur don ; 10h30-18h lun, mer, jeu et dim, 10h30-22h ven et sam ; S A/C/E, L jusqu'à 8th Ave-14th St)

Tournée des galeries d'art de Chelsea

Rejoignez la foule d'amateurs d'art branchés dans les dernières expositions de Chelsea. Le jeudi soir se prête idéalement à une flânerie sur ce thème, certaines galeries organisant des vernissages. Au sein du Meatpacking District, le **Whitney Museum of American Art** et la **High Line** – avec ses sculptures, ses fresques murales et ses tableaux intégrés – sont appréciés de tous.

Chelsea Market

MARCHÉ

2 PLAN P. 112, C3

Dans un effort exemplaire de réaménagement et de conservation, le marché de Chelsea a transformé une ancienne usine en marché alimentaire pour gourmets. Une bonne vingtaine de vendeurs proposent leurs délices, notamment **Mokbar** (ramen aux accents coréens), **Takumi** (qui mêle ingrédients japonais et mexicains), **Very Fresh Noodles** (nouilles de Chine du Nord étirées à la main), **Bar Suzette** (crêpes), **Num Pang** (sandwichs cambodgiens), **Ninth St Espresso** (*lattes*) ; **Doughnuttery** (mini-beignets) et **Fat Witch Bakery** (brownies et autres merveilles sucrées). (212-652-2110 ; www.chelseamarket.com ; 75 Ninth Ave, entre W 15th St et W 16th St, Chelsea ; 7h-2h lun-sam, 8h-22h dim ; S A/C/E, L jusqu'à 8th Ave-14th St)

Hudson River Park

PARC

3 PLAN P. 112, C6

Si la High Line (p. 108) est la nouvelle coqueluche des New-Yorkais, à une rue de là s'étire un ruban de verdure de 8 km qui a lui aussi contribué à transformer le visage de la ville. Couvrant 220 ha (dont 162 au bord de l'eau) depuis

Washington Square Park

Jadis un cimetière pour indigents et un site d'exécutions publiques, **Washington Square Park** (plan p. 112, F5 ; www.nycgovparks.org ; Fifth Ave, au niveau de Washington Sq N, West Village ; fermeture minuit ; ; S A/C/E, B/D/F/M jusqu'à W 4th St-Washington Sq, R/W jusqu'à 8th St-NYU) est aujourd'hui un bel espace vert et la "place centrale" de Greenwich Village accueille étudiants, musiciens, résidents promenant leurs chiens, écureuils téméraires, joueurs d'échecs et enfants s'amusant. Les habitants ayant résisté au changement, la forme et les utilisations du parc ont peu changé depuis le XIXe siècle. Consultez le site www.washingtonsquareparkconservancy.org pour accéder aux infos et manifestations.

L'emblématique Stanford White Arch (familièrement connu sous le nom de Washington Square Arch) domine le parc de ses 22 m de scintillant marbre de Tuckahoe. Édifié en bois en 1889 pour fêter le centenaire de l'investiture de George Washington, cet arc de triomphe eut un tel succès qu'on le remplaça 6 ans plus tard par un monument en marbre de Douvres.

Battery Park, à la pointe sud de Manhattan, jusqu'à 59th St, à Midtown, ce long sentier en bordure du fleuve est idéal pour se balader à vélo, faire une séance de running ou tout simplement flâner. (212-627-2020 ; www.hudsonriverpark.org ; 6h-1h ; ; bus interurbain M23, S 1 jusqu'à Christopher St, C/E jusqu'à 23rd St)

Stonewall National Monument

PARC NATIONAL

4 PLAN P. 112, G2

En 2016, le président Barack Obama a déclaré Christopher Park – un petit parc triangulaire offrant bancs et verdure au cœur de West Village – parc national et premier monument du pays dédié à la cause du mouvement LGBTQ. Venez ici vous rappeler les combats de cette communauté née, entre autres, aux États-Unis suite aux émeutes de Stonewall (1969), lorsque les homosexuels se révoltèrent contre les discriminations dont ils étaient victimes. (www.nps.gov/ston/index.htm ; W 4th St, entre Christopher St et Grove St, West Village ; 9h-crépuscule ; S 1 jusqu'à Christopher St-Sheridan Sq, A/C/E, B/D/F/M jusqu'à W 4th St-Washington Sq)

Rubin Museum of Art

MUSÉE

5 PLAN P. 112, E3

Voici le premier musée du monde occidental consacré

à l'art de l'Himalaya et des régions environnantes. Ses impressionnantes collections, qui couvrent 1 500 ans jusqu'à l'époque actuelle, incluent des broderies chinoises, des bodhisattvas en cuivre doré du Népal, des sculptures sur pierre du Pakistan et de complexes peintures du Bhoutan, plus des objets rituels et des masques de danse du Tibet. Parmi les fascinantes expositions tournantes, citons *Victorious Ones*, qui comprend des sculptures et des peintures des Jinas, les 24 enseignants du jaïnisme. (☎ 212-620-5000 ; www.rubinmuseum.org ; 150 W 17th St, entre 6th Ave et 7th Ave, Chelsea ; adulte/enfant 19 $/gratuit, 18h-22h ven gratuit ; ⏲ 11h-17h lun et jeu, 11h-21h mer, 11h-22h ven, 11h-18h sam-dim ; Ⓢ 1 jusqu'à 18th St)

Salmagundi Club — GALERIE

6 ◉ PLAN P. 112, F4

Loin des galeries clinquantes de Chelsea, le Salmagundi Club compte plusieurs salles dédiées à l'art figuratif américain, dans une superbe *brownstone* (demeure historique en grès rouge) de Fifth Ave. L'un des plus anciens clubs artistiques du pays (1871), il continue de proposer des cours et des expositions à ses membres. (☎ 212-255-7740 ; www.salmagundi.org ; 47 Fifth Ave, entre W 11th St et 12th St, West Village ; entrée libre ; ⏲ 13h-18h lun-ven, 13h-17h sam et dim ; Ⓢ 4/5/6, L, N/Q/R/W jusqu'à 14th St-Union Sq)

Salmagundi Club

Se restaurer

Foragers Table

AMÉRICAIN $$$

7 PLAN P. 112, D2

Les propriétaires de ce formidable restaurant gèrent une ferme de 11 ha dans la vallée de l'Hudson, d'où proviennent la majorité des ingrédients de saison. La carte change fréquemment, mais on a pu y voir récemment un magret de canard rôti à la poêle avec poires pochées, des *pappardelle* aux champignons, au sherry et aux amandes grillées, ou un steak de chou-fleur avec tahini de patate douce et oignons au sumac. (212-243-8888 ; www.foragersmarket.com/restaurant ; 233 8th Ave, Chelsea ; plats 20-39 $; dîner 17h30-22h lun-sam, 17h30-21h dim, brunch 9h-15h sam-dim ; ; S 1, C/E jusqu'à 23rd St)

Dominique Ansel Kitchen

BOULANGERIE $

8 PLAN P. 112, G1

Le populaire créateur du *cronut* (fusion croissant et donut) possède cette petite boulangerie, où l'on peut déguster croissants, brownies à la sauge fumée, tartelettes au beurre citron-yuzu, entre autres délices (mais pas de *cronuts*). Des plats salés sont aussi au menu : saucisse, soupe de chou frisé et lentilles, croque-monsieur avec salade, etc. (212-242-5111 ; www.dominiqueanselkitchen.com ; 137 Seventh Ave, entre Charles St et W 10th St, West Village ; pâtisseries 6-9 $, sandwichs 14-16 $; 9h-21h ; S 1 jusqu'à Christopher St-Sheridan Sq)

Nix

VÉGÉTARIEN $$$

9 PLAN P. 112, G4

Dans ce restaurant modeste, quoique étoilé au Michelin, les chefs John Fraser et Garrett Eagleton transforment les légumes en des plats magnifiquement exécutés qui ravissent les sens. Commencez par un pain tandoori à tremper dans des petites sauces, puis poursuivez avec des plats plus complexes comme la burrata aux pommes granny-smith ou le tempura de chou-fleur accompagné de petits pains cuits à la vapeur et de légumes marinés. (212-498-9393 ; www.nixny.com ; 72 University Pl, entre E 10th St et E 11th St, West Village ; plats 26-28 $; 17h30-22h30 lun-jeu, 17h-23h ven, 10h30-14h30 et 17h-23h sam, 10h30-14h30 et 17h-22h30 dim ; ; S 4/5/6, N/Q/R/W, L jusqu'à 14th St-Union Sq)

Jeffrey's Grocery

AMÉRICAIN $$$

10 PLAN P. 112, H1

Les produits de la mer tiennent la vedette dans cette institution de West Village à l'ambiance animée : à noter le bar à huîtres et les plats magnifiquement exécutés comme les moules au curry jaune, au lait de coco et aux herbes, le sandwich au panko et les toasts au caviar. Parmi les plats de viande, citons l'onglet de bœuf servi avec des pommes de terre "fingerling" et une sauce chimichurri. (646-398-7630 ; www.jeffreysgrocery.com ; 172 Waverly Pl, au niveau de Christopher St, West Village ; plats 21-35 $; 8h-23h lun-mer, 8h-1h jeu et ven, 9h30-1h sam, 9h30-23h dim ; S 1 jusqu'à Christopher St-Sheridan Sq)

Cookshop

AMÉRICAIN **$$**

11 PLAN P. 112, C2

Excellente étape brunch avant (ou après) une balade sur la High Line (p. 108) située de l'autre côté de la rue, ce lieu animé a trouvé sa niche et maîtrise son affaire. Les excellents cocktails (mention spéciale au Blushing Monk!), le pain cuit à la perfection, les places en terrasse aux beaux jours et les plats inventifs à base d'œuf en font l'une des adresses les plus courues de Chelsea. (212-924-4440 ; www.cookshopny.com ; 156 Tenth Ave, au niveau de W 20th St, Chelsea ; plat brunch 14-18 $, déj 16-25 $, dîner 23-34 $; 8h-23h30 lun-ven, 10h-23h30 sam, 10h-22h dim ; ; S 1, C/E jusqu'à 23rd St)

Mamoun's

MOYEN-ORIENTAL **$**

12 PLAN P. 112, F6

Ce restaurant de falafels et de shawarma est spécialisé dans les grandes assiettes généreusement garnies et les wraps, servis rapidement et bon marché. Bastion new-yorkais, le Mamoun possède même sa propre marque de sauce piquante. Attention : elle n'est pas faite pour les palais sensibles. Aussi, un minuscule restaurant à West Village avec quelques places assises. (www.mamouns.com ; 119 MacDougal St, entre W 3rd St et Minetta Lane, West Village ; sandwichs 4-7,50 $, assiettes 8-13 $; 11h-5h ; S A/C/E, B/D/F/M jusqu'à W 4th St-Washington Sq)

Babu Ji

INDIEN **$$**

13 PLAN P. 112, G4

Ce restaurant indien tenu par des Australiens se joue des traditions : "pizza naan" au beurre et aux piments doux marinés, poulet tikka aux champignons accompagné d'une sauce acidulée citron-ail et herbes fraîches, ou encore dorade noircie au four avec une sauce curry à l'orange, au concombre et au radis blanc. Un menu-dégustation peut être assorti de bières ou de vins. (212-951-1082 ; www.babuji.nyc ; 22 E 13th St, entre University Pl et 5th Ave, West Village ; plats 16-28 $; dîner 17h-23h dim-jeu, 17h-minuit ven-sam, brunch 11h-15h sam et dim ; S 4/5/6, N/Q/R/W, L jusqu'à 14th St-Union Sq)

RedFarm

FUSION **$$$**

14 PLAN P. 112, D5

Découvrez l'art délicat d'une délicieuse cuisine aux influences chinoises dans ce petit espace animé. Les *bruschette* aux dés de thon et d'aubergine, le poulet fumé à l'ail à la peau croustillante, et les pâtés impériaux au pastrami figurent parmi les nombreux plats incroyables servis ici. D'autres vedettes du menu : sauté de homard aux œufs et à l'effiloché de porc, tartes au filet mignon façon Kowloon, ou encore raviolis croustillants de canard et de crabe. (212-792-9700 ; www.redfarmnyc.com ; 529 Hudson St, entre W 10th St et Charles St, West

Village ; plats 20-58 $, raviolis chinois 14-20 $; dîner 17h-22h45 dim-mer, 17h-23h30 jeu-sam, brunch 11h-14h30 sam-dim ; S 1 jusqu'à Christopher St-Sheridan Sq, A/C/E, B/D/F/M jusqu'à W 4th St-Washington Sq)

JeJu Noodle Bar NOUILLES $$

15 PLAN P. 112, D6

Les *ramyun* coréennes (ramens revisités) servies dans cet accueillant restaurant de Christopher Street sont à tester ! Commencez par le *toro ssam bap* (thon gras, algues toastées, riz au *tobiko* et œufs brouillés), avant d'avaler une portion de *so ramyun* – poitrine de bœuf et nouilles dans un bouillon de veau. (646-666-0947 ; www.jejunoodlebar.com ; 679 Greenwich St, au niveau de Christopher St, West Village ; nouilles 18-19 $; 17h-22h dim-mer, 17h-23h jeu-sam ; M8 jusqu'à Greenwich St-Christopher St, S 1 jusqu'à Christopher St-Sheridan Sq)

Sushi Nakazawa SUSHIS $$$

16 PLAN P. 112, E6

Prix élevés mais qualité exceptionnelle dans ce restaurant plébiscité dès son ouverture en 2013. Aucun plat cuit et choix limité. En revanche, le repas consiste en un menu de 20 plats conçu par le chef Daisuke Nakazawa, qui a servi sous les ordres de Jiro Ono, certainement le plus grand cuisinier de sushis au monde. (212-924-2212 ; www.sushinakazawa.com ; 23 Commerce St, entre Bedford St et Seventh Ave, West Village ; menus 120 $ et 150 $; déj 11h30, 11h45, 13h15 et 13h30, dîner 17h-22h15 ; S 1 jusqu'à Christopher St-Sheridan Sq)

Dominique Ansel Kitchen (p. 117)

SALVADOR MANIQUIZ/SHUTTERSTOCK ©

Blossom

VÉGAN **$$**

17 PLAN P. 112, C2

Occupant une maison de ville historique de Chelsea, ce paisible et romantique repaire de végans affamés sert des créations inventives et casher à base de tofu, de seitan et de légumes. Plats de brunch – tofu bénédicte ou à la florentine – et splendides plats servis au dîner, comme le cake à la courge spaghetti et le risotto aux champignons servi avec une une sauce crémeuse au safran et aux noix de cajou. (212-627-1144 ; www.blossomnyc.com ; 187 Ninth Ave, entre 21st St et 22nd St, Chelsea ; plats déj 14-24 $, dîner 22-25 $; 12h-14h45 et 17h-21h30 lun-jeu, 12h-14h45 et 17h-22h ven-sam, 12h-14h45 et 17h-21h dim ; ; S 1, C/E jusqu'à 23rd St)

Rosemary's

ITALIEN **$$$**

18 PLAN P. 112, E4

Parmi les restaurants les plus courus du West Village, le Rosemary propose une cuisine italienne de haut vol qui honore la réputation de la maison. Dans un cadre évoquant vaguement une ferme, les convives se régalent de généreuses portions de pâtes maison, de salades richement composées, et de planches de fromage et de charcuterie. Des betteraves aux légumes amers et aux noisettes jusqu'au porc relevé à la moutarde à l'orange, tous les mets servis ici sont incroyables. (212-647-1818 ; www.rosemarysnyc.com ; 18 Greenwich Ave, au niveau de W 10th St, West Village ; plats 26-28 $, déj/dîner menu prix fixe 24/34 $; 8h-16h et 17h-23h lun-jeu, 8h-16h et 17h-minuit ven, 10h-16h et 17h-minuit sam, 10h-16h et 17h-23h dim ; S 1 jusqu'à Christopher St-Sheridan Sq)

Bagatelle

FRANÇAIS **$$$**

19 PLAN P. 112, C4

Au Bagatelle, les élégantes chaises bistrot, les lustres, les nappes blanches et l'addition donneraient presque l'impression de dîner dans un restaurant chic de Saint-Tropez. Le brunch, combinant un bar à fruits de mer (cuits et crus) et quantité de délicats plats à base d'œuf, fait recette. Aussi, dîner aux saveurs françaises. (212-488-2110 ; www.bagatellenyc.com ; 1 Little W 12th St, entre Ninth Ave et Hudson St, Meatpacking District ; plats 29-54 $; 11h30-minuit dim-mer, 11h30-1h jeu, 11h30-2h ven-sam ; S A/C/E, L jusqu'à 8th Ave-14th St)

Alta

TAPAS **$$**

20 PLAN P. 112, F4

Cette maison de ville illustre le charme désuet du quartier : briques et poutres apparentes, lueur vacillante des bougies, miroirs massifs et cheminée. Les petites assiettes à la carte raviront les indécis : succulentes boulettes d'agneau, pétoncles à la pistache, aubergines japonaises à l'époisses, chèvre et plats-de-côte braisés. La carte des vins est également remarquable. (212-505-7777 ; www.altarestaurant.com ; 64 W 10th St, entre Fifth Ave et Sixth Ave, West Village ; petites assiettes 13-26 $; 17h30-21h30 dim-lun, 17h30-22h mar-jeu,

17h-22h45 ven-sam ; S A/C/E, B/D/F/M jusqu'à W 4th St-Washington Sq)

Gansevoort Market

MARCHÉ $

21 PLAN P. 112, C3

À l'intérieur d'un bâtiment en brique, au cœur du Meatpacking District, figure ce grand marché bourdonnant. L'espace industriel doté de puits de lumière loge un bar et une dizaine de vendeurs, servant *bibimbap* coréen, *poke bowls*, ceviche, pizza, curry japonais, ramen et gaufres belges, notamment. (646-449-8400 ; www.gansevoortmarketnyc.com ; 353 W 14th St, entre Eighth Ave et Ninth Ave, Meatpacking District ; plat 10-15 $; 11h-21h30 lun-jeu, 11h-22h30 ven-dim ; ; S A/C/E, L jusqu'à 8th Ave-14th St)

Red Bamboo

VÉGAN $

22 PLAN P. 112, F5

"Crevettes" de soja cajun, "poulet" mariné à la jamaïcaine, "cheesecake" si généreux qu'on peine à le finir : les délices soul food et asiatiques concoctés ici font de l'endroit un *must* pour les végans en quête d'originalité. On se détend aisément dans un cadre alliant un mobilier en bois nu et une salle carrelée toute simple, tandis que les bières et les vins bio complètent l'aventure culinaire. (212-260-1212 ; www.redbamboo-nyc.com ; 140 W 4th St, entre 6th Ave et MacDougal St, West Village ; plats 12-16 $; 12h30-23h lun-jeu, 12h30-23h30 ven, à partir de 12h sam, jusqu'à 23h dim ; ; S A/C/E, B/D/F/M jusqu'à W 4th St-Washington Sq)

Sortir dîner

Moyennant quelques recherches et un peu d'argent, il est possible de manger royalement à chaque repas dans ces quartiers. West Village est connu pour ses adresses élégantes et intimistes, tandis que le Meatpacking District voisin offre généralement une scène plus ostentatoire, tendance et onéreuse.

Chelsea représente le juste milieu entre ces deux quartiers : établissements gays animés le long de l'ultra-populaire Eighth Ave, idéals pour voir et être vu à l'heure du brunch, et cafés dans Ninth Ave, plus à l'ouest.

Prendre un verre

Employees Only

BAR

23 PLAN P. 112, D5

Le top des bars à cocktails est niché derrière un discret auvent vert de Hudson Street. Les experts en mixologie y concoctent des breuvages insensés comme le Ginger Smash, alors que le cadre Art déco richement boisé donne à chaque client une touche glamour. Ouverte jusqu'à 3h30 du matin, la cuisine joue elle aussi son rôle dans l'affaire, produisant des délices comme les bouchées à l'os à moelle et les crevettes épicées sur un lit de polenta (plats 27-31 $). (212-242-3021 ; www.employeesonlynyc.com ;

510 Hudson St, entre W 10th St et Christopher St, West Village ; 18h-4h ; S 1 jusqu'à Christopher St-Sheridan Sq)

Happiest Hour — BAR À COCKTAILS

24 PLAN P. 112, E4

Décor à base de palmiers, fond musical des années 1960 et cocktails étonnants vous attendent dans ce bar chic, fréquenté par des cols blancs et de jeunes couples. Les vrais amateurs descendront au sous-sol, au Slowly Shirley, pour déguster des breuvages préparés selon des recettes soigneusement élaborées. (212-243-2827 ; www.happiesthournyc.com ; 121 W 10th St, entre Greenwich St et 6th Ave, West Village ; 17h-tard lun-ven, 14h-tard sam et dim ; S A/C/E, B/D/F/M jusqu'à W 4th St-Washington Sq, 1 jusqu'à Christopher St-Sheridan Sq)

Gallow Green — BAR

25 PLAN P. 112, B1

Tenu par l'équipe créative qui se cache derrière le spectacle *Sleep No More* (p. 126), le Gallow Green est un bar sur le toit décoré de plantes et de lumières féeriques. C'est une formidable plus-value avant ou après le spectacle, avec son personnel en costume d'époque, son groupe live la plupart des soirs et ses savoureux cocktails. La réservation est conseillée. (212-564-1662 ; www.mckittrickhotel.com/gallow-green ; 542 W 27th St, entre Tenth Ave et Eleventh Ave, Chelsea ; 17h-minuit lun-mer, 17h-1h jeu-ven, 11h-1h sam, 11h-minuit dim ; S 1, C/E jusqu'à 23rd St ; 1 jusqu'à 28th St)

Buvette — BAR À VINS

26 PLAN P. 112, E5

Bruissant de la conversation animée des habitants, des couples d'amoureux et des théâtreux, ce bar à vins-restaurant résolument francophile offre une excellente étape au milieu d'une promenade dans les petites rues de West Village. Les plats de type brunch, comme les croque-monsieur, sont remplacés le soir par des tartines et des petites assiettes. (212-255-3590 ; www.ilovebuvette.com ; 42 Grove St, entre Bedford St et Bleecker St, West Village ; petites assiettes 12-18 $; 7h-2h ; S 1 jusqu'à Christopher St-Sheridan Sq, A/C/E, B/D/F/M jusqu'à W 4th St-Washington Sq)

Pier 66 Maritime — BAR

27 PLAN P. 112, A1

Remonté du fond de la baie de Chesapeake, le bateau-phare *Frying Pan* et le bar sur deux niveaux sont parfaits pour apprécier un verre au crépuscule. Par beau temps, l'espace rustique à ciel ouvert attire les foules, qui viennent se prélasser sur les transats et siroter des bières (7/25 $ bière artisanale/pichet). (212-989-6363 ; www.pier66maritime.com ; Pier 66, au niveau de W 26th St, Chelsea ; 12h-minuit mai-sept et beaux jours avr-oct ; S 1, C/E jusqu'à 23rd St)

Cubbyhole — LGBT

28 PLAN P. 112, D4

Cet endroit de West Village se présente comme un bar "lesbien, gay et hétéro depuis 1994". Si la clientèle est majoritairement féminine, le lieu accueille toute personne souhaitant prendre un verre en bonne compagnie sous un plafond orné de lanternes et autres babioles. On y trouve un excellent juke-box, des employés sympathiques et des habitués aimant s'attarder et bavarder. (☎212-243-9041 ; www.cubbyholebar.com ; 281 W 12th St, au niveau de W 4th St, West Village ; ⏰16h-4h lun-ven, 14h-4h sam et dim ; S A/C/E, L jusqu'à 8th Ave-14th St)

Marie's Crisis

BAR

29 PLAN P. 112, G3

Stars de Broadway vieillissantes, provinciaux en goguette, touristes gloussants et autres fans de comédies musicales se succèdent autour du piano pour pousser la chansonnette, souvent rejoints par le reste de la clientèle et parfois par des célébrités de passage. L'ambiance joyeuse séduira même les plus blasés. (☎212-243-9323 ; 59 Grove St, entre 7th Ave et Bleecker St, West Village ; ⏰16h30-3h dim-jeu, 16h30-4h ven-sam ; S 1 jusqu'à Christopher St-Sheridan Sq, A/C/E, B/D/F/M jusqu'à W 4th St-Washington Sq)

Tippler

BAR À COCKTAILS

30 PLAN P. 112, C3

Honorant son ancien cadre industriel, ce bar-cave en brique et bois logé sous le Chelsea Market sert des cocktails joliment concoctés (15 $) et des bières artisanales intéressantes. Les matériaux rétro – provenant

Buvette

notamment d'un ancien château d'eau et de la High Line voisine – créent un espace chaleureux et apaisant. (☎917-261-7949 ; www.thetippler.com ; 425 W 15th St, sous le Chelsea Market, Chelsea ; ⏲16h-1h dim-jeu, 16h-3h ven-sam ; S A/C/E, L jusqu'à 8th Ave-14th St)

Les cafés de West Village

West Village est l'une des zones résidentielles les plus agréables de Manhattan, regorgeant de charmants cafés, tels le **Café Cluny** (plan p. 112, D4 ; ☎212-255-6900 ; www.cafecluny.com ; 284 W 12th St, angle W 12th St et W 4th St, West Village ; plats déj 18-34 $, dîner 25-40 $; ⏲8h-22h lun-mer, 8h-23h jeu-ven, 9h-23h sam, 9h-22h dim ; S A/C/E, L jusqu'à 8th Ave-14th St) à l'ambiance parisienne, ou, pour un petit bout d'Italie, le **Caffe Reggio** (plan p. 112, F6 ; ☎212-475-9557 ; www.caffereggio.com ; 119 MacDougal St, près de W 3rd St, West Village ; sandwichs 12 $ environ ; ⏲9h-3h dim-jeu, 9h-4h ven et sam ; S A/C/E, B/D/F/M jusqu'à W 4th St-Washington Sq). Commandez un *latte*, plongez-vous dans un livre ou regardez les passants.

Top of the Standard

BAR

31 PLAN P. 112, C4

L'*afternoon tea* fait place aux cocktails nocturnes dans ce splendide lieu perché au sommet de l'élégant hôtel **Standard**. Les petites assiettes (12-20 $), à l'image des raviolis aux petits pois ou les crevettes à la marocaine avec raisins secs marinés et yaourt grec, permettent d'éviter toute fringale. Les concerts de jazz et la vue fabuleuse complètent ce tableau raffiné. (☎212-645-7600 ; www.standardhotels.com ; 848 Washington St, au niveau de W 13th St, Meatpacking District ; ⏲16h-minuit ; S A/C/E, L jusqu'à 8th Ave-14th St)

Stumptown Coffee Roasters

CAFÉ

32 PLAN P. 112, F5

Avec ses breuvages merveilleusement préparés, cette brûlerie réputée de Portland contribue à réinventer l'univers du café new-yorkais. Dans un cadre élégant, les quelques tables sont souvent occupées des free-lances concentrés sur leurs écrans. (☎347-414-7802 ; www.stumptowncoffee.com ; 30 W 8th St, au niveau de MacDougal St, West Village ; ⏲7h-20h ; S A/C/E, B/D/F/M jusqu'à W 4th St-Washington Sq)

Bathtub Gin

BAR À COCKTAILS

33 PLAN P. 112, C3

Les bars clandestins (*speakeasies*) fourmillent à New York, mais celui-ci se démarque avec sa porte d'entrée dissimulée au fond du Stone Street Coffee Shop (guettez le panneau "Stone Street Standard"). Sa décoration rétro, sa douce musique et son personnel souriant en font l'endroit idéal pour siroter des cocktails entre amis. (646-559-1671 ; www.bathtubginnyc.com ; 132 9th Ave, entre W 18th St et W 19th St, Chelsea ; 17h-2h lun-mer, 17h-3h jeu, 17h-4h ven, 16h-4h sam, 16h-2h dim ; S A/C/E, L jusqu'à 8th Ave-14th St, 1, C/E jusqu'à 23rd St, 1 jusqu'à 18th St)

Vin Sur Vingt

BAR À VINS

34 PLAN P. 112, E4

Adresse cosy à proximité de l'animation de Seventh Ave, ce bar à vins tout en longueur offre des places au comptoir et une pittoresque rangée de tables à deux places, idéales pour un premier rendez-vous. Si vous venez prendre l'apéritif, vous serez inévitablement tenté de rester dîner en grignotant l'excellente sélection d'en-cas. (212-924-4442 ; www.vsvwinebars.com ; 201 W 11th St, entre Seventh Ave et Waverly Pl, West Village ; 16h-1h lun-ven, 16h-2h sam-dim ; S A/C/E, L jusqu'à 8th Ave-14th St)

Stonewall Inn

LGBT

35 PLAN P. 112, G2

Site des émeutes de Stonewall en 1969 et l'un des berceaux du mouvement des droits des homosexuels, Stonewall est classé monument historique. Malgré sa renommée internationale, l'endroit est chaleureux et sans prétention, accueillant tout le monde sous la bannière arc-en-ciel, autour de soirées thématiques comme le karaoké années 1990 et le bingo version drag-queen. (212-488-2705 ; www.thestonewallinnnyc.com ; 53 Christopher St, au niveau de

Stonewall Inn

Christopher Park, West Village ; 14h-4h lun-mer, 12h-4h jeu-dim ; S 1 jusqu'à Christopher St-Sheridan Sq)

124 Old Rabbit Club

BAR

36 PLAN P. 112, F6

Vous vous féliciterez sûrement d'avoir trouvé ce bar bien caché (repérez le mot *Rabbit* écrit en petit au-dessus de la porte). Une fois entré dans la salle étroite et sombre à l'ambiance tranquille, asseyez-vous au bar faiblement éclairé et choisissez une bière d'importation parmi les dizaines proposées. (646-781-9646 ; www.rabbitclubnyc.com ; 124 MacDougal St, au niveau de Minetta Lane, West Village ; 18h-2h dim-jeu, 18h-4h ven-sam ; S A/C/E, B/D/F/M jusqu'à W 4th St-Washington Sq, 1 jusqu'à Houston St)

Little Branch

BAR À COCKTAILS

37 PLAN P. 112, E6

Sans la file d'attente en fin de soirée, on ne devinerait jamais qu'un bar se cache derrière la banale porte métallique logée dans un mur en brique. En descendant les marches qui mènent à cet antre souterrain, on se croirait revenu au temps de la Prohibition. On y déguste des cocktails préparés avec art, tout en profitant de concerts de jazz programmés du dimanche au jeudi. (212-929-4360 ; 22 Seventh Ave, au niveau de Leroy St, West Village ; 19h-2h dim-mer, 19h-3h jeu-sam ; S 1 jusqu'à Houston St, A/C/E, B/D/F/M jusqu'à W 4th St-Washington Sq)

Henrietta Hudson

LESBIEN

38 PLAN P. 112, D6

Toutes sortes de jeunes femmes, dont beaucoup se ruent dans ce bar où les soirées thématiques voient de fougueuses DJ passer du hip-hop, de la house, du rock et d'autres genres musicaux. L'happy hour est programmée chaque jour de 16h à 19h. (212-924-3347 ; www.henriettahudson.com ; 438 Hudson St, au niveau de Morton St, West Village ; 16h-2h lun-mar, 16h-4h mer-dim ; S 1 jusqu'à Houston St)

Vol de Nuit

PUB

39 PLAN P. 112, F5

Même les étudiants de NYU ne sauraient gâcher pareil endroit : un bar à bières belges où l'on sert de la Delirium Tremens à la pression et quelques dizaines d'options en bouteille, dont la Duvel et la Lindemans Framboise. On peut également commander des moules-frites, à partager assis dans le patio, dans le lounge, autour des tables communes en bois ou au bar. (212-982-3388 ; www.voldenuitbar.com ; 148 W 4th St, entre Sixth Ave et MacDougal St ; 16h-1h dim-jeu, 16h-3h ven-sam ; S A/C/E, B/D/F/M jusqu'à W 4th St-Washington Sq)

Sortir

Sleep No More

THÉÂTRE

40 PLAN P. 112, B1

L'une des expériences théâtrales les plus immersives jamais conçues, le *Sleep No More* est une adaptation sombre et libre du *Macbeth* de Shakespeare, donnée dans des entrepôts de Chelsea réaménagés pour évoquer l'hôtel McKittrick (en référence à *Sueurs froides*, le film d'Alfred Hitchcock) ; le bar de jazz, le Manderley, est une autre référence à Hitchcock, à *Rebecca*, l'adaptation du roman de Daphne du Maurier. (☎ billetterie 212-904-1880 ; www.sleepnomorenyc.com ; 530 W 27th St, entre 10h Ave et 11th Ave, Chelsea ; à partir de 100 $; ⏲ début des spectacles 16h-19h ; S 1, C/E jusqu'à 23rd St)

Smalls — JAZZ

41 ✪ PLAN P. 112, G1

Cette petite salle en sous-sol offre chaque soir une programmation éclectique. Le billet d'entrée donne la possibilité de sortir (pour manger un morceau dans le quartier), puis de revenir. Excellentes jam-sessions les samedis et dimanches après-midi. (☎ 646-476-4346 ; www.smallslive.com ; 183 W 10th St, entre W 4th St et 7th Ave S, West Village ; entrée 20 $; ⏲ 19h-3h30 lun-ven, 16h-3h30 sam et dim ; S 1 jusqu'à Christopher St-Sheridan Sq, A/C/E, B/D/F/M W jusqu'à 4th St-Washington Sq)

IFC Center — CINÉMA

42 ✪ PLAN P. 112, E6

Au cœur du territoire de la NYU, ce cinéma d'art et d'essai programme des films indépendants et étrangers, des classiques, mais aussi des courts-métrages, des documentaires, des mini-festivals, des reprises de films des

IFC Center

années 1980, des rétrospectives... (212-924-7771 ; www.ifccenter.com ; 323 6th Ave, au niveau de W 3rd St, West Village ; adulte/enfant 16/13 $; ; S A/C/E, B/D/F/M jusqu'à W 4th St-Washington Sq)

Village Vanguard JAZZ

43 PLAN P. 112, E4

Ce club de jazz, probablement le plus prestigieux de la ville, a vu défiler tous les grands noms de ces 50 dernières années. Ouvert en 1935 pour accueillir des poètes beat et des chanteurs de folk, l'endroit revient parfois à ses racines, même si c'est un jazz franc et audacieux qui rythme l'essentiel de ses soirées. Le **Vanguard Jazz Orchestra** est un pilier du lundi soir depuis 1966. (212-255-4037 ; www.villagevanguard.com ; 178 7th Ave S, entre W 11th St et Perry St, West Village ; environ 35 $; 19h30-12h30 ; S 1/2/3 jusqu'à 14th St, A/C/E, L jusqu'à 8th Ave-14th St)

Comedy Cellar SPECTACLES COMIQUES

44 PLAN P. 112, F6

Ce club mythique et intimiste accueille des humoristes réguliers, ainsi que des vedettes occasionnellement comme Dave Chappelle, Jerry Seinfeld ou Amy Schumer. Autre adresse : **Village Underground**, juste à l'angle de 130 W 3rd St. (212-254-3480 ; www.comedycellar.com ; 117 MacDougal St, entre W 3rd St et Minetta Lane, West Village ; 10-24 $; 11h-3h ; S A/C/E, B/D/F/M jusqu'à W 4th St-Washington Sq)

Atlantic Theater Company THÉÂTRE

45 PLAN P. 112, D2

Fondé en 1985 par David Mamet et William H. Macy, l'Atlantic Theater est une pierre angulaire des productions "off-Broadway" (théâtre alternatif). En plus de 30 ans, il a accueilli de nombreux lauréats des Tony Awards et des Drama Desk Awards. (212-691-5919 ; www.atlantictheater.org ; 336 W 20th St, entre 8th Ave et 9th Ave, Chelsea ; S 1, C/E jusqu'à 23rd St ; 1 jusqu'à 18th St)

(Le) Poisson Rouge MUSIQUE LIVE

46 PLAN P. 112, F6

Cet espace artistique accueille une programmation musicale éclectique. Entre classique, folk et opéra, l'expérimentation et le mélange des genres sont à l'honneur. (212-505-3474 ; www.lepoissonrouge.com ; 158 Bleecker St, entre Sullivan St et Thompson St, West Village ; S A/C/E, B/D/F/M jusqu'à W 4th St-Washington Sq)

Duplex CABARET

47 PLAN P. 112, G2

Les soirées cabaret, humour et danse kitsch sont légion au légendaire Duplex, en activité depuis 1950. Des photos de Joan Rivers tapissent les murs, et sur scène on se plaît à imiter son impertinence et son autodérision, tout en raillant le public. Un endroit sans prétention, déconseillé aux timides. (212-255-5438 ; www.theduplex.com ; 61 Christopher St, au niveau de 7th Ave S, West Village ; entrée 10-25 $; 16h-4h ; S 1 jusqu'à Christopher St-Sheridan Sq, A/C/E, B/D/F/M jusqu'à W 4th St-Washington Sq)

Joyce Theater

DANSE

48 PLAN P. 112, D3

Très prisée des fans de danse pour ses productions originales, cette salle de 472 places privilégie les compagnies modernes traditionnelles comme Martha Graham, Stephen Petronio Company et Parsons Dance et les grands noms de la scène mondiale (Dance Brazil, Ballet Hispanico, MalPaso Dance Company). (212-691-9740 ; www.joyce.org ; 175 8th Ave, au niveau de W 19th St, Chelsea ; S 1 jusqu'à 18th St, 1, C/E jusqu'à 23rd St, A/C/E, L jusqu'à 8th Ave-14th St)

55 Bar

MUSIQUE LIVE

49 PLAN P. 112, G2

Pas besoin de s'endimancher ni de payer un prix exorbitant pour entrer dans ce lieu datant de la Prohibition. Deux concerts chaque soir, donnés par de bons musiciens en résidence, des blues bands ou Mike Stern, génial guitariste de Miles Davis dans les années 1980. Deux consommations minimum. (212-929-9883 ; www.55bar.com ; 55 Christopher St, au niveau de 7th Ave, West Village ; entrée 15 $; 13h-4h ; S 1 jusqu'à Christopher St-Sheridan Sq)

Comedy Cellar

L'histoire du New York LGBT

New York affiche fièrement les couleurs LGBT, surtout à West Village où eurent lieu les émeutes de Stonewall, où est né le mouvement pour les droits des gays et où fut organisée la première Gay Pride.

Avant Stonewall

Au début du XXe siècle, plusieurs établissements tenus par des homosexuels bordaient MacDougal St à Greenwich Village, notamment, au n°129, le mythique Eve's Hangout, célèbre pour ses lectures de poèmes et son panneau "hommes acceptés mais pas bienvenus". Petit à petit, cet esprit relativement transgressif fit place à un nouveau conservatisme. Une politique durcie visant à effacer la visibilité des gays dans l'espace public contraignit ceux-ci à la clandestinité dans les années 1940 et 1950. Les descentes dans les établissements homosexuels se multiplièrent.

La révolution de Stonewall

Le 28 juin 1969, huit officiers de police firent irruption au Stonewall Inn (p. 125), un bar gay de Greenwich Village. Les clients harcelés firent alors l'impensable : ils se rebellèrent et bombardèrent les policiers avec des bouteilles et des briques en scandant "gay power" et "nous vaincrons". Cette colère collective déclencha des débats passionnés autour de la discrimination, donnant le coup d'envoi au mouvement moderne des droits homosexuels, non seulement à New York mais aux États-Unis et dans le monde.

Le mariage et le nouveau millénaire

Le combat pour l'égalité connut deux avancées majeures en 2011 : l'abolition d'une loi fédérale interdisant aux militaires LGBT de révéler leur orientation sexuelle, le fameux "Don't Ask, Don't Tell" (ne rien demander, ne rien dire) et, surtout, le droit au mariage. L'Assemblée de l'État de New York a voté la "Loi d'égalité du mariage", qui est devenue juridiquement effective à la veille de la Gay Pride de New York. Cette victoire devint nationale le 26 juin 2015, quand la Cour suprême des États-Unis légalisa le mariage homosexuel dans tout le pays, abrogeant les interdictions encore en vigueur dans 13 États.

Shopping

Strand Book Store
LIVRES

50 PLAN P. 112, G4

Cette librairie mythique et vénérée est le repaire des bibliophiles new-yorkais, où des générations de lecteurs équipés de l'emblématique *tote bag* maison se perdent avec délice pendant des heures. En activité depuis 1927, l'endroit vend des ouvrages neufs, usagés et rares, couvrant 29 km de rayon (soit plus de 2,5 millions d'exemplaires) sur 3 étages labyrinthiques. (212-473-1452 ; www.strandbooks.com ; 828 Broadway, au niveau de E 12th St, West Village ; 9h30-22h30 ; S L, N/Q/R/W, 4/5/6 jusqu'à 14th St-Union Sq)

Screaming Mimis
VINTAGE

51 PLAN P. 112, D4

Si vous aimez les vêtements vintage, griffés et rares, ou juste les déguisements flamboyants, vous allez hurler de joie. Cette fabuleuse boutique comprend un excellent choix d'articles d'antan, classés par décennie, des années 1940 à 1990. Des raffinés cardigans en laine ornés de perles aux minirobes en daim, en passant par les fourrures fluo, les bottes *gogo-danceuses* en cuir blanc, les accessoires et les bijoux, tout ici est en excellent état. (212-677-6464 ; www.screamingmimis.com ; 240 W 14th St, entre 7th Ave et 8th Ave, Chelsea ; 12h-20h lun-sam, 13h-19h dim ; S A/C/E, L jusqu'à 8th Ave-14th St)

Murray's Cheese
ALIMENTATION

52 PLAN P. 112, E6

Créée en 1940 par le vétéran de la guerre d'Espagne Murray Greenberg, cette crémerie est l'une des meilleures de New York. L'ancien propriétaire Rob Kaufelt (désormais "conseiller") est réputé pour sa capacité à flairer les meilleurs fromages du monde entier : vous en trouverez de toutes sortes, vieillis dans des caves sur place ou dans le Queens. (212-243-3289 ; www.murrayscheese.com ; 254 Bleecker St, entre Morton St et Leroy St, West Village ; sandwichs 6-9 $; 8h-21h lun-sam, 9h-20h dim ; S A/C/E, B/D/F/M jusqu'à W 4th St-Washington)

Meadow
CHOCOLAT

53 PLAN P.112, D5

Importée de Portland, cette paisible et jolie petite boutique est l'adresse à cocher pour se ravitailler en chocolats d'origine unique, le sel fin, le miel et autres éléments de base du garde-manger. Le propriétaire sélectionne des chocolats du monde entier (il a aussi écrit un livre de 300 pages sur le sel). Vous pourrez peut-être goûter au chocolat chaud et sirupeux (fabriqué sur place), ou au pop-corn largement saupoudré de sel à la truffe. (212-645-4633 ; www.themeadow.com ; 523 Hudson St, entre W 10th St et Charles St, West Village ; 11h-21h lun-jeu, 11h-22h ven-sam, 11h-20h dim ; S 1 jusqu'à Christopher St-Sheridan Sq)

Flâner dans West Village

Une grande partie de West Village n'est pas desservie par le métro, et la ligne L ne va que jusqu'à Eighth Ave. Pour rejoindre les zones les plus à l'ouest de Chelsea et de West Village, essayez le bus M14 ou M8. Il est dommage, toutefois, de se déplacer en bus ou en taxi dans ce secteur – ses charmantes rues pavées se prêtent idéalement à la promenade. N'hésitez pas à vous armer d'un plan pour vous repérer dans le charmant dédale des rues de West Village. Même les habitants ont du mal à s'y retrouver !

Personnel of New York — MODE ET ACCESSOIRES

54 PLAN P. 112, E5

Ce délicieux petit magasin indépendant vend des vêtements de créateurs pour femmes, signés notamment de marques uniques des côtes Est et Ouest. Guettez les robes Sunja Link, faciles à porter, les combinaisons Ali Golden, les bijoux audacieux de Marisa Mason et les vêtements signés Rodebjer. (212-924-0604 ; www.personnelofnewyork.com ; 9 Greenwich Ave, entre Christopher St et W 10th St, West Village ; 11h-19h30 lun-sam, 12h-18h dim ; S A/C/E, B/D/F/M jusqu'à W 4th St-Washington Sq, 1 jusqu'à Christopher St-Sheridan Sq)

Printed Matter — LIVRES

55 PLAN P. 112, B1

Cette merveilleuse petite librairie est spécialisée dans les monographies d'artistes en édition limitée et les petits magazines originaux qu'on ne trouve nulle part ailleurs : manifestes appelant à prendre les armes, essais critiques sur la BD, folioscopes où le visage de Jésus apparaît à travers des codes-barres ou guides pratiques rédigés par des détenus. (212-925-0325 ; www.printedmatter.org ; 231 11th Ave, entre 25th St et 26th St, Chelsea ; 11h-19h sam et lun-mer, 11h-20h jeu et ven, 12h-18h dim ; S 7 jusqu'à 34th St-Hudson Yards, 1 jusqu'à 28th St)

Beacon's Closet — VINTAGE

56 PLAN P. 112, F4

Au Beacon, qui compte aussi trois magasins à Brooklyn, vous trouverez un bon choix de vêtements gentiment usés dans un style hipster. Les friperies étant une denrée rare dans ce quartier, Beacon's attire beaucoup de monde. Venez plutôt en semaine ou soyez prêt à braver la foule. (917-261-4863 ; www.beaconscloset.com ; 10 W 13th St, entre 5th Ave et 6th Ave, West Village ; 11h-20h ; S L, N/Q/R/W, 4/5/6 jusqu'à 14th St-Union Sq)

Odin

VÊTEMENTS

57 PLAN P. 112, D4

Baptisé d'après le puissant dieu nordique, l'Odin recèle un peu de magie pour les hommes en quête d'un nouveau look. Très fréquentée, la boutique comporte des marques tendance comme Dickies Construct, Acne Studios ou Second Layer, et accorde de la place aux créateurs en devenir. Parmi les accessoires raffinés figurent les chapeaux Albertus Swanepoel, les lunettes de soleil Oliver Peoples et les bijoux Nikolai Rose. (212-243-4724 ; www.odinnewyork.com ; 106 Greenwich Ave, entre W 13th St et W 12th St, West Village ; 12h-20h lun-sam, 12h-19h dim ; S A/C/E, L jusqu'à 8th Ave-14th St, 1/2/3 jusqu'à 14th St)

CO Bigelow Chemists

COSMÉTIQUES

58 PLAN P. 112, F5

La "plus ancienne pharmacie d'Amérique" est très appréciée pour ses lotions, masques pour le visage, savons bio, boules de bain effervescentes et articles de toilette haut de gamme. Un endroit amusant où tester quelques produits avant de s'acheter un tube de dentifrice. (212-533-2700 ; www.bigelowchemists.com ; 414 6th Ave, entre 8th St et 9th St, West Village ; 7h30-21h lun-ven, 8h30-19h sam, 8h30-17h30 dim ; S 1 jusqu'à Christopher St-Sheridan Sq, A/C/E, B/D/F/M jusqu'à W 4th St-Washington Sq)

DANIEL M SILVA/SHUTTERSTOCK ©

CO Bigelow Chemists

Jeffrey New York

MODE ET ACCESSOIRES

59 PLAN P. 112, C3

L'un des pionniers de la renaissance du Meatpacking District, Jeffrey New York propose plusieurs griffes de créateurs haut de gamme – Chanel, Gucci, Prada, Dior... – ainsi que des accessoires et des chaussures. Les DJ qui jouent de la musique pop et indé ajoutent à la touche très branchée. (212-206-1272 ; www.jeffreynewyork.com ; 449 W 14th St, entre Ninth Ave et Tenth Ave, Chelsea ; 10h-20h lun-ven, 10h-19h sam, 12h-18h dim ; S A/C/E, L jusqu'à 8th Ave-14th St)

PHOTO BOMB!

Explorer

Union Square, Flatiron District et Gramercy

Cœur trépidant du secteur, Union Square est le lieu de prédilection des New-Yorkais à l'heure du déjeuner. Au nord, on trouve la silhouette originale du Flatiron Building et le havre verdoyant de Madison Square Park. Le quartier de Gramercy Park, avec son parc éponyme, est plus résidentiel.

À ne pas manquer

- ***Flatiron Building (p. 139)*** *S'émerveiller devant la saisissante triangularité de cette icône architecturale.*
- ***Union Square (p. 137)*** *Observer le mélange éclectique d'habitants traverser cette place urbaine animée.*
- ***Union Square Greenmarket (p. 137)*** *Inspecter les produits régionaux et goûter les délices artisanaux.*
- ***Raines Law Room (p. 143)*** *Siroter un cocktail dans un luxueux cadre d'un autre temps.*
- ***Eataly (p. 140)*** *S'offrir un voyage culinaire à l'accent italien dans ce gigantesque temple de la restauration.*

Comment y aller

S Union Square est un carrefour des transports locaux : les lignes 4/5/6 arrivent de l'Upper East Side, la L de Williamsburg et les lignes N/Q/R du Queens et de Brooklyn. Prenez la Q pour rejoindre prestement Herald Square et Times Square.

Les lignes M14A et M14D traversent la ville en suivant 14th St, tandis que la M23 emprunte 23rd St.

Plan du quartier p. 136

Flatiron Building (p. 139)

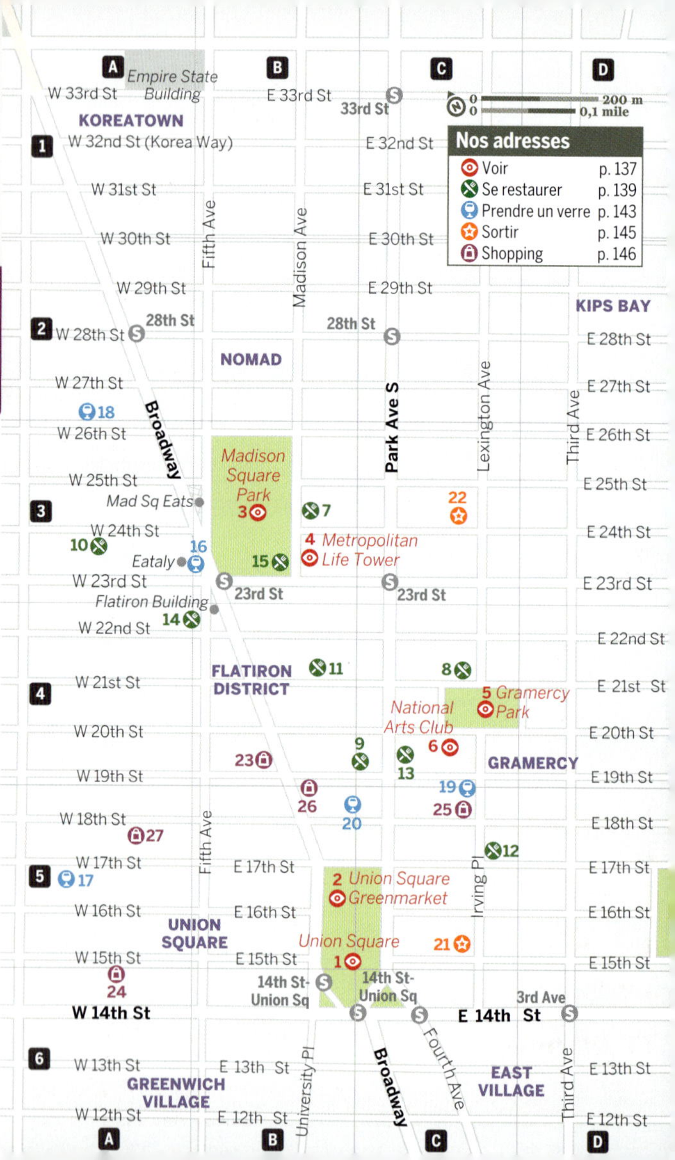
Nos adresses
Voir p. 137
Se restaurer p. 139
Prendre un verre p. 143
Sortir p. 145
Shopping p. 146
0 200 m
0 0,1 mile
A
B
C
D
1
2
3
4
5
6
Empire State Building
W 33rd St
E 33rd St
33rd St
KOREATOWN
W 32nd St (Korea Way)
E 32nd St
W 31st St
E 31st St
W 30th St
E 30th St
W 29th St
E 29th St
Fifth Ave
Madison Ave
KIPS BAY
28th St
W 28th St
E 28th St
NOMAD
W 27th St
E 27th St
18
W 26th St
E 26th St
Broadway
Park Ave S
Lexington Ave
Third Ave
Madison Square Park
W 25th St
E 25th St
Mad Sq Eats
3
7
22
W 24th St
E 24th St
10
16
4 Metropolitan Life Tower
Eataly
15
W 23rd St
23rd St
E 23rd St
Flatiron Building
W 22nd St
14
E 22nd St
FLATIRON DISTRICT
11
8
W 21st St
E 21st St
5 Gramercy Park
National Arts Club
W 20th St
E 20th St
9
6
23
13
GRAMERCY
W 19th St
E 19th St
19
26
20
25
W 18th St
E 18th St
27
12
W 17th St
E 17th St
17
2 Union Square Greenmarket
Irving Pl
W 16th St
E 16th St
UNION SQUARE
Union Square
21
W 15th St
E 15th St
1
24
14th St-Union Sq
3rd Ave
W 14th St
E 14th St
W 13th St
E 13th St
University Pl
Fourth Ave
EAST VILLAGE
GREENWICH VILLAGE
W 12th St
E 12th St

Voir

Union Square

PLACE

1 ◎ PLAN P. 136, B5

Telle l'Arche de Noé, Union Square est un refuge pour tous, à l'abri d'une mer de béton déchaînée. Difficile, en effet, de trouver un échantillon de population plus éclectique rassemblé dans un seul endroit : hommes d'affaires en costume en pause déjeuner, néo-hippies tapant sur des bongos, skateurs exécutant des figures dans les escaliers au sud-est, joueurs d'échecs en pleine partie, et foules de manifestants s'enflammant pour diverses causes. (www.unionsquarenyc.org ; 17th St, entre Broadway et Park Ave S, Union Square ; S 4/5/6, L/N/Q/R jusqu'à 14th St-Union Sq)

Union Square Greenmarket

MARCHÉ

2 ◎ PLAN P. 136, B5

Ne soyez pas surpris de croiser ici quelques-uns des plus grands chefs new-yorkais tâtant les produits : le marché aux légumes d'Union Square est sans doute le plus célèbre de la ville. Pour vous ouvrir l'appétit, faites le tour des étals chargés de fruits et légumes régionaux, de pains artisanaux, de cidre et même de miels produits sur les toits de la ville. (☎ 212-788-7476 ; www.grownyc.org/unionsquaregreenmarket ; E 17th St, entre Broadway et Park Ave S, Union Square ; ⏲ 8h-18h lun, mer, ven et sam ; S 4/5/6, N/Q/R/W, L jusqu'à 14th St-Union Sq)

Union Square Greenmarket

Madison Square Park PARC

3 PLAN P. 136, B3

Ce parc marquait la limite nord de Manhattan avant l'explosion démographique qui suivit la guerre de Sécession. Aujourd'hui, ce havre de paix au milieu de la frénésie urbaine offre une aire de jeux pour enfants, un espace pour les chiens, ainsi qu'un Shake Shack (p. 143) servant ses célèbres burgers. C'est aussi un endroit axé sur la culture, avec des installations artistiques et, aux beaux jours, des activités allant des concerts aux rencontres littéraires ; consultez le site Internet. (212-520-7600 ; www.madisonsquarepark.org ; de E 23rd St à 26th St, entre 5th Ave et Madison Ave, Flatiron District ; 6h-23h ; ; S R/W, F/M, 6 jusqu'à 23rd St)

Metropolitan Life Tower BÂTIMENT HISTORIQUE

4 PLAN P. 136, B3

Achevée en 1909, cette tour de 213 m de haut à l'angle sud-est du Madison Square Park est l'œuvre de Napoléon LeBrun, architecte d'origine française né à Philadelphie. Les Italophiles auront une impression de déjà-vu : LeBrun s'inspira en effet du célèbre campanile de la place Saint-Marc, à Venise. La version de LeBrun est désormais plus ancienne que son modèle, l'édifice vénitien d'origine s'étant effondré en 1902 (il fut reconstruit 1912). (1 Madison Ave, entre E 23rd St et E 24th St, Flatiron District ; S N/R, F/M, 6 jusqu'à 23rd St)

Gramercy Park PARC

5 PLAN P. 136, C4

Samuel Ruggles créa ce joli parc en 1831 après avoir asséché le marais qui occupait la zone et aménagé des rues à l'anglaise. On ne peut pas entrer (c'est le seul parc privé de Manhattan), mais on peut l'observer à travers le portail. L'acteur hollywoodien James Cagney habitait jadis au 34 Gramercy Park E. Situé au 15 Gramercy Park S, le **National Arts Club** (ci-dessous) compte Martin Scorsese, Uma Thurman et Ethan Hawke parmi ses membres. (E 20th St, entre Park Ave et 3th Ave, Gramercy ; S N/R, 6 jusqu'à 23rd St)

National Arts Club CENTRE CULTUREL

6 PLAN P. 136, C4

Créé en 1898 pour sensibiliser le public à l'art, ce centre culturel accueille des expositions, accessibles gratuitement en semaine ; consultez le site Web pour la liste des expositions et des manifestations en soirée. Calvert Vaux, l'un des créateurs de Central Park, conçut le bâtiment, qui inclut un petit salon orné de tableaux et un splendide panneau en vitrail voûté. Cette demeure appartenait jadis à Samuel J. Tilden, gouverneur de New York et candidat malheureux aux élections présidentielles de 1876. (212-475-3424 ; www.nationalartsclub.org ; 15 Gramercy Park S, Gramercy ; gratuit ; galeries 10h-17h lun-ven ; S N/R, 6 jusqu'à 23rd St)

Le Flatiron Building

Conçu par Daniel Burnham en 1902 et comptant 20 étages, le **Flatiron Building** (plan p. 136, B4 ; Broadway, angle Fifth Ave et 23rd St, Flatiron District ; S N/R, F/M, 6 jusqu'à 23rd St) affiche une silhouette triangulaire unique ; sa façade traditionnelle en calcaire et en terre cuite de style Beaux-Arts se fait de plus en plus belle à mesure que le regard s'y attarde. Cet édifice singulier, à admirer idéalement depuis l'îlot de circulation au nord de 23rd St, dominait la place du temps des premiers gratte-ciel au début du XIXe siècle, coïncidant avec la prolifération des cartes postales produites en série. Avant même son achèvement, des images du futur plus grand immeuble du monde (un titre qu'il conserva jusqu'en 1909) faisaient déjà le tour de la planète, contribuant à en faire une icône architecturale. L'actrice Katharine Hepburn glissa même un jour qu'elle aimerait susciter autant d'admiration que ce majestueux building.

Pendant des décennies, l'immeuble abrita de petites entreprises, surtout dans le domaine de l'édition. La société Frank Munsey y installa le *Munsey's Magazine*, où figuraient des nouvelles de William Sydney Porter (connu sous le pseudonyme d'O. Henry et auteur du *Cadeau des rois mages*), des reproductions de tableaux de John Sloan et des copies de photographies d'Alfred Stieglitz.

Ces dernières années, le rez-de-chaussée de la "proue" a été converti en un lieu d'exposition vitré, où a notamment été présentée une reconstitution grandeur nature en 3D du tableau d'Edward Hopper *Nighthawks* (1942), dont le *diner* angulaire ressemble de manière frappante au Flatiron. Un projet est en cours afin de restaurer l'ancienne grandeur du bâtiment et de le transformer en un luxueux hôtel cinq étoiles.

Se restaurer

Eleven Madison Park

AMÉRICAIN **$$$**

7 PLAN P. 136, B3

L'Eleven Madison Park est systématiquement classé parmi les meilleurs restaurants de la ville. Emblème d'une cuisine américaine moderne et durable, c'est l'un des 5 restaurants new-yorkais à compter trois étoiles au Michelin. Le soin du détail, la créativité et la fantaisie sont les marques de fabrique du chef Daniel Humm. (212-889-0905 ; www.elevenmadisonpark.com ; 11 Madison Ave, entre 24th St et 25th St, Flatiron District ; bar plats 35-50 $, menus dégustation 175-335 $; 17h30-22h lun-mer, 17h30-22h30 jeu, 12h-13h et 17h30-22h30 ven-dim ; S R/W, 6 jusqu'à 23rd St)

Festin à Eataly

Véritable caverne d'Ali Baba, ce temple de la gastronomie italienne (212-229-2560 ; www.eataly.com ; 200 5th Ave, au niveau de 23rd St, Flatiron District ; 7h-23h ; ; S R/W, F/M, 6 jusqu'à 23rd St), géré par Mario Batali, regroupe plusieurs restaurants servant des spécialités allant du *crudo* au *fritto misto* en passant par les pâtes et les pizzas, ainsi qu'un café et d'innombrables comptoirs et rayons où acheter de quoi préparer un délicieux pique-nique.

Maialino

ITALIEN $$$

8 PLAN P. 136, C4

Il faut réserver jusqu'à quatre semaines à l'avance pour avoir une table dans cet établissement tenu par un personnel courtois et professionnel. Les meilleures places sont cependant au bar. Où que vous soyez assis, offrez à vos papilles des vacances en vous régalant d'une succulente cuisine italienne à base de produits frais provenant de l'Union Square Greenmarket (p. 137). (212-777-2410 ; www.maialinonyc.com ; Gramercy Park Hotel, 2 Lexington Ave, au niveau de 21st St, Gramercy ; plats 24-58 $; 7h30-10h, 12h-14h et 17h30-22h30 lun-jeu, jusqu'à 23h ven, 10h-14h et 17h30-23h sam, jusqu'à 22h30 dim ; S 6, R/W jusqu'à 23rd St)

Craft

AMÉRICAIN $$$

9 PLAN P. 136, C4

Ce restaurant chic et animé se fournit auprès de fermes familiales et de petits producteurs pour préparer une cuisine de très grande tenue. Que ce soit le poulpe braisé, cuit à la perfection, les saint-jacques onctueuses ou les *mezzaluna* au potiron, à la sauge, au beurre noisette et au parmesan, chaque plat est un concentré de saveurs. Réservation conseillée du mercredi au samedi ; sinon, venez avant 18h ou après 21h30. (212-780-0880 ; www.craftrestaurant.com ; 43 E 19th St, entre Broadway et Park Ave S, Union Square ; plats 33-69 $; 17h30-22h lun-jeu, 17h30-23h ven, 17h-23h sam, 17h-21h dim ; ; S 4/5/6, N/Q/R/W, L jusqu'à 14th St-Union Sq)

Tacombi Café El Presidente

MEXICAIN $

10 PLAN P. 136, A3

Regroupant le meilleur des établissements typiques de Mexico, ce lieu propose, entre autres, un bar à jus, un bar à boissons alcoolisées et un stand de tacos. Trouvez une table, commandez une margarita et parcourez les délices de la restauration de rue mexicaine. Parmi les options vedettes figurent les *esquites* (maïs grillé avec fromage *cotija* et mayonnaise au chipotle) et les succulents tacos de carnitas. (212-242-3491 ; www.tacombi.com ; 30 W 24th St, entre Fifth Ave et Sixth Ave, Flatiron District ; tacos

4-9 $, quesadillas 7-8 $; 11h-minuit lun-sam, 11h-22h30 dim ; ; S F/M, R/W jusqu'à 23rd St)

Clocktower

BRITANNIQUE $$$

Toute la maîtrise d'Albion s'affiche dans cet établissement très couru, niché à l'intérieur de l'emblématique Metropolitan Life Tower (voir 4 plan p. 136, B3). Ultime adresse du chef britannique étoilé, Jason Atherton, l'endroit offre un cadre séduisant pour savourer une cuisine roborative haut de gamme, à l'image des côtes de porc Heritage accompagnées de carottes anciennes et de boudin noir, ou encore les macaronis au fromage servis avec de la joue de bœuf cuite à feu doux. (212-413-4300 ; www.theclocktowernyc.com ; 5 Madison Ave, entre 23rd St et 24th St, Gramercy ; plats dîner 27-47 $; 7h-10h30, 11h30-14h30 et 17h30-22h tlj, salon de thé 15h-17h ven-dim ; ; S

Cosme

MEXICAIN $$$

11 PLAN P. 136, B4

La gastronomie mexicaine se fait raffinée dans cet élégant restaurant aux tons gris anthracite, où les chefs Enrique Olvera et Daniela Soto-Innes imaginent des variantes à partir des saveurs provenant des terres au sud du Texas. Ici, on bouleverse les stéréotypes culinaires avec de délicats pétoncles accompagnés d'avocat et de jicama, le *mole verde* assorti de bok choy et de pourpier, le guacamole aux herbes ou encore les *désormais mythiques carnitas de Cosme.* Si vous n'avez pas réservé, tentez votre chance au bar. (212-913-

Le Serra (p. 143), bar sur le toit à Eataly

Rendez-vous gastronomique

Au printemps et à l'automne, les gourmands se retrouvent sur la minuscule General Worth Square – entre Fifth Ave et Broadway, en face de Madison Square Park – pour le marché des **Mad Sq Eats** (Plan p. 136, B3 ; www.madisonsquarepark.org/mad-sq-food/mad-sq-eats ; General Worth Sq, Flatiron District ; printemps et automne 11h-21h ; S R/W, F/M, 6 jusqu'à 23rd St), organisés sur un mois. Parmi la trentaine de vendeurs figurent quelques-uns des restaurants les plus en vue de la ville, qui préparent aussi bien de bonnes pizzas que des tacos au bœuf, avec des produits locaux de qualité.

9659 ; www.cosmenyc.com ; 35 E 21st St, entre Broadway et Park Ave S, Flatiron District ; plats dîner 19-29 $; 12h-14h30 et 17h30-23h lun-jeu, jusqu'à minuit ven, 11h30-14h30 et 17h30-minuit sam, jusqu'à 23h dim ; ; S R/W, 6 jusqu'à 23rd St)

Casa Mono

TAPAS $$$

12 PLAN P. 136, C5

Nouvelle réussite du restaurateur Mario Batali et du chef Andy Nusser, la Casa Mono comporte un long comptoir où l'on peut s'asseoir et assister à la préparation de ses tapas étoilées au Michelin. Sinon, on peut s'installer à table pour discuter en toute discrétion. Préparez-vous à des délices forts en saveurs, tels les œufs crémeux accompagnés d'oursin, de noix, de citron vert et d'huile d'anchois. (212-253-2773 ; www.casamononyc.com ; 52 Irving Pl, entre 17th St et 18th St, Gramercy ; petites assiettes 13-22 $; 12h-23h dim-mar, 12h-minuit mer-sam ; S 4/5/6, N/Q/R/W, L jusqu'à 14th St-Union Sq)

Big Daddy's

DINER $

13 PLAN P. 136, C4

Ses omelettes géantes, ses hamburgers roboratifs et ses croquettes de pommes de terre ou de patates douces font de cette adresse un bon choix au petit-déjeuner ou tard le soir. Le décor joue la carte du kitsch américain mais, contrairement à certains *diners* du même genre, la cuisine est bonne et les prix abordables. D'ailleurs, savourez les gigantesques milk-shakes. Aussi, menu enfant. (212-477-1500 ; www.bigdaddysnyc.com ; 239 Park Ave S, entre E 19th St et E 20th St, Gramercy ; plats 13-16 $; 8h-minuit lun-jeu, 8h-5h ven et sam, 8h-23h dim ; ; S 6 jusqu'à 23rd St, 4/5/6, L, N/Q/R/W jusqu'à 14th St-Union Sq)

Eisenberg's Sandwich Shop

SANDWICHS $

14 PLAN P. 136, A4

Ce *diner* à l'ancienne – une rareté dans ce quartier plutôt haut de gamme – est un lieu tranquille où l'on savoure des plats juifs traditionnels comme le foie haché, le pastrami et la salade de poisson blanc. Installez-vous au long comptoir et côtoyez une clientèle éclectique qui ne plaisante pas avec le pain de viande. (☎ 212-675-5096 ; www.eisenbergsnyc.com ; 174 Fifth Ave, entre W 22nd et 23rd St, Flatiron District ; sandwichs 4-14 $; 7h30-18h lun-ven, 9h-17h sam, 10h-15h dim ; ; S R/W jusqu'à 23rd St)

Shake Shack — BURGERS $

15 PLAN P. 136, B3

Fleuron de la chaîne de hamburgers du chef Danny Meyer (tout a commencé ici avec un stand de hot dogs), le Shake Shack propose des burgers hyper-frais, des frites maison et un bon choix de crèmes glacées. Les végétariens pourront dévorer un croustillant burger aux champignons Portobello. Les files d'attente sont longues – mais cela en vaut la peine. Tables à dispo, ou sinon, installez-vous sur l'un des bancs du parc. (☎ 646-889-6600 ; www.shakeshack.com ; Madison Square Park, angle E 23rd St et Madison Ave, Flatiron District ; burgers 6-11 $; 9h-23h ; S R/W, F/M, 6 jusqu'à 23rd St)

Prendre un verre

Serra — BAR SUR LE TOIT

16 PLAN P. 136, B3

Le joyau de l'espace de restauration Eataly (p. 140) est ce bar à bières niché sur le toit, entre les tours de bureaux de Flatiron District. Chaque saison voit la thématique renouvelée, permettant par exemple de s'offrir une escapade à la plage un mois, puis une évasion dans un refuge alpestre le suivant. Le cadre est impressionnant, tandis que la nourriture et les boissons sont à la hauteur des délices gastronomiques proposés à l'étage inférieur. (☎ 212-937-8910 ; www.eataly.com ; 200 5th Ave, au niveau de W 23rd St, Flatiron District ; 11h30-22h dim-jeu, 11h30-23h ven-sam ; S F/M, R/W, 6 jusqu'à 23rd St)

Raines Law Room — BAR À COCKTAILS

17 PLAN P. 136, A5

Rideaux de velours, fauteuils en cuir capitonnés, briques nues et cocktails préparés d'une main experte à partir de spiritueux idéalement vieillis : rien n'est laissé au hasard dans ce bar où règne une atmosphère calme et détendue. Aucun panneau n'est visible depuis la rue ; cherchez le “48” au-dessus de la porte et sonnez pour entrer. (www.raineslawroom.com ; 48 W 17th St, entre 5th Ave et 6th Ave, Flatiron District ; 17h-2h lun-jeu, 17h-3h ven-sam, 17h-1h dim ; S F/M jusqu'à 14th St, L jusqu'à 6th Ave, 1 jusqu'à 18th St)

Flatiron Room — BAR À COCKTAILS

18 PLAN P. 136, A2

Papier peint rétro, lustre étincelant, plafond peint à la main et étagères garnies de whiskies rares forment un cadre élégant où l'on vient boire de bons cocktails accompagnés d'amuse-bouche à partager : œufs mimosa aux rillettes de canard,

Les sculptures d'Union Square

En vous promenant dans Union Square, vous remarquerez des sculptures temporaires insolites. D'autres sont permanentes, comme l'imposante statue équestre de George Washington (l'une des premières grandes œuvres d'art publiques de New York) et la statue du Mahatma Gandhi. Au sud-est de la place, une installation massive suscite au mieux la perplexité, au pire l'indifférence des passants. Représentation symbolique du temps, le Metronome est composé de trois éléments : au centre, un mur en brique construit en cercles concentriques recouverts d'une feuille d'or et qui rejettent de la vapeur à midi et minuit ; à gauche de ce mur, une horloge numérique affiche quatorze chiffres orange à décomposer en deux séries de sept – à partir de la gauche, l'heure actuelle (heures, minutes, secondes et 10es de seconde) et, à partir de la droite en sens inverse, le temps restant dans la journée. Enfin, à la droite du mur, une façade métallique s'orne d'une sphère mi-noire, mi-dorée, qui suit les phases de la Lune. Les nuits de pleine lune, la sphère apparaît entièrement dorée.

huîtres fumées et charcuterie. Concerts presque tous les soirs (bluegrass et jazz, entre autres). Réservation fortement conseillée. (212-725-3860 ; www.theflatironroom.com ; 37 W 26th St, entre 6th Ave et Broadway, Flatiron District ; 17h-2h lun-sam, 17h-minuit dim ; S R/W jusqu'à 28th St, F/M jusqu'à 23rd St)

Irving Farm Roasters CAFÉ

19 PLAN P. 136, C5

Fréquenté par des secrétaires, et des universitaires, cet établissement ne désemplit pas. Le café est torréfié dans une ferme de la vallée de l'Hudson, à environ 145 km de New York, à partir de grains cueillis à la main. Croissants de la boulangerie Balthazar, muesli, plats à base d'œufs, bagels et sandwichs. (212-995-5252 ; www.irvingfarm.com ; 71 Irving Pl, entre 18th St et 19th St, Gramercy ; 7h-20h lun-ven, 8h-20h sam-dim ; S 4/5/6, N/Q/R/W, L jusqu'à 14th St-Union Sq)

Old Town Bar & Restaurant BAR

20 PLAN P. 136, B5

Comptoir en acajou, sols carrelés d'origine et plafonds en étain – l'Old Town est une taverne classique qui semble s'être arrêtée en 1892. L'endroit est fréquemment utilisé pour le tournage de scènes de films et d'émissions TV (le clip de "Bad Girl", de Madonna, y a même été tourné). La plupart des clients s'installent dans l'un des box douillets pour déguster une bière et un burger (à partir de 12,50 $). (212-529-6732 ; www.oldtownbar.

com ; 45 E 18th St, entre Broadway et Park Ave S, Union Square ; 11h30-1h lun-ven, 12h-1h sam, 15h-minuit dim ; ; S 4/5/6, N/Q/R/W, L jusqu'à 14th St-Union Sq)

Sortir

Irving Plaza

MUSIQUE LIVE

21 PLAN P. 136, C5

Depuis 1978, Irving Plaza a vu passer les Ramones, Bob Dylan, U2, Pearl Jam et autres célébrités. Aujourd'hui, c'est l'endroit idéal pour découvrir des artistes rock et pop moins connus, du trio féminin Sleater-Kinney au groupe de hard-rock Disturbed en passant par Jain. On peut s'installer dans la fosse ou au balcon (bonne vue sur la scène). (212-777-6817 ; www.irvingplaza.com ; 17 Irving Pl, au niveau de 15th St, Union Square ; S 4/5/6, N/Q/R, L jusqu'à 14th St-Union Sq)

Peoples Improv Theater

HUMOUR

22 PLAN P. 136, C3

Sous les lumières rouges au néon, ce *comedy club* animé garantit une belle tranche de rire pour trois fois rien. Chaque soir, la série de numéros va du stand-up à l'improvisation, en passant par les sketchs et la comédie musicale. Venez tôt pour consommer un verre bon marché dans l'agréable bar aux tons rouges. Le "PIT" organise aussi des cours, notamment des ateliers d'improvisation de 3 heures (20 $, sans réservation) le week-end, dans son théâtre de Midtown. (PIT ; cours 212-563-7488 ; www.

Old Town Bar & Restaurant

Où faire son shopping

Des livres rares pour la jeunesse aux fromages artisanaux, en passant par un marché fermier très prisé à New York, ces quartiers recèlent quelques pépites. On y trouve néanmoins autant de magasins de chaînes que de boutiques indépendantes, notamment à la lisière de **Union Square** et dans **Sixth Ave**. **Fourteenth St** (surtout côté ouest) constitue un petit royaume du shopping en soi, proposant guitares, meubles, sportswear, perruques et tatouages. Pour trouver des chaînes plus standards comme Zara, Banana Republic, Club Monaco, J Crew, Anthropologie ou Intermix, allez flâner plus au nord dans **Fifth Ave**.

thepit-nyc.com ; 123 E 24th St, entre Lexington Ave et Park Ave, Gramercy ; ; S F/M, N/R, 6 jusqu'à 23rd St)

Shopping

Fishs Eddy

VAISSELLE

23 PLAN P. 136, B4

Les New-Yorkais branchés plébiscitent ce magasin pour ses articles de qualité pleins de fantaisie. On y trouve une foule de mugs, d'assiettes, de torchons, de carafes et de tout ce qui peut avoir sa place dans une cuisine. Ces articles affichent aussi bien des *color blocks* élégants que des motifs délicieusement audacieux. La ligne d'articles "prononcés à la mode de Brooklyn" – *Cawfee (coffee), Shuguh (sugar), Sawlt (salt)* fait fureur chez les locaux. (212-420-9020 ; www.fishseddy.com ; 889 Broadway, au niveau de E 19th St, Union Square ; 10h-21h lun-ven, 10h-20h sam-dim ; S R/W, 6 jusqu'à 23rd St)

Rent the Runway

VÊTEMENTS

24 PLAN P. 136, A6

Cette boutique de vêtements de location vous accueille avec ou sans rendez-vous pour une consultation mode à prix abordable (30 $). On peut louer toutes sortes de tenues griffées (Narciso Rodriguez, Badgley Mischka, Nicole Miller) : parfait si vous voyagez léger mais avez envie de vous mettre sur votre trente-et-un pour une soirée new-yorkaise d'exception. (www.renttherunway.com ; 30 W 15th St, entre 5th Ave et 6th Ave, Union Square ; 8h-21h lun-ven, 9h-20h sam, 9h-19h dim ; S L, F/M jusqu'à 14th St-6th Ave, 4/5/6, L, N/Q/R/W jusqu'à 14th St-Union Sq)

Bedford Cheese Shop

ALIMENTATION

25 PLAN P. 136, C5

Fromage de vache élevée localement au lait cru parfumé à l'absinthe ou chèvre à l'ail australien : vous trouverez sans doute votre bonheur parmi la magnifique sélection de quelque 200 fromages de cette succursale du plus célèbre fromager de Brooklyn. Accompagnez votre

Fishs Eddy

choix de charcuterie artisanale, d'un plat de traiteur, ou de sandwichs (9 à 11,50 $) et faites le plein parmi le beau choix de produits *made in Brooklyn*. (☎718-599-7588 ; www.bedfordcheeseshop.com ; 67 Irving Pl, entre E 18th St et 19th St, Gramercy ; ⏰8h-20h lun-ven, 9h-20h sam, 9h-18h dim ; S 4/5/6, N/Q/R/W, L jusqu'à 14th St-Union Sq)

ABC Carpet & Home DÉCO

26 🔒 PLAN P. 136, B5

Décorateurs et designers viennent chercher l'inspiration dans ce magasin sur sept niveaux, avec toutes sortes d'objets déco, petits ou gros, des bijoux et des meubles de créateurs, des lampes design, des céramiques et des tapis anciens. À Noël, le magasin est un régal pour les yeux et une excellente adresse pour acheter des décorations. (☎212-473-3000 ; www.abchome.com ; 888 Broadway, au niveau de E 19th St, Flatiron District ; ⏰10h-19h lun-sam, 12h-18h dim ; S 4/5/6, N/Q/R/W, L jusqu'à 14th St-Union Sq)

Books of Wonder LIVRES

27 🔒 PLAN P. 136, A5

À tout âge, vous tomberez sous le charme de cette librairie spécialisée dans la littérature jeunesse. Par temps pluvieux, vous pourrez faire pratiquer la langue de Shakespeare à vos bambins, en particulier quand elle accueille un auteur pour une lecture ou un conteur. (☎212-989-3270 ; www.booksofwonder.com ; 18 W 18th St, entre 5th Ave et 6th Ave, Flatiron District ; ⏰10h-19h lun-sam, 11h-18h dim ; 👪 ; S F/M jusqu'à 14th St, L jusqu'à 6th Ave)

Explorer
Midtown

Centre névralgique de la ville, Midtown incarne le New York des cartes postales. Chaque jour, plus de 300 000 personnes investissent ses rues effervescentes jalonnées d'icônes telles que Times Square, Grand Central Terminal et l'Empire State Building. Parmi les pépites culturelles figurent le MoMA et la New York Public Library, complétées à proximité par le paradis culinaire et gay-friendly d'Hell's Kitchen.

Notre sélection

- ***Rockefeller Center (p. 160)*** *Tous les édifices emblématiques à observer depuis la plateforme d'observation Top of the Rock et la visite des studios télévisés historiques de la NBC.*
- ***Museum of Modern Art (p. 154)*** *Des œuvres de Picasso, Warhol et Rothko dans un musée de renommée internationale.*
- ***Bryant Park (p. 159)*** *Un déjeuner en plein air ou un simple moment de détente dans cette oasis de Midtown.*
- ***Jazz at Lincoln Center (p. 169)*** *Une vue superbe à admirer en écoutant une pointure du jazz.*
- ***Broadway (p. 169)*** *Ajoutez strass et paillettes à votre séjour !*

Comment y aller et circuler

S Times Sq-42nd St, Grand Central-42nd St et 34th St-Herald Sq sont les principales stations avec correspondances à Midtown. Les lignes A/C/E et 1/2/3 traversent Midtown West du nord au sud, les lignes 4/5/6 passent par Midtown East. Les lignes centrales B/D/F/M longent Sixth Ave, tandis que les N/Q/R/W longent Broadway. Les lignes 7, E et M permettent d'autres traversées du secteur.

Plan du quartier p. 156

Bryant Park (p. 159) GAGLIARDIPHOTOGRAPHY/SHUTTERSTOCK ©

Les incontournables

Times Square

Qu'on l'aime ou qu'on la déteste, l'intersection de Broadway et de Seventh Ave, plus connue sous le nom de Times Square, est le cœur palpitant de New York. C'est un torrent hypnotique de lumières scintillantes, de panneaux d'affichage géants et d'énergie urbaine à l'état brut, qui semble ne jamais s'arrêter : l'endroit est presque aussi fréquenté la nuit qu'en plein après-midi.

PLAN P. 156, D4

www.timessquarenyc.org

Broadway, au niveau de Seventh Ave

S N/Q/R/W, S, 1/2/3, 7 jusqu'à Times Sq-42nd St

Carrefour du monde

Times Square incarne le New York de l'imaginaire collectif, là où Al Jolson rencontre le succès dans *Le Chanteur de jazz* (1927) et où s'étend la "jungle de béton où les rêves se construisent" chantée par Alicia Keys et Jay-Z.

Pendant plusieurs décennies, le rêve fut plutôt ici un cauchemar sordide. La crise du début des années 1970 entraîna un exode des entreprises qui y étaient installées. Les panneaux d'affichage s'éteignirent et les grands hôtels furent convertis en immeubles d'habitation. Bien que le Theater District voisin ait survécu, ses théâtres partageaient les rues avec des cinémas porno et des boîtes de strip-tease. Tout cela changea avec Rudolph Giuliani, nouveau maire qui, dans les années 1990, accrut les effectifs policiers et fit venir une vague d'enseignes commerciales, de restaurants et d'attractions "convenables". À l'aube du nouveau millénaire, Times Square était redevenu tout public. Près de 50 millions de visiteurs s'y pressent chaque année.

Times Square aujourd'hui

Constamment bondé et presque aussi illuminé à 2h du matin qu'à midi, avec ses immenses panneaux lumineux et ses enseignes au néon annonçant spectacles et comédies musicales, Times Square prouve que New York n'a pas usurpé sa réputation de ville qui ne dort jamais. Toutes sortes de personnages déguisés, allant d'Elmo à la statue de la Liberté en passant par divers super-héros Marvel et un cow-boy en slip (le "Naked Cowboy"), côtoient des touristes venus des quatre coins de la planète. En quelques minutes, vous entendez parler plus de langues que vous ne pensiez qu'il en existait. Cette aire de jeux urbaine pour l'art public et les événements saisonniers est aussi le lieu le plus populaire de la planète pour célébrer le Nouvel An.

★ À savoir

Des espaces dédiés à la cuisine de rue ont été créés sur les placettes piétonnières de Times Square (à l'intersection de Broadway entre W 43rd St et W 47th St). Il y a aussi un **guichet d'information touristique** (☎212-484-1222 ; www.timessquarenyc.org ; Broadway Plaza, au niveau de W 45th St ; 🕑8h-17h).

✕ Une petite faim ?

Times Square est tellement touristique et chaotique que pour un repas digne de ce nom, mieux vaut s'éloigner un peu. **Fournos Theophilos** (☎212-278-0015 ; www.fournos.com ; 45 W 45th St, entre Fifth Ave et Sixth Ave ; déj 12 $; 🕑7h-22h lun-sam, 8h-22h dim, fermé 16h-17h ; 📶), à deux pâtés de maisons vers l'est, est un havre de calme, idéal pour un délicieux déjeuner grec. Terminez en beauté avec un baklava.

Les incontournables

Empire State Building

Bien que le Chrysler Building soit plus beau et le One World Trade Center le plus haut, l'Empire State Building reste incontestablement le roi de l'horizon new-yorkais ! C'est aussi une véritable star à New York, car il a le privilège d'apparaître dans près d'une centaine de films, de King Kong à Independence Day. Grimper à son sommet est une expérience aussi fondamentale que de déguster un hot dog.

PLAN P. 156, E5

www.empirestatebuilding.com

20 W 34th St

plateforme 86e étage adulte/enfant 38/32 $, plateforme 102e étage 58/52 $

8h-2h

S 6 jusqu'à 33rd St, B/D/F/M, N/Q/R/W jusqu'à 34th St-Herald Sq

Quelques chiffres

Les chiffres donnent le vertige : 10 millions de briques, 60 000 tonnes d'acier, 6 400 fenêtres et près de 30 500 m² de marbre. Sa construction sur l'emplacement originel du Waldorf-Astoria se fit en un temps record de 410 jours, nécessita sept millions d'heures de main-d'œuvre et coûta quelque 41 millions de dollars (environ 650 millions de dollars actuels) – un montant pharaonique mais bien inférieur au budget initialement prévu de 50 millions (heureusement, car la construction se déroula pendant la Grande Dépression). Ce colosse en pierre calcaire de 102 étages et 443 m (antenne comprise) fut inauguré le 1er mai 1931. Des années plus tard, la réplique de Deborah Kerr à Cary Grant dans *Elle et lui* sonne toujours aussi juste : "C'est, à New York, ce qui s'approche le plus du paradis."

Point de vue vertigineux

À moins que vous ne soyez Ann Darrow (la malheureuse jeune femme enlevée par King Kong), monter au sommet de l'Empire State Building devrait vous donner le sourire. Il y a deux plateformes d'observation. La plateforme en plein air du 86e étage dispose de télescopes (ils fonctionnaient auparavant à pièces mais sont désormais en accès libre) pour zoomer sur la métropole bruissant d'activité. Au-dessus, au sommet de la flèche, l'observatoire fermé du 102e étage est le plus haut de New York après celui du One World Trade Center. Inutile de préciser que la vue sur les cinq *boroughs* (quartiers) de la ville (et les quatre États voisins, quand la météo est de la partie) à travers les immenses baies vitrées est inouïe. Depuis les deux plateformes, le spectacle est encore plus fascinant au coucher du soleil, quand la ville se prépare pour la nuit sous les dernières lueurs du jour.

★ À savoir

- Venez tôt (8h) ou tard pour éviter une longue attente, ou achetez vos billets en ligne (2 $ de plus).
- Au 86e étage, entre 22h et 1h du jeudi au samedi, un joueur de saxophone accompagne les jeux de lumière en contrebas.
- Téléchargez l'application pour la visite de l'Empire State Building (gratuite avec votre billet) ou consultez la version audio en streaming grâce à la connexion Wi-Fi gratuite sur place.

Une petite faim ?

- Vous n'êtes qu'à une courte marche de Koreatown et de ses restaurants, notamment le paisible Hangawi (p. 165).
- Sinon, prenez au nord pour gagner le **Bryant Park Grill** (www.bryantparkgrillnyc.com ; Bryant Park, 25 W 40th St, entre 5th Ave et 6th Ave ; plats 20-49 $; 11h30-15h30 et 17h-23h avr-déc, horaires réduits jan-mars ; ; S B/D/F/M jusqu'à 42nd St-Bryant Park, 7 jusqu'à 5th Ave).

Les incontournables

Museum of Modern Art

Le MoMA peut se vanter de rassembler plus de grands noms que la soirée des Oscars : Van Gogh, Matisse, Picasso, Warhol, Rothko, Pollock... Depuis sa création en 1929, le musée a rassemblé pas loin de 200 000 œuvres témoignant des mouvements créatifs de la fin du XIXe siècle à nos jours. Pour les amateurs d'art, c'est le paradis. Pour les non-initiés, c'est un passionnant cours intensif d'histoire picturale.

PLAN P. 156, E2

212-708-9400

www.moma.org

11 W 53rd St

adulte/enfant 25 $/gratuit, 17h30-21h ven gratuit

10h-17h30 sam-jeu, 10h30-21h ven et 1er jeu du mois

S E, M jusqu'à 5th Ave-53rd St, F jusqu'à 57th St

Chefs-d'œuvre de la collection

Une rotation des œuvres est effectuée tous les six mois, mais il est quasiment certain que vous pourrez admirer *La Nuit étoilée* de Van Gogh – la toile est généralement entourée d'une nuée d'admirateurs brandissant leurs appareils photo. Parmi les autres pièces maîtresses de la collection, citons *Les Demoiselles d'Avignon* de Picasso, *La Bohémienne endormie* d'Henri Rousseau et *La Danse I* de Matisse sans oublier des œuvres américaines légendaires comme *Campbell's Soup Cans* et *Gold Marilyn Monroe* de Warhol, ou encore *New York Movie* de Hopper.

Jardin de sculptures Abby Aldrich Rockefeller

En 2004, la reconstruction du musée par l'architecte Yoshio Taniguchi fut l'occasion de restaurer le jardin de sculptures pour lui redonner sa forme d'origine, imaginée par Philip Johnson en 1953 et qu'il décrivait comme une "sorte de salle extérieure". Quand les journées sont chaudes et ensoleillées, on a l'impression d'un apaisant salon en plein air, avec des œuvres d'éminents artistes comme Matisse, Giacometti, Calder et Picasso. Le jardin des sculptures est en accès libre chaque jour de 9h30 à 10h15 (sauf par mauvais temps).

Rénovation monumentale

Le MoMA a été réaménagé par Diller Scofidio + Renfro, avec au final plus de 3 700 m² d'espace d'exposition supplémentaires. La collection permanente a été agencée comme une histoire de l'art moderne, mettant en scène peintures, sculptures, photographies, cinéma, architecture, design industriel, entre autres disciplines, le tout organisé en segments chronologiques aux étages n°5 (1880-1940), n°4 (1940-1970) et n°2 (1970-présent). Le 3e étage abrite les galeries des expositions temporaires, tandis que le nouveau Kravis Studio, au 4e, sera dédié à l'art expérimental.

★ À savoir

- Pour optimiser votre temps et monter un plan d'attaque, téléchargez l'application gratuite du musée sur votre Smartphone, à partir du site Internet. Elle est disponible en plusieurs langues.
- Venez plutôt le lundi ou le mardi, sauf si ce sont des jours fériés. Le vendredi soir et le week-end, le musée est noir de monde.

Une petite pause ?

- Pour des tables communes et une atmosphère décontractée, optez pour les plats d'inspiration italienne du **Cafe 2** (plats 12-14 $; 11h-17h30 sam-jeu, 11h-19h30 ven).
- Pour un service à table, direction le **Terrace Café** (petites assiettes 8-21 $; 11h-17h30 sam-jeu, 11h-19h30 ven), avec une terrasse extérieure surplombant 53rd St.

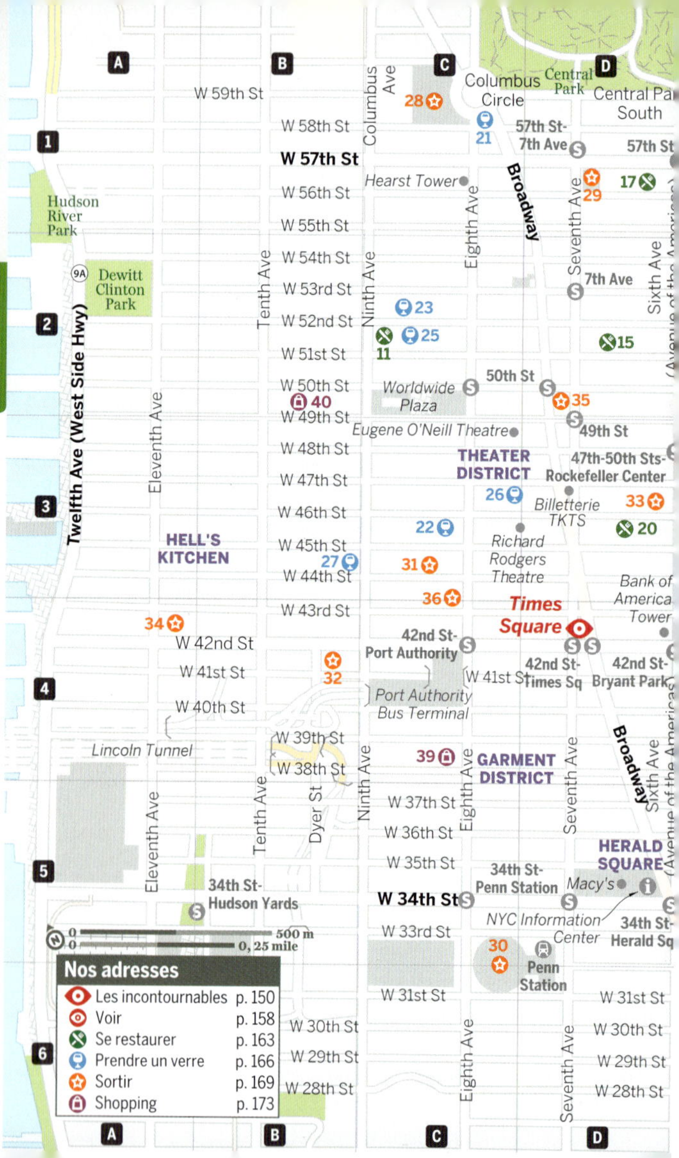
A
B
C
D
1
2
3
4
5
6
W 59th St
W 58th St
W 57th St
W 56th St
W 55th St
W 54th St
W 53rd St
W 52nd St
W 51st St
W 50th St
W 49th St
W 48th St
W 47th St
W 46th St
W 45th St
W 44th St
W 43rd St
W 42nd St
W 41st St
W 40th St
W 39th St
W 38th St
W 37th St
W 36th St
W 35th St
W 34th St
W 33rd St
W 31st St
W 30th St
W 29th St
W 28th St
Columbus Ave
Columbus Circle
Central Park
Central Park South
57th St-7th Ave
57th St
Hearst Tower
Broadway
Eighth Ave
Seventh Ave
Sixth Ave
7th Ave
Tenth Ave
Ninth Ave
Eleventh Ave
Dyer St
Twelfth Ave (West Side Hwy)
Hudson River Park
9A
Dewitt Clinton Park
Worldwide Plaza
50th St
49th St
Eugene O'Neill Theatre
THEATER DISTRICT
47th-50th Sts-Rockefeller Center
Billetterie TKTS
Richard Rodgers Theatre
HELL'S KITCHEN
Bank of America Tower
Times Square
42nd St-Port Authority
42nd St-Times Sq
42nd St-Bryant Park
W 41st St
Port Authority Bus Terminal
Lincoln Tunnel
GARMENT DISTRICT
HERALD SQUARE
34th St-Penn Station
Macy's
34th St-Hudson Yards
NYC Information Center
34th St-Herald Sq
Penn Station
500 m
0,25 mile
28
21
29
17
23
25
11
15
40
35
26
33
22
20
27
31
36
34
32
39
30
Nos adresses
Les incontournables p. 150
Voir p. 158
Se restaurer p. 163
Prendre un verre p. 166
Sortir p. 169
Shopping p. 173

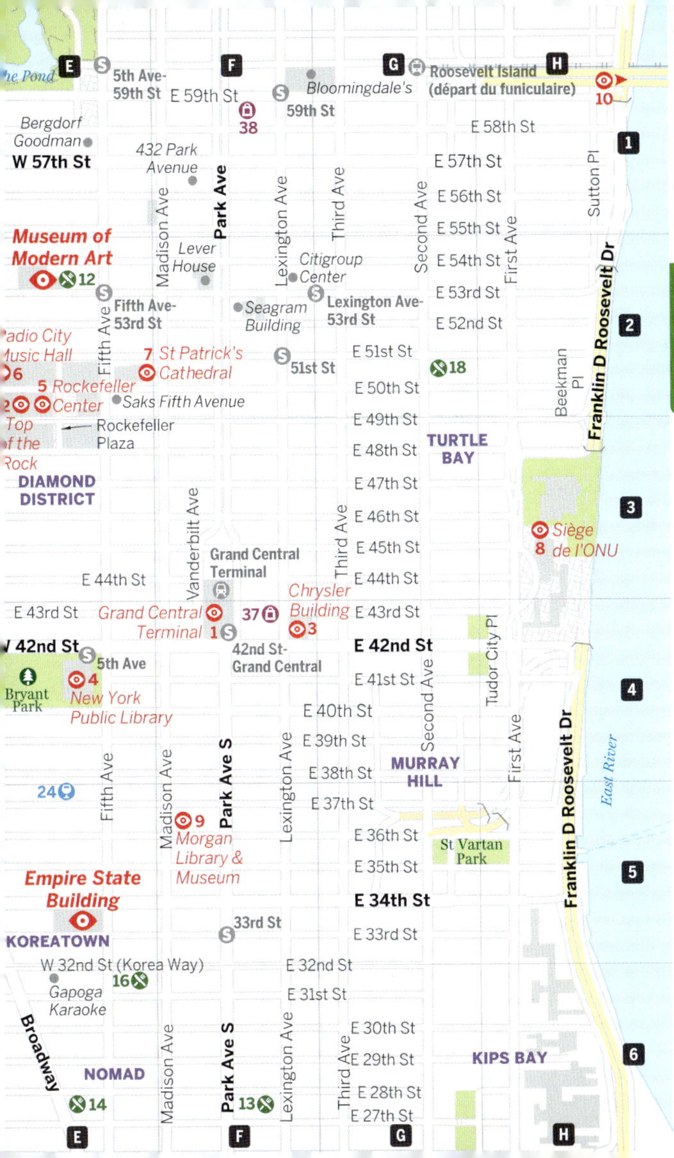
E
F
G
H
The Pond
5th Ave-59th St
E 59th St
38
Bloomingdale's
59th St
Roosevelt Island (départ du funiculaire)
10
E 58th St
1
Bergdorf Goodman
W 57th St
432 Park Avenue
E 57th St
Madison Ave
Park Ave
Lexington Ave
Third Ave
Second Ave
E 56th St
E 55th St
First Ave
Sutton Pl
Museum of Modern Art
12
Lever House
Citigroup Center
E 54th St
E 53rd St
Franklin D Roosevelt Dr
Fifth Ave-53rd St
Seagram Building
Lexington Ave-53rd St
E 52nd St
2
Radio City Music Hall
6
Fifth Ave
7 St Patrick's Cathedral
51st St
E 51st St
18
Beekman Pl
5 Rockefeller Center
E 50th St
Saks Fifth Avenue
Top of the Rock
Rockefeller Plaza
E 49th St
E 48th St
TURTLE BAY
DIAMOND DISTRICT
E 47th St
Vanderbilt Ave
E 46th St
3
Siège de l'ONU
8
Grand Central Terminal
E 45th St
E 44th St
E 44th St
Chrysler Building
E 43rd St
Grand Central Terminal 1
37
E 43rd St
3
Tudor City Pl
W 42nd St
5th Ave
42nd St-Grand Central
E 42nd St
Bryant Park
4 New York Public Library
E 41st St
4
E 40th St
E 39th St
Park Ave S
Fifth Ave
Madison Ave
Lexington Ave
Second Ave
First Ave
East River
E 38th St
MURRAY HILL
24
E 37th St
9 Morgan Library & Museum
E 36th St
St Vartan Park
E 35th St
5
Empire State Building
E 34th St
33rd St
E 33rd St
KOREATOWN
W 32nd St (Korea Way)
E 32nd St
16
Gapoga Karaoke
E 31st St
Broadway
E 30th St
Madison Ave
Park Ave S
Lexington Ave
Third Ave
E 29th St
KIPS BAY
6
NOMAD
E 28th St
14
13
E 27th St
E
F
G
H

Voir

Grand Central Terminal

BÂTIMENT HISTORIQUE

1 ◎ PLAN P. 156, F4

Achevé en 1913, Grand Central Terminal est l'un des multiples trésors Beaux-Arts de New York. Dans le hall principal, où le marbre des sols vient du Tennessee et celui des guichets d'Italie, le plafond voûté représente les constellations à l'envers. Quand les passagers firent remarquer que le ciel était peint à l'envers – comme si on le voyait d'en haut et non du sol – le peintre français Paul César Helleu répondit que c'était intentionnel (peut-être pour ne pas avoir à admettre son erreur). (www.grandcentralterminal.com ; 89 E 42nd St, au niveau de Park Ave ; 5h30-2h ; S S, 4/5/6, 7 jusqu'à Grand Central-42nd St, Metro North jusqu'à Grand Central)

Top of the Rock

PANORAMA

2 ◎ PLAN P. 156, E2

Imaginé en hommage aux paquebots et inauguré en 1933, la plateforme d'observation extérieure, au 70e étage, domine le 30 Rockefeller Plaza, le plus haut gratte-ciel du Rockefeller Center (p. 160). Moins bondé et doté de plateformes plus larges que l'Empire State Building (p. 152), il offre en outre une vue imprenable sur celui-ci. Avant de monter au sommet, une exposition au 2e étage permet d'en savoir plus sur le célèbre philanthrope à l'origine de ce complexe Art

Grand Central Terminal

déco. (212-698-2000 ; numéro vert 877-692-7625 ; www.topoftherocknyc.com ; 30 Rockefeller Plaza, entrée sur W 50th St, entre 5th Ave et 6th Ave ; adulte/enfant 38/32 $, lever et coucher du soleil 56/45 $; 8h-minuit, dernier ascenseur à 23h ; S B/D/F/M jusqu'à 47th St-50th St-Rockefeller Center)

Chrysler Building

BÂTIMENT HISTORIQUE

3 PLAN P. 156, F4

Conçu par William Van Alen et achevé en 1930, le Chrysler Building (77 étages) incarne l'architecture Art déco sous sa forme la plus pure à New York. Il est surveillé par deux aigles stylisés en nichrome et surmonté d'une flèche de sept niveaux rappelant le soleil levant. L'édifice fut construit pour abriter le siège de l'empire automobile de Walter P. Chrysler. Incapable de rivaliser avec Ford et General Motors sur la chaîne de production, Chrysler prit sa revanche sur la ligne d'horizon et avec l'un des plus beaux halls d'entrée de New York. (405 Lexington Ave, au niveau de E 42nd St ; hall d'entrée 7h-18h30 lun-ven ; S S, 4/5/6, 7 jusqu'à Grand Central-42nd St)

New York Public Library

BÂTIMENT HISTORIQUE

4 PLAN P. 156, E4

Fidèlement gardée par "Patience" et "Fortitude" (les lions en marbre), cette magnifique bibliothèque à l'architecture Beaux-Arts est l'un des meilleurs sites gratuits de la ville. Lors de son inauguration en 1911, c'était le plus grand édifice de marbre jamais construit aux États-Unis. Le plafond à caissons de la **Rose Main Reading Room** récemment restaurée est époustouflant. Et on ne s'arrête pas aux apparences : tout le monde a le droit de venir travailler ici, ce qui en fait incontestablement le lieu de *coworking* le plus glamour du monde. (Stephen A. Schwarzman

Bryant Park

Kiosques à café à l'européenne, échiquiers en plein air, projections de films en été et patinoire en hiver : il est difficile de croire que l'oasis verdoyante de **Bryant Park** (Plan p. 156, E4 ; 212-768-4242 ; www.bryantpark.org ; 42nd St, entre 5th Ave 6th Ave ; 7h-minuit lun-ven, 7h-23h sam et dim juin-sept, horaires réduits oct-mai ; S B/D/F/M jusqu'à 42nd St-Bryant Park, 7 jusqu'à 5th Ave) était dans les années 1970 un enfer de la criminalité surnommé "Needle Park" (parc des aiguilles). Niché derrière l'édifice de style Beaux-Arts de la **New York Public Library**, ce lieu enchanteur est idéal pour échapper un instant à la frénésie de Midtown. Envie de vous initier à l'italien, au yoga ou au jonglage, de participer à un atelier de peinture ou à un circuit d'ornithologie ? Des activités originales sont organisées chaque jour.

Les gratte-ciel de Midtown

Loin de se réduire à l'Empire State Building et au Chrysler Building, Midtown compte assez de joyaux modernistes et postmodernes pour satisfaire les rêves de hauteur les plus fous. En voici six :

Seagram Building (1956-1958) 157 m (Plan p. 156, F2 ; 100 E 53rd St, au niveau de Park Ave, Midtown East ; S 6 jusqu'à 51st St, E, M jusqu'à 5th Ave-53rd St)

Lever House (1950-1952) 93 m (Plan p. 156, F2 ; 390 Park Ave, entre 53rd St et 54th St, Midtown East ; S E, M jusqu'à 5th Ave-53rd St)

Citigroup Center (1974-1977) 279 m (Plan p. 156, F2 ; 601 Lexington Ave, au niveau de E 53rd St, Midtown East ; S 6 jusqu'à 51st St, E, M jusqu'à 5th Ave-53rd St)

Hearst Tower (2003-2006) 182 m (Plan p. 156, C1 ; 949 8th Ave, entre 56th St et 57th St, Midtown West ; S A/C, B/D, 1 jusqu'à 59th St-Columbus Circle)

Bank of America Tower (2004-2009) 366 m (One Bryant Park ; Plan p. 156, D4 ; www.durst.org ; Sixth Ave, au niveau de W 42nd St ; S B/D/F/M jusqu'à 42nd St-Bryant Park)

432 Park Avenue (2011-2015) 425 m (Plan p. 156, F1 ; www.432parkavenue.com ; 432 Park Ave, entre 56th St et 57th St, Midtown East ; S N/Q/R jusqu'à Lexington Ave-59th St)

Building ; 917-275-6975 ; www.nypl.org ; 476 5th Ave, au niveau de W 42nd St ; entrée libre ; 8h-20h lun et jeu, 8h-21h mar-mer, 8h-18h ven, 10h-18h sam, 10h-17h dim, visites guidées 11h et 14h lun-sam, 14h dim ; S B/D/F/M jusqu'à 42nd St-Bryant Park, 7 jusqu'à 5th Ave)

Rockefeller Center BÂTIMENT HISTORIQUE

5 PLAN P. 156, E2

Bâtie en 9 ans au plus sombre de la Grande Dépression, cette "ville dans la ville" de 9 ha fut le premier complexe américain associant commerces, loisirs et bureaux. Cet espace est composé de 19 immeubles (dont 14 sont encore les édifices Art déco d'origine). Le promoteur John D. Rockefeller Jr a dépensé quelque 100 millions de dollars, mais cela en valait la peine ! Le Center fut déclaré monument national en 1987. Il abrite les **studios de la NBC** (212-664-3700 ; www.thetouratnbcstudios.com ; 30 Rockefeller Plaza, entrée au 1250 6th Ave ; visites de 1 heure adulte/enfant 33/29 $, - 6 ans non admis ; 8h20-14h20 lun-jeu, 8h20-17h ven, 8h20-18h certains sam-dim, horaires étendus en été) et le Top of the Rock (p. 158). (☎212-588-8601 ; www.rockefellercenter.com ; entre 5th Ave et 6th Ave et W 48th St et 51st St ; S B/D/F/M jusqu'à 47th-50th Sts-Rockefeller Center)

Radio City Music Hall

BÂTIMENT HISTORIQUE

6 ◉ PLAN P. 156, E2

Le Radio City Music Hall est une salle de spectacle Art déco née d'une idée originale du metteur en scène de vaudevilles Samuel Lionel "Roxy" Rothafel. Roxy, qui ne faisait jamais dans la discrétion, inaugura la salle le 23 décembre 1932 avec un somptueux spectacle comprenant une Symphonie des rideaux et la troupe de danse les Roxyettes (renommées les Rockettes). Des visites guidées (1 heure 15) du somptueux intérieur présentent l'auditorium, la fresque *History of Cosmetics* de Witold Gordon dans le Women's Downstairs Lounge, et la très chic VIP Roxy Suite, où des célébrités comme Elton John et Alfred Hitchcock ont passé du bon temps. (www.radiocity.com ; 1260 6th Ave, au niveau de W 50th St ; visites adulte/enfant 31/27 $; visites 9h30-17h ; ; S B/D/F/M jusqu'à 47th-50th Sts-Rockefeller Center)

St Patrick's Cathedral

CATHÉDRALE

7 ◉ PLAN P. 156, E2

Récemment rénovée, la plus grande cathédrale d'Amérique, achevée en 1878, gratifie à nouveau Fifth Ave de sa splendeur néogothique. L'édifice d'origine ne

Radio City Music Hall

comportait pas les deux flèches à l'avant, ajoutées en 1888. Pénétrez à l'intérieur pour apprécier l'autel dessiné par Louis Tiffany, étincelant sous un orgue de 7 000 tuyaux, ainsi que l'époustouflante rosace de Charles Connick au-dessus de l'entrée de Fifth Ave. Des visites guidées sans réservation sont proposées ponctuellement (consultez le site Internet). (212-753-2261 ; www.saintpatrickscathedral.org ; 5th Ave, entre E 50th St et 51st St ; 6h30-20h45 ; S B/D/F/M jusqu'à 47th-50th Sts-Rockefeller Center, E/M jusqu'à 5th Ave-53rd St)

Siège des Nations unies
BÂTIMENT HISTORIQUE

8 PLAN P. 156, H3

New York abrite le siège des Nations unies. La tour du Secrétariat, dessinée par Le Corbusier, n'est pas accessible, mais des visites de 1 heure incluent les salles du Conseil de sécurité, du Conseil de tutelle et du Conseil économique et social (ECOSOC), ainsi que des présentations du travail de l'ONU et des œuvres d'art données par des États membres. En semaine, réservez votre visite en ligne ; les moins de 5 ans ne sont pas admis. Il faut présenter un passeport. (212-963-4475 ; www.visit.un.org ; entrée des visiteurs 1st Ave, au niveau de 46th St, Midtown East ; visite guidée adulte/enfant 22/12 $, accès aux jardins sam-dim mars-déc gratuit ; visites de 1 heure 9h-16h45 lun-ven, centre d'information des visiteurs aussi ouvert 10h-16h45 sam-dim ; S S, 4/5/6, 7 jusqu'à Grand Central-42nd St)

Morgan Library & Museum
MUSÉE

9 PLAN P. 156, F5

Dans une ancienne demeure du magnat de l'acier J. P. Morgan, ce musée présente une extraordinaire collection de manuscrits, de tapisseries et de livres (dont trois bibles de Gutenberg). Abritant des œuvres de la Renaissance italienne et hollandaise, le bureau personnel de Morgan n'est surpassé que par sa bibliothèque (East Room), une extraordinaire salle voûtée dotée de rayonnages en noyer sur 3 étages, d'une tapisserie hollandaise du XVIe siècle et d'un plafond représentant le zodiaque. Les expositions temporaires sont souvent excellentes, comme les événements régulièrement organisés sur place. Audioguides gratuits. (212-685-0008 ; www.themorgan.org ; 225 Madison, au niveau de E 36th St, Midtown East ; adulte/enfant 22 $/gratuit, 19h-21h ven gratuit ; 10h30-17h mar-jeu, jusqu'à 21h ven, 10h-18h sam, 11h-18h dim ; S 6 jusqu'à 33rd St)

Roosevelt Island
QUARTIER

10 PLAN P. 156, H1

Sis sur l'East River entre la lisière est de Manhattan et le Queens, ce quartier singulier et artificiel de New York occupe une île minuscule pas plus large qu'un terrain de football. À l'extrémité sud de l'île, l'architecte Louis Kahn a conçu le **Four Freedoms Park** (212-204-8831 ; www.fdrfourfreedomspark.org ; 9h-19h mer-lun avr-sept, 9h-17h mer-lun oct-mars), un mémorial dédié à Franklin D. Roosevelt. Le **funiculaire** (212-832-4583 ; www.rioc.ny.gov/tramtransportation.htm ; aller 2,75 $; toutes les 7-15 min 6h-2h dim-jeu, 6h-3h30 ven-sam ; S N/Q/R, 4/5/6 jusqu'à Lexington Ave-59th St) qui survole le fleuve (4 minutes) jusqu'à l'île est une expérience à part entière : il offre une vue mirifique sur l'East Side de Manhattan, encadré par le pont de 59th St. (www.rihs.us ; S F jusqu'à Roosevelt Island, depuis Roosevelt Island Tramway Station, 2nd Ave au niveau de E 60th St)

Se restaurer

Totto Ramen

JAPONAIS $

11 PLAN P. 156, C2

Il existe deux autres établissements dans Midtown mais les puristes se pressent dans celui d'origine (20 couverts). Notez votre nom et le nombre de personnes sur le bloc-notes et attendez votre tour. Le *char siu* (porc) fondant comme du beurre est sublimé dans des plats comme le *ramen* au miso (avec pâte de soja fermentée, œuf, échalote, germes de soja, oignon et pâte de piment maison). (212-582-0052 ; www.tottoramen.com ; 366 W 52nd St, entre 8th Ave et 9th Ave ; ramen 14-18 $; 12h-16h30 et 17h30-minuit ; ; S C/E jusqu'à 50th St)

Modern

FRANÇAIS $$$

12 PLAN P. 156, E2

Doté de deux étoiles au Michelin, le Modern propose des créations sophistiquées et efficaces, comme la tarte au foie gras et le gâteau au beurre de cacahuète "fourmis sur une bûche". Le service est aimable, dans un espace très lumineux, avec d'immenses fenêtres donnant sur le jardin de sculptures.

Si vos moyens sont limités, optez pour une formule moins onéreuse (menu 3 plats 75 $) au Bar Room adjacent : le lieu est très populaire également, mais l'éclairage un peu faible ne met pas autant en valeur la nourriture. Le Modern dispose de sa propre entrée dans W 53rd St. Réservez un mois à l'avance pour le restaurant. Les fans de *Sex and the City* se souviendront peut-être que Carrie annonça ici son mariage imminent avec M. Big. (212-333-1220 ; www.themodernnyc.com ; 9 W 53rd St, entre 5th Ave et 6th Ave ; déj 3/6 plats 138/188 $, dîner 6 plats 188 $; restaurant 11h30-14h et 17h-21h30 lun-jeu, jusqu'à 22h30 ven-sam, fermé le dim, bar 11h30-22h lun-mer, 11h30-22h30 jeu-sam, 11h30-14h30 dim ; ; S E, M jusqu'à 5th Ave-53rd St)

O Ya

SUSHIS $$$

13 PLAN P. 156, F6

Pour deux *nigiri*, il vous faudra débourser près de 15 $ minimum : on ne vient pas ici tous les jours, mais pour une soirée particulière, n'hésitez pas. Les sushis aux saveurs exceptionnelles sont absolument magnifiques et le poisson fond dans la bouche. (212-204-0200 ; www.o-ya.restaurant ; 120 E 28th St ; nigiri 6-25 $; 17h30-22h lun-sam ; S 4/6 jusqu'à 28th St)

NoMad

AMÉRICAIN **$$$**

14 PLAN P. 156, E6

Sis dans l'hôtel du même nom et géré par les chefs du restaurant étoilé Eleven Madison Park (p. 139), le NoMad est devenu l'un des hauts lieux culinaires de Manhattan. Dans une série d'espaces très différents – dont un élégant salon et une bibliothèque réservée aux en-cas –, vous pourrez déguster des délices comme le chevreuil saisi et le cochon de lait au confit d'endives et dattes. Il faut réserver. (☎212-796-1500 ; www.thenomadhotel.com ; NoMad Hotel, 1170 Broadway, au niveau de W 28th St ; plats 28-46 $; ⏱12h-14h et 17h30-22h30 lun-jeu, jusqu'à 23h ven, 11h-14h30 et 17h30-23h sam, jusqu'à 22h dim ; S N/R, 6 jusqu'à 28th St ; F/M jusqu'à 23rd St)

Le Bernardin

PRODUITS DE LA MER **$$$**

15 PLAN P. 156, D2

Malgré une légère rénovation qui visait à toucher une "clientèle plus jeune" (le triptyque de l'océan en pleine tempête est l'œuvre de l'artiste de Brooklyn Ran Ortner), ce trois-étoiles au guide Michelin reste une table gastronomique luxueuse. Les fruits de mer dressés avec sobriété par le célèbre chef Éric Ripert font voyager les papilles. La vie est courte et on ne vit (ou mange !) qu'une fois. (☎212-554-1515 ; www.le-bernardin.com ; 155 W 51st St, entre 6th Ave et 7th Ave ; formule déj/dîner 93/165 $, menu dégustation 170-198 $; ⏱11h45-14h30 et 16h45-22h30 lun-jeu, jusqu'à 23h ven, 16h45-23h sam ; S 1 jusqu'à 50th St, B/D, E jusqu'à 7th Ave)

Totto Ramen (p. 163)

MICHAEL TALALAEV/GETTY IMAGES ©

Hangawi

COREÉN $$

16 PLAN P. 156, E6

Déchaussez-vous à l'entrée, pénétrez dans un espace zen et installez-vous sur des coussins pour déguster des plats coréens végétariens aux saveurs complexes, au son d'une musique méditative. Au programme : champignons shiitaké farcis, pancakes aux champignons et *kimchi* épicé et tofu divinement soyeux avec sauce au gingembre. À midi, le menu de 4 plats coûte 26 $. (212-213-0077 ; www.hangawirestaurant.com ; 12 E 32nd St, entre 5th Ave et Madison Ave ; plats déj 13-29 $, dîner 19-30 $; 17h30-22h15 lun, 12h-14h30 et 17h30-22h15 mar-jeu, jusqu'à 22h30 ven, 13h-22h30 sam, 17h-21h30 dim ; ; S B/D/F/M, N/Q/R/W jusqu'à 34th St-Herald Sq)

Burger Joint

HAMBURGERS $

17 PLAN P. 156, D1

Seule l'enseigne lumineuse en forme de hamburger indique ce petit snack dissimulé derrière le rideau de l'hôtel Parker New York. S'il n'est plus aussi branché et secret qu'avant (vous verrez la file d'attente), on y trouve toujours des murs couverts de graffitis, des box rétro et un personnel décontracté préparant des hamburgers avec génie. (212-708-7414 ; www.burgerjointny.com ; 119 W 56th St, entre 6th Ave et 7th Ave ; hamburgers 9-17 $; 11h-23h30 dim-jeu, 11h-minuit ven-sam ; ; S F jusqu'à 57th St)

Great Northern Food Hall

MARCHÉ ALIMENTAIRE $

Installé dans le beau Vanderbilt Hall de style Beaux-Arts, ce vaste marché alimentaire met la barre très haut dans Grand Central Terminal (voir 1 plan p. 156, F4). Asseyez-vous sur un tabouret sous le lustre glamour et dégustez un verre de vin, une bière danoise ou un café artisanal. Les bouchées gastronomiques mêlent les saveurs scandinaves aux produits new-yorkais. Horaires différents selon les stands. (www.greatnorthernfood.com ; 89 E 42nd St, au niveau de Park Ave ; sandwichs 7-12 $; 7h-23h lun-ven, 6h-20h sam-dim ; ; S S, 4/5/6, 7 jusqu'à Grand Central-42nd St, Metro North jusqu'à Grand Central-42nd St)

Smith

AMÉRICAIN $$

18 PLAN P. 156, G2

Cette brasserie animée se distingue par son intérieur au style industriel chic, son bar propice aux rencontres et sa cuisine bien exécutée. Les menus de saison marient nostalgie américaine et inspiration italienne (frites accompagnées d'une sauce au bleu, poulet frit épicé et sa salade de chou kale ou œufs à la sicilienne avec artichauts, épinards et sauce tomate épicée). (212-644-2700 ; thesmithrestaurant.com ; 956 Second Ave, au niveau de E 51st St, Midtown East ; plats 22-33 $; 7h30-minuit lun-jeu, 7h30-1h ven, 9h-1h sam, 9h-minuit dim ; ; S 6, E/M jusqu'à 51st St)

Mercado Little Spain AIRE DE RESTAURATION $$

19 PLAN P. 156, B6

Le virtuose des fourneaux José Andrés s'est lui aussi lancé dans la tendance des food hall européens – comme Eataly (p. 140) ou Le District (p. 55) – en créant cet effervescent marché à l'espagnole. Explorez la variété de la cuisine ibérique dans les différents établissements (avec service à table), complétés d'une dizaine de stands proposant des spécialités comme le *jamón*, la paella, les tapas, les fruits de mer et les *pasteles* (pâtisseries) ; impressionnante sélection de vins espagnols et bien plus encore. (646-495-1242 ; www.littlespain.com ; 501 W 30th St, au niveau de Tenth Ave, Hudson Yards, Midtown ; plats à partir de 12 $; 7h-22h dim-jeu, 7h-23h ven-sam ; ; S 7 jusqu'à 34th St-Hudson Yards)

Margon CUBAIN $

20 PLAN P. 156, D3

On se croirait encore en 1973 dans cette cantine cubaine où le Formica orange et les plats roboratifs ne sont jamais passés de mode. Allez droit au but avec le légendaire sandwich *cubano* (garni de rôti de porc, salami, fromage, pickles, sauce *mojo* et mayonnaise). Un délice à la limite de l'indécence. (212-354-5013 ; 136 W 46th St, entre Sixth Ave et Seventh Ave ; sandwichs 9-10 $, plats 11-14 $; 6h-17h lun-ven, 7h-17h sam ; S B/D/F/M jusqu'à 47th-50th St-Rockefeller Center)

Prendre un verre

The Campbell BAR À COCKTAILS

En 1923, ce lieu dissimulé était le bureau du financier américain John W. Campbell. Il devint ensuite un bureau d'aiguilleur, une prison puis une armurerie avant de sombrer dans l'oubli. En 2017, il fut restauré et retrouva son prestige d'antan au sein de Grand Central Terminal (voir 1 plan p. 156, F4), avec une incroyable fresque peinte à la main au plafond et le coffre-fort original de Campbell dans la cheminée. En sirotant votre cocktail, vous aurez le sentiment d'attendre l'arrivée de Rockefeller ou de Carnegie. (212-297-1781 ; www.thecampbellnyc.com ; Grand Central Terminal, Hall D, 89 E 42nd St ; 12h-2h ; S S, 4/5/6, 7 jusqu'à Grand Central-42nd St)

Robert BAR À COCKTAILS

21 PLAN P. 156, C1

Au 9e étage du **Museum of Arts & Design** (MAD ; 212-299-7777 ; www.madmuseum.org ; adulte/enfant 16 $/gratuit, sur don 18h-21h jeu ; 10h-18h mar, mer, ven-dim, 10h-21h jeu ;), le Robert est un restaurant américain chic au décor années 1960. La cuisine est bonne, mais venez plutôt en fin d'après-midi ou après le dîner pour admirer Central Park en sirotant un MAD Manhattan (bourbon, vermouth à l'orange et cerises à l'eau-de-vie). Concerts de jazz (consultez le site Internet). (212-299-7730 ; www.robertnyc.com ; /2 Columbus Circle, entre 8th Ave et Broadway ; 11h30-22h lun-mar, 11h30-23h mer-ven, 10h30-23h sam, 10h30-22h dim ; S A/C, B/D, 1 jusqu'à 59th St-Columbus Circle)

Bar Centrale

BAR

22 PLAN P. 156, C3

Aménagé dans un ancien édifice en grès brun, ce bar sans enseigne, à l'atmosphère intimiste, est très prisé des comédiens de Broadway : une fois le rideau tombé, ils y viennent souvent pour décompresser dans une ambiance jazzy. Il faut absolument avoir des places assises, donc mieux vaut téléphoner au préalable (les réservations sont enregistrées jusqu'à une semaine à l'avance). En haut des escaliers, à gauche de Joe Allen's. (212-581-3130 ; www.barcentralenyc.com ; 324 W 46th St, entre Eighth Ave et Ninth Ave, Midtown West ; 17h-23h30 ; S A/C/E jusqu'à 42nd St-Port Authority)

Industry

GAY

23 PLAN P. 156, C2

Cet ancien parking est aujourd'hui l'un des bars gays les plus tendance de Hell's Kitchen, un établissement chic de plus de 370 m² comprenant de jolis salons, un billard et une scène pour les excellentes drag-queens. Venez de 17h à 21h pour profiter de deux boissons pour le prix d'une, ou plus tard pour vous joindre à la foule. Espèces uniquement. (646-476-2747 ; www.industry-bar.com ; 355 W 52nd St, entre 8th Ave et 9th Ave ; 17h-4h tlj ; S C/E, 1 jusqu'à 50th St)

Explorez Koreatown

Organisée autour de W 32nd St entre Fifth Ave et l'intersection de Sixth Ave et Broadway, cette mosaïque de restaurants, boutiques, salons et spas coréens comblera à coup sûr vos envies de *kimchi*. Les commerces sont très nombreux et occupent souvent deux niveaux ; certains ont migré à l'est de Fifth Ave et vers 31st St et 33rd St. Il y a une kyrielle de bars et salles de karaoké – si vous avez envie de chanter jusqu'au petit jour, essayez **Gagopa** (plan p. 156, E6 ; 212-967-5353 ; www.gagopakaraoke.com ; 28 W 32nd St ; salles à partir de 36 $/heure ; 18h30-4h30 lun-jeu, 18h-17h30 ven-sam, 19h-4h30 dim ; S B/D/F/M, N/Q/R/W jusqu'à 34th Street-Herald Sq) – ce tronçon de la rue reste animé jusque tard dans la nuit.

Top of the Strand

BAR À COCKTAILS

24 PLAN P. 156, E5

Pour vivre un moment tout à fait new-yorkais, rejoignez le bar installé sur le toit-terrasse du Marriott Vacation Club Pulse pour siroter un Martini extra dirty. Fréquenté par des clients de tous âges, ce bar doté de confortables salons de jardin évoquant les cabines de plage et d'un toit ouvrant en verre offre une vue inoubliable sur l'Empire State Building. (646-368-6426 ; www.

topofthestrand.com ; Marriott Vacation Club Pulse, 33 W 37th St, entre 5th Ave et 6th Ave, Midtown East ; 17h-minuit dim-lun, 17h-1h mar-sam ; ; S B/D/F/M, N/Q/R jusqu'à 34th St)

Therapy

GAY

25 PLAN P. 156, C2

Occupant plusieurs niveaux, Therapy fut le premier club/lounge gay à attirer les foules à Hell's Kitchen, et il séduit toujours une clientèle nombreuse grâce à ses spectacles quotidiens (des concerts aux interviews avec des stars de Broadway) et sa cuisine de bar correcte, servie du dimanche au vendredi (les quesadillas sont particulièrement appréciées). Les noms des boissons sont très inspirés, par exemple "Oral Fixation" et "Freudian Sip". (212-397-1700 ; www.therapy-nyc.com ; 348 W 52nd St, entre Eighth Ave et Ninth Ave, Midtown West ; 17h-2h dim-jeu, 17h-4h ven-sam ; S C/E, 1 jusqu'à 50th St)

Rum House

BAR À COCKTAILS

26 PLAN P. 156, C3

Cette tranche du vieux New York est réputée pour son choix expert de whiskies et de rhums, à déguster purs ou mariés dans des cocktails impeccables comme "The Escape", une piña colada corsée. Des musiciens jouent tous les soirs, du pianiste solo aux joyeux trios de jazz en passant par les divas aux chansons mélancoliques. Les barmen méticuleux aiment prendre leur temps. (646-490-6924 ; www.therumhousenyc.com ; 228 W 47th St,

Playwrights Horizons (p. 171)

Le théâtre à NYC : Broadway et au-delà

Au début du XXe siècle, de nombreux théâtres ouvrirent autour de Times Square et commencèrent à donner des pièces populaires et des comédies inspirées des premiers vaudevilles. Dans les années 1920, ces œuvres brouillonnes se muèrent en spectacles comme *Show Boat*, une production d'Oscar Hammerstein sur la vie d'artiste à bord d'un bateau à vapeur du Mississippi. En 1943, Broadway connut son premier succès monstre, *Oklahoma!*, qui fut joué 2 212 fois, alors un record.

Aujourd'hui, les comédies musicales jouées dans les 40 théâtres officiels de Broadway sont une composante majeure de la vie culturelle de New York. Pour les petits budgets, les productions off-Broadway sont plus intimes, moins chères et souvent aussi bonnes.

De Shakespeare à David Mamet en passant par de nouveaux dramaturges expérimentaux comme Young Jean Lee, l'offre théâtrale new-yorkaise est loin de se limiter à Broadway. Outre les piliers de Midtown tels le **Playwrights Horizons** (p. 171) et le **Second Stage Theatre** (p. 172), les salles du Lincoln Center et les compagnies plus petites comme **Soho Rep** (Soho Repertory Theatre ; 212-941-8632 ; www.sohorep.org ; 46 Walker St, entre Church St et Broadway, Tribeca ; S A/C/E jusqu'à Canal St, 1 jusqu'à Franklin St) permettent de voir les créations d'auteurs modernes et contemporains.

entre Broadway et 8th Ave ; 12h-4h tlj ; S N/R/W jusqu'à 49th St)

Rudy's Bar & Grill

BAR

27 PLAN P. 156, B3

Un cochon avec une veste rouge marque l'entrée de ce bar qui sert des bières (au pichet) bon marché, à boire sur des banquettes semi-circulaires, et des hot dogs gratuits. Retransmissions de matchs des Knicks (basket), sans le son, et rock classique. (646-707-0890 ; www.rudysbarnyc.com ; 627 9th Ave, au niveau de W 44th St, Midtown West ; 8h-4h lun-sam, 12h-4h dim ; ; S A/C/E jusqu'à 42nd St-Port Authority Bus Terminal)

Sortir

Jazz at Lincoln Center

JAZZ

28 PLAN P. 156, C1

Perché au sommet du Time Warner Center, Jazz at Lincoln Center est composé de trois salles dernier cri : le Rose Theater, de taille moyenne, l'Appel Room, panoramique avec baie vitrée, et le **Dizzy's Club Coca-Cola**, intime et évocateur. Ce dernier accueille des concerts tous les soirs (entrée 5-45 $). La qualité de la musique est souvent exceptionnelle et la vue sur Central Park, éblouissante. (réservations pour le Dizzy's Club Coca-Cola 212-258-9595, billets pour

Broadway pour petits budgets

Le kiosque **TKTS** (Plan p. 156, D3 ; www.tdf.org/tkts ; Broadway, au niveau de W 47th St, Midtown ; 15h-20h lun et ven, 14h-20h mar, 10h-14h et 15h-20h mer, jeu et sam, 10h-14h jeu, 11h-19h dim ; S N/Q/R/W, S, 1/2/3, 7 jusqu'à Times Sq-42nd St) de Times Square propose des tarifs très intéressants, mais rarement pour les shows les plus courus. De nombreux spectacles – dont *Hamilton* (Richard Rodgers Theatre ; Plan p. 156, C3 ; billets 877-250-2929 ; www.hamiltonmusical.com ; 226 W 46th St, entre Seventh Ave et Eighth Ave ; billetterie 10h-20h lun-sam, 12h-18h dim ; S N/R/W jusqu'à 49th St) et *Book of Mormon* (Eugene O'Neill Theatre ; Plan p. 156, C3 ; billets 877-250-2929 ; www.bookofmormonbroadway.com ; 230 W 49th St, entre Broadway et Eighth Ave ; billetterie 10h-20h lun-sam, 12h-18h dim ; S N/R/W jusqu'à 49th St, 1 jusqu'à 50th St, C/E jusqu'à 50th St) – offrent des billets à prix cassés sur tirage au sort quelques heures avant le lever de rideau, mais les places sont limitées. Certains le font aussi sur Internet. Des places debout sont parfois proposées à moindre coût si le spectacle est complet ; renseignez-vous à la billetterie du théâtre.

le Rose Theater et l'Appel Room 212-721-6500 ; www.jazz.org ; Time Warner Center, 10 Columbus Circle, Broadway, au niveau de W 59th St ; S A/C, B/D, 1 jusqu'à 59th St-Columbus Circle)

Carnegie Hall

CONCERTS

29 PLAN P. 156, D1

Le légendaire Carnegie Hall n'est peut-être pas la plus grande salle de concert du monde, ni la plus prestigieuse, mais c'est incontestablement l'une des meilleures en matière d'acoustique. L'**Isaac Stern Auditorium** accueille les pointures de l'opéra, du jazz et du folk. Jazz plus avant-gardiste, pop, musique classique et musique du monde se jouent dans le très populaire **Zankel Hall**. Empreint d'une ambiance intimiste, le **Weill Recital Hall** est dédié à la musique de chambre, aux premières apparitions et aux débats. (212-247-7800 ; www.carnegiehall.org ; 881 7th Ave, au niveau de W 57th St ; visites adulte/enfant 17/12 $; visites 1 heure 11h30, 12h30, 14h et 15h lun-ven, 11h30 et 12h30 sam sept-juin ; S N/R/W jusqu'à 57th St-7th Ave)

Madison Square Garden

SALLE DE CONCERT

30 PLAN P. 156, C5

Des grands noms, comme Kanye West et Madonna, se sont produits sur la plus grande scène de la ville – installée dans le vaste complexe abritant la gare Penn Station. C'est aussi un stade où jouent les New York Knicks (www.nba.com/knicks.com) et les New York Rangers (www.nhl.com/rangers) et qui accueille des combats de boxe, expositions canines et autres manifestations. (MSG, 'the Garden' ; www.thegarden.com ; 4 Pennsylvania Plaza,7th Ave, entre 31st St et 33rd St ; S A/C/E, 1/2/3 jusqu'à 34th St-Penn Station)

Birdland

JAZZ

31 PLAN P. 156, C3

Cet oiseau ("bird") ne manque pas d'élégance et son nom est une référence évidente à la légende du be-bop Charlie Parker (surnommé "Bird"), qui se produisit à l'adresse originale du Birdland, dans 52nd St, tout comme Miles Davis, Thelonious Monk et toutes les stars de l'époque (leurs photos sont accrochées aux murs). Le club de la 44th St est plutôt intime ; venez pour la session Big Band survoltée le vendredi à 17h30. (212-581-3080 ; www.birdlandjazz.com ; 315 W 44th St, entre 8th Ave et 9th Ave ; entrée 25-50 $; 17h-1h tlj ; ; S A/C/E jusqu'à 42nd St-Port Authority Bus Terminal)

Playwrights Horizons

THÉÂTRE

32 PLAN P. 156, B4

Idéal pour voir des œuvres qui pourraient devenir de grands succès, ce vénérable théâtre "d'auteurs" vise à promouvoir des pièces américaines contemporaines. On a notamment pu y applaudir *The Flick* d'Annie Baker (lauréat du prix Pulitzer), *Lobby Hero*, de Kenneth Lonergan, *Clybourne Park*, de Bruce Norris (lauréat d'un Tony Award), ainsi que *I Am My Own Wife* et *Grey Gardens* de Doug Wright. (212-564-1235 ; www.playwrightshorizons.org ; 416 W 42nd St, entre 9th Ave et 10th Ave, Midtown West ; S A/C/E jusqu'à 42nd St-Port Authority Bus Terminal)

Roundabout Theatre Company

THÉÂTRE

33 PLAN P. 156, D3

Le Harold and Miriam Steinberg Center for Theatre est un lieu dernier cri dans lequel la Roundabout Theatre Company propose des œuvres de dramaturges émergents ou établis, ainsi que des reprises de comédies musicales et de pièces classiques. Elle joue aussi certaines productions dans son historique **American Airlines Theatre** dans W 42nd St, au **Stephen Sondheim Theatre** dans W 43rd St et au **Studio 54** dans W 54th St. (212-719-1300 ; www.roundabouttheatre.org ; 111 W 46th St, entre Sixth Ave et Seventh Ave, Midtown West ; S N/Q/R jusqu'à 49th St ; B/D/F/M jusqu'à 47th St-50th St)

Upright Citizens Brigade Theatre

HUMOUR

34 PLAN P. 156, A4

Spectacle humoristique, improvisation et music-hall sont les maîtres mots dans le nouveau lieu de cette institution légendaire, qui accueille régulièrement des directeurs de casting et des

Assister à un show télévisé

Saturday Night Live (www.nbc.com/saturday-night-live). L'une des émissions les plus prisées parmi celles tournées à NYC – il est difficile d'y assister. Tentez votre chance à la loterie d'automne en envoyant un message à snltickets@nbcuni.com en août, ou faites la queue côté 48th St de la Rockefeller Plaza le jour de l'émission, pour la distribution des billets restants à 7h.

The Late Show with Stephen Colbert Les billets peuvent s'acheter en ligne, mais ils sont souvent épuisés le jour de leur mise en vente. Consultez le compte Twitter officiel du *Late Show* (@colbertlateshow) et sa page Facebook pour connaître les dates, généralement annoncées un à deux mois à l'avance.

Last Week Tonight with John Oliver (www.lastweektickets.com). Les billets pour les revues d'actualités mordantes de ce comédien britannique sont disponibles en ligne jusqu'à un mois à l'avance (spectacle le dimanche à 18h30).

Full Frontal with Samantha Bee (www.samanthabee.com). Samantha Bee livre son point de vue drôle et percutant sur le monde politique et les polémiques qui défrayent la chronique. Son émission est enregistrée à 17h45 le mercredi (billets sur Internet).

personnalités de la télévision. L'entrée est bon marché, tout comme le vin et la bière. Des prestations de qualité sont proposées chaque soir, à partir de 18h ou 19h30, et la soirée impro du dimanche (Asssscat 3000) fait toujours fureur. (UCB ; ✆212-366-9176 ; www.ucbtheatre.com ; 555 W 42nd St, entre Tenth Ave et Eleventh Ave, Hell's Kitchen ; gratuit-14 $; 19h30-minuit ; S A/C/E jusqu'à 42nd St-Port Authority)

Caroline's on Broadway HUMOUR

35 PLAN P. 156, D2

Vous reconnaîtrez peut-être cette grande salle aux couleurs vives car nombre de spectacles comiques y ont été filmés. Idéal pour croiser des stars américaines de comédies et de sitcoms. En général, les billets coûtent autour de 20 $. (✆212-757-4100 ; www.carolines.com ; 1626 Broadway, au niveau de 50th St, Midtown West ; S N/R/W jusqu'à 49th St, 1, C/E jusqu'à 50th St)

Second Stage Theater THÉÂTRE

36 PLAN P. 156, C3

Cette compagnie de théâtre à but non lucratif est réputée pour avoir présenté le travail de talentueux écrivains émergents ainsi que des œuvres d'artistes plus connus. Si vous vous intéressez au théâtre américain contemporain de qualité, vous êtes au bon endroit. (Tony Kiser Theater ; billets 212-246-4422 ; www.2st.com ; 305 W 43rd St, au niveau de 8th Ave, Midtown West ; billetterie 12h-18h dim-ven, 12h-19h sam ; S A/C/E jusqu'à 42nd St-Port Authority Bus Terminal)

Shopping

MoMA Museum & Design Stores CADEAUX ET SOUVENIRS

Récemment rénovée, la boutique phare du Museum of Modern Art (p. 154) est une adresse fantastique pour dénicher des souvenirs. Outre des livres splendides (art et architecture, ouvrages culturels et albums pour enfants), vous trouverez des reproductions d'œuvres et des bibelots uniques. Pour le mobilier, les articles pour la maison, les bijoux, les sacs et autres cadeaux artistiques, gagnez le **MoMA Design Store** (10-18h30 tlj), de l'autre côté de la rue. (212-708-9700 ; www.momastore.org ; 11 W 53rd St, entre 5th Ave et 6th Ave ; 9h30-18h30 sam-jeu, jusqu'à 21h ven ; S E, M jusqu'à 5th Ave-53rd St)

Grand Central Market MARCHÉ

37 PLAN P. 156, F4

Il n'y a pas que des trains à Grand Central, mais aussi une allée de 73 m de long bordée d'étals proposant produits frais et artisanaux : pains croustillants, tartes aux fruits, homards, tourtes au poulet, thé en vrac, *antipasti* et cafés torréfiés en grains. On trouve même un stand Murray's Cheese

Grand Central Market

Mode haut de gamme

N'hésitez pas à faire un tour dans les boutiques les plus prisées de la ville pour vous faire une idée des dernières tendances, notamment chez **Opening Ceremony** (p. 82), Issey Miyake, Marc Jacobs, **Rag & Bone** (p. 83), **John Varvatos** (p. 105) et By Robert James.

Vous êtes pressé ou voulez voir plusieurs marques en même temps, rendez-vous dans les grands magasins – vous pourrez ainsi passer un après-midi entier à **Saks Fifth Avenue** (plan p. 156, E2 ; 212-753-4000 ; www.saksfifthavenue.com ; 611 Fifth Ave, au niveau de E 50th St ; 10h-20h30 lun-sam, 11h-19h dim ; S B/D/F/M jusqu'à 47th St-50th St-Rockefeller Center , E, M jusqu'à 5th Ave-53rd St), **Bergdorf Goodman** (plan p. 156, E1 ; 212-753-7300 ; www.bergdorfgoodman.com ; 754 Fifth Ave, entre W 57th St et 58th St ; 10h-20h lun-sam, 11h-19h dim ; S N/R/W jusqu'à 5th Ave-59th St, F jusqu'à 57th St), **Macy's** (plan p. 156, D5 ; 212-695-4400 ; www.macys.com ; 151 W 34th St, au niveau de Broadway, Midtown West ; 10h-22h lun-sam, 10h-21h dim ; S B/D/F/M, N/Q/R/W jusqu'à 34th St-Herald Sq ; A/C/E jusqu'à Penn Station) ou **Bloomingdale's** (plan p. 156, F1 ; 212-705-2000 ; www.bloomingdales.com ; 1000 Third Ave, au niveau de E 59th St ; 10h-20h30 lun-sam, 11h-19h dim ; ; S 4/5/6 jusqu'à 59th St ; N/R/W jusqu'à Lexington Ave-59th St).

qui vend des merveilles. (www.grandcentralterminal.com/market ; Grand Central Terminal, Lexington Ave, au niveau de 42nd St, Midtown East ; 7h-21h lun-ven, 10h-19h sam, 11h-18h dim ; S S, 4/5/6, 7 jusqu'à Grand Central-42nd St)

Argosy

LIVRES

38 PLAN P. 156, F1

Les librairies de ce genre deviennent aussi rares que les ouvrages qu'elles contiennent. Depuis 1925, cette institution sur six niveaux vend de beaux articles anciens, livres, cartes et monographies d'art. Une belle sélection liée à Hollywood, à l'histoire et à la littérature, des lettres personnelles et livres dédicacés aux affiches publicitaires signées. Pour tous les budgets. (212-753-4455 ; www.argosybooks.com ; 116 E 59th St, entre Park Ave et Lexington Ave, Midtown East ; 10h-18h lun-ven, 10h-17h sam ; S 4/5/6 jusqu'à 59th St, N/Q/R jusqu'à Lexington Ave-59th St)

FAO Schwarz

JOUETS

Lorsque l'enseigne principale de Fifth Ave a fermé ses portes en 2015, les New-Yorkais ont pleuré ce magasin de jouets emblématique, fondé vers 1862 (peut-être vous rappelez-vous la scène de Tom Hanks jouant avec un clavier géant dans le film *Big*). Une nouvelle version plus flamboyante que jamais est née dans le Rockefeller Center (voir 5 plan p. 156, F4) en 2018. Le clavier a fait son retour à l'étage. (800-326-8638 ; www.faoschwarz.com ; 30 Rockefeller Plaza ; 10h-20h lun-jeu, 10h-21h ven-sam, 10h-19h dim ; ; S B/D/F/M 47 St-50 St-Rockefeller Center)

Nepenthes New York

MODE ET ACCESSOIRES

39 PLAN P. 156, C4

Occupant une ancienne boutique de machines à coudre du Garment District, ce collectif japonais culte propose des vêtements pour hommes haut de gamme, de marques telles que Engineered Garments et Needles, réputées pour leur sens du détail et leurs modes de production artisanaux. On notera l'influence des vêtements de travail vintage. Entre autres accessoires, vous trouverez des sacs, cartables, chapeaux, gants, lunettes et chaussures. (212-643-9540 ; www.nepenthesny.com ; 307 W 38th St, entre Eighth Ave et Ninth Ave ; 12h-19h lun-sam, 12h-17h dim ; S A/C/E jusqu'à 42nd St-Port Authority Bus Terminal)

Fine & Dandy

MODE ET ACCESSOIRES

40 PLAN P. 156, B2

Cette minuscule mercerie est spécialiste des accessoires de mode rétro à destination de ceux qui aiment être tirés à quatre épingles. Il y a tout : nœuds papillon, foulards, bretelles brodées, boutons de manchette, épingles de cravate, canotiers en paille, casquettes de livreur de journaux, étuis de cigarettes et chaînes de gousset. (Il y a même des guêtres.) Vous n'aurez jamais vu autant de tweed, tissu écossais, cachemire et losanges concentrés au même endroit. (212-247-4847 ; www.fineanddandyshop.com ; 445 W 49th St, entre Ninth Ave et Tenth Ave, Midtown West ; 11h30-19h30 lun-sam, 12h30-19h30 dim ; S C/E jusqu'à 50th St)

New York Transit Museum Store

CADEAUX ET SOUVENIRS

Pour un souvenir de NYC teinté d'originalité, arrêtez-vous dans cette boutique à côté du bureau du chef de gare à Grand Central Terminal (voir 1 plan p. 156, F4). Vous y trouverez une large gamme d'articles mettant à l'honneur les transports new-yorkais : tasses, T-shirts et casquettes à l'effigie de votre ligne de métro préférée, bijoux fabriqués avec d'anciens jetons, sacs, trousses, trains miniatures, etc. (212-878-0106 ; www.nytransitmuseumstore.com ; Grand Central Terminal, 89 E 42nd St, au niveau de Park Ave, Midtown East ; 8h-20h lun-ven, 10h-18h sam-dim ; S S, 4/5/6, 7 jusqu'à Grand Central-42nd St)

Vaut le détour

MoMA PS1

Pendant branché du Museum of Modern Art de Manhattan, le MoMA PS1 déniche les talents et expose leurs œuvres dans les bâtiments d'une ancienne école. Ici, vous regarderez des vidéos à travers des lames de parquet et vous débattrez du bien-fondé des structures mouvantes tout en scrutant une installation à travers un trou dans le mur. Rien n'est prévisible. L'entrée est gratuite avec un billet du MoMA, dans les 14 jours qui suivent votre visite.

www.momaps1.org

22-25 Jackson Ave, Long Island City

don suggéré adulte/enfant 10 $/gratuit

12h-18h jeu-lun, après-midi Warm Up 12h-21h sam juil à début août

S G, 7 jusqu'à Court Sq, E/M jusqu'à Court Sq-23rd St

Origines et pièces maîtresses du PS1

Le PS1 fit ses débuts dans les années 1970, à l'époque de Dia, de l'Artists' Space et du New Museum, autant d'espaces innovants qui présentaient les mouvements artistiques multimédias alors en plein essor. En 1976, Alanna Heiss – partisane de l'art exposé dans des lieux alternatifs – prit possession de l'ancien bâtiment d'une école publique dans le Queens et invita des artistes tels que Richard Serra, James Turrell et Keith Sonnier à créer des œuvres pour ce site. Le résultat fut l'exposition inaugurale du PS1, intitulée *Rooms*. Il reste de cette exposition les formes ovales de Richard Artschwager qui ponctuent les murs et *The Hole at P.S.1, Fifth Solar Chthonic Wall Temple*, d'Alan Saret, qui canalise la lumière au 3e niveau de l'aile nord.

Les “Warm Up” du samedi

Tous les samedis après-midi, du 4 juillet à la fête du Travail (premier lundi de septembre), déhanchez-vous lors d'un Warm Up, un rendez-vous musical et culturel, l'un des événements les plus branchés de New York. Des hipsters patentés aux mélomanes pointus, on se presse dans la cour du MoMA PS1 pour manger, boire et écouter des groupes, des musiciens expérimentaux et des DJ de haute volée.

Les Sunday Sessions

Pour étancher votre soif de culture, participez à l'une des Sunday Sessions, organisées le dimanche, normalement de novembre à avril (mais le calendrier varie d'une année sur l'autre). Sous forme de conférences, de projections et de spectacles musicaux, la programmation a notamment abordé la comédie expérimentale, les jam-sessions de bruits postindustriels et les danses urbaines latines. Les séances à venir sont annoncées sur le site Internet.

★ À savoir

- Renseignez-vous sur les expositions en cours – le musée peut ne présenter qu'un nombre d'œuvres limité.
- À la librairie, procurez-vous les catalogues des expositions du MoMA, des beaux livres et des magazines dédiés à l'art, au design et aux nouveaux médias.

✕ Une petite pause ?

La chef grecque Mina Stone mitonne une cuisine grecque réconfortante dans le nouveau restaurant du musée, tout simplement nommé **Mina's** (www.minas.nyc ; plats 8-20 $; ⌚12h-18h mer-jeu et sam-dim, 12h-20h ven).

★ Comment y aller

- Le MoMA PS1 est à 5 km à l'est de Times Square, dans le Queens.
- Ⓢ Prenez la ligne E ou M jusqu'à Court Sq-23rd St, ou la 7 jusqu'à Court Sq.

Promenade à pied

Le Queens : Astoria

Le charmant quartier d'Astoria offre des boulevards jalonnés de restaurants, des rues bordées d'arbres, des petites boutiques et des cafés à deux pas de Midtown. Manger ou prendre un verre ici fait partie du plaisir de la visite. Venez plutôt le week-end pour profiter de l'animation.

Comment y aller

Montez à bord du NYC Ferry et descendez à Astoria. Du quai, il faut 7 minutes de marche direction sud pour atteindre le Socrates Sculpture Park.

S Ligne N ou W jusqu'à Broadway.

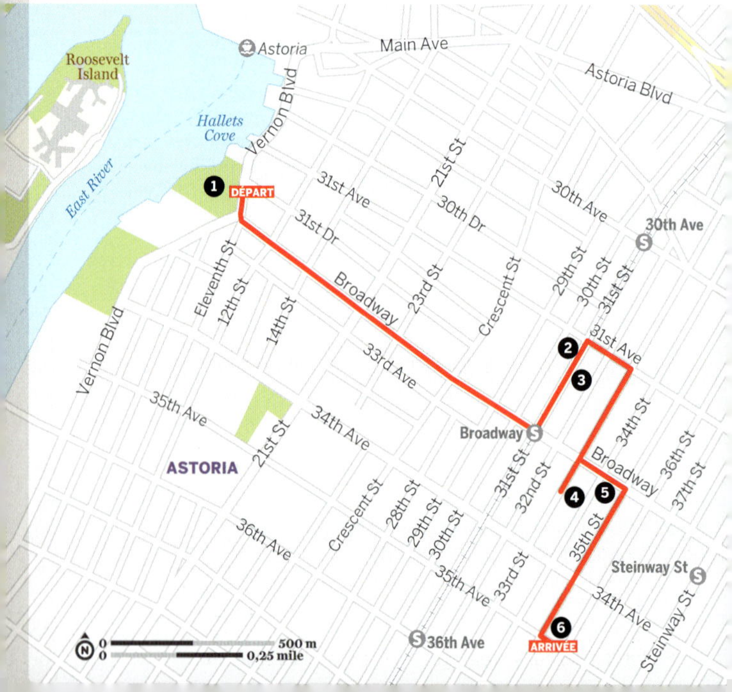

❶ Socrates Sculpture Park

Ponctué d'installations artistiques et de bouleaux, ce joli **parc** (www.socratessculpturepark.org ;32-01 Vernon Blvd ; entrée libre ; 9h-crépuscule) au bord de l'eau procure une belle vue sur Manhattan. On a du mal à croire que c'était autrefois une décharge illégale. Les week-ends d'été, les activités ne manquent pas : yoga, tai-chi, marchés ou encore kayak à Hallets Cove.

❷ King Souvlaki

Suivez les volutes de fumée flottant dans 31st St jusqu'à ce **food truck** (917-416-1189 ; www.kingsouvlakiofastoria.com ; 31st St, au niveau de 31st Ave ; sandwichs 7-10 $; 9h-23h lun, 9h-minuit mar-mer, 9h-5h jeu-sam, 11h-23h dim), l'un des meilleurs d'Astoria, et prenez un pain pita garni de délicieux morceaux de viande (porc, poulet ou bœuf) et de frites, le tout parsemé de feta.

❸ Astoria Bookshop

Cette **librairie** (718-278-2665 ; www.astoriabookshop.com ; 31-29 31st St ; entre 31st Ave et Broadway ; 11h-19h), très appréciée, fait la part belle aux auteurs locaux, avec par exemple des livres sur la cuisine ou la diversité ethnique du Queens, et organise des lectures, des débats et des ateliers d'écriture.

❹ Lockwood

Cette **boutique** (lockwoodshop.com ; 32-15 33rd St ; 11h-20h) regorge d'idées cadeaux et d'objets originaux : tentures murales vintage, poupées en papier à habiller à l'effigie de femmes célèbres, bougies parfumées ou en forme de tête de mort, gourdes décorées, etc. Lockwood possède un empire dans ce coin de rue, avec une papeterie et un magasin de vêtements à proximité immédiate.

❺ Astoria Bier & Cheese

Institution du quartier, cette **épicerie-buvette** (www.milkandhops.com ; 34-14 Broadway ; 12h-23h lun-jeu, 12h-minuit ven et sam, 12h-22h dim) sert un large choix de mets appétissants, notamment de savoureux fromages grillés, des macaronis au fromage, des toasts à l'avocat et des sandwichs originaux garnis de *prosciutto* et autres délices. La sélection de bières artisanales (rotation régulière) remporte encore plus de succès. La terrasse à l'arrière est idéale aux beaux jours.

❻ Sac's Place

Aménagé au sein des Kaufman Astoria Studios, **Sac's Place** (718-204-5002 ; www.sacsplace.com ; 35-11 35th Ave ; pizza à partir de 10,50 $; 11h30-22h lun-jeu, 11h30-23h ven-sam) donne l'impression d'un lieu secret, avec sa porte dérobée installée dans un studio de cinéma. Une fois à l'intérieur, commandez l'une des pizzas emblématiques du Queens – la pizzeria a quitté son emplacement de Broadway pour s'installer ici en 2019.

Explorer

Upper East Side

Quartier résidentiel manucuré et très prisé des classes supérieures de NYC, l'Upper East Side abrite certaines des boutiques les plus onéreuses de la ville, en particulier dans Madison Avenue. Jalonnée de joyaux architecturaux, Fifth Avenue (la Cinquième Avenue) s'étend parallèlement au verdoyant Central Park et abrite la "Museum Mile", l'un des secteurs les plus riches en institutions culturelles de New York.

Notre sélection

- ***Metropolitan Museum of Art (p. 182)*** *Des trésors inestimables, des artefacts égyptiens fascinants aux chefs-d'œuvre de la Renaissance.*
- ***Guggenheim Museum (p. 186)*** *La légendaire rampe hélicoïdale de l'architecte Frank Lloyd Wright.*
- ***Neue Galerie (p. 190)*** *Les somptueuses peintures dorées de Gustav Klimt puis un déjeuner décontracté dans l'élégant café du musée.*
- ***Frick Collection Concerts (p. 197)*** *Un concert de musique classique un dimanche soir, entouré d'œuvres majeures, dans une demeure de style Beaux-Arts.*
- ***Bemelmans Bar (p. 195)*** *Un cocktail dans ce bar raffiné rappelant l'âge d'or du jazz.*

Comment y aller et circuler

S Les trains 4/5/6 circulent le long de Lexington Ave ; la ligne Q remonte Second Ave jusqu'à 72nd St, 86th St et 96th St.

Les bus M1, M2, M3 et M4 descendent Fifth Ave et remontent Madison Ave. Les bus traversant la ville au niveau de 66th St, 72nd St, 79th St, 86th St et 96th St passent par Central Park et gagnent l'Upper West Side.

Plan du quartier p. 188

Metropolitan Museum of Art (p. 182) POLUDZIBER/SHUTTERSTOCK ©

Les incontournables

Metropolitan Museum of Art

Fondé en 1870, le "Met" renferme l'une des plus vastes et des plus importantes collections d'art du monde : plus de 2 millions de pièces, de la civilisation égyptienne antique à l'école flamande, de la sculpture européenne du XIXe siècle aux artistes américains. Plus de 6 millions de visiteurs par an se pressent dans ses 68 800 m² de galeries – ce qui en fait le premier site touristique de New York.

PLAN P. 188, A3

www.metmuseum.org

1000 Fifth Ave (E 82nd St)

Forfait 3 jours adulte/senior/enfant 25/17 $/gratuit

10h-17h30 dim-jeu, 10h-21h ven et sam

S 4/5/6, Q jusqu'à 86th St, 6 jusqu'à 77th St

Art égyptien

Le musée détient une collection inégalable d'objets de l'Égypte antique, dont certains datent du paléolithique. Situées à droite du grand hall, les 39 salles égyptiennes s'ouvrent de manière spectaculaire sur l'une des perles du "Met" : le mastaba de Perneb (prince et prêtre ayant vécu vers 2 300 av. J.-C.), une chambre funéraire de l'Égypte antique édifiée en calcaire. Il est entouré d'un réseau de salles abritant des stèles funéraires, des bas-reliefs et des fragments de pyramides (notamment dans la salle 105, les modèles de la tombe de Meketrê, des figurines en terre cuite destinées à servir le défunt dans l'au-delà), qui débouche sur le temple de Dendour (salle 131). Il se trouve dans un atrium baigné de lumière et doté d'un bassin dans lequel se reflète tout l'environnement : un spectacle à ne pas manquer lors d'une première visite.

Peintures européennes

Vous aimez la Renaissance ? Le Met vous enchantera. Au 2e niveau, les galeries des peintures européennes abritent une collection remarquable de chefs-d'œuvre parmi plus de 1 700 toiles couvrant une période d'environ 500 ans allant du XIIIe au XVIIIe siècle. Tous les peintres importants, de Duccio à Rembrandt, y sont représentés. En réalité, on ne trouve ici que des merveilles. Lors de notre passage, les lucarnes de ces galeries étaient en cours de remplacement afin d'améliorer la qualité de l'éclairage. Une fois les travaux achevés, les heures passées parmi ces œuvres magistrales seront encore plus appréciables.

Art des pays arabes

À l'angle sud-est du 2e niveau, les galeries d'art islamique se composent de 15 salles remarquables, présentant la vaste collection consacrée au Moyen-Orient et à l'Asie centrale

★ À savoir

- N'essayez pas de tout voir, mais concentrez-vous sur quelques collections.
- Louez un audioguide multilingue (adulte/enfant 7/5 $) ou utilisez l'application gratuite disponible sur Smartphone.
- Des bénévoles proposent des visites guidées (gratuites sur présentation du billet d'entrée). Consultez le site Internet ou adressez-vous au guichet d'information.

Une petite faim ?

- Le **Petrie Court Café** (⌚11h-16h30) sert salades, soupes, pâtes et sandwichs chauds ainsi que vin et bons thés dans un cadre lumineux et décontracté offrant une jolie vue sur Central Park.
- Pour un repas économique dans une ambiance new-yorkaise d'antan, rendez-vous non loin au *diner* Lexington Candy Shop (p. 194) pour un burger et un *egg cream soda* (boisson à base de sirop de chocolat, lait et eau gazeuse).

et du Sud. Outre les vêtements, les objets de décoration profanes et les manuscrits, vous découvrirez un magnifique mihrab (niche de prière) du XIVe siècle, provenant d'Iran, ourlé d'une mosaïque sophistiquée en céramique bleu, blanc et jaune (salle 455). Également une superbe gamme de textiles ottomans (salle 459), une **cour marocaine** de style médiéval (salle 456) et la **salle de Damas** (salle 461), du XVIIIe siècle.

Aile américaine

À l'angle nord-ouest, les salles américaines sur 2 étages dévoilent une grande variété d'objets d'art décoratif et d'œuvres d'art couvrant toute l'histoire des États-Unis, allant des portraits de l'époque coloniale aux chefs-d'œuvre de l'Hudson River School, sans oublier l'imposant **Washington Crossing the Delaware** d'Emanuel Leutze (galerie 760).

Art grec et romain

Les 27 salles consacrées à l'Antiquité classique sont incontournables. Depuis le grand hall, un couloir conduit à une salle voûtée bordée de bustes de figures grecques, avant de déboucher sur l'un des plus beaux espaces du musée : la cour des sculptures grecques et romaines (salle 162), où trônent des sculptures de dieux et de personnages historiques en marbre. La statue d'**Hercule** drapé dans une peau de lion, datée de 68-98, est impressionnante.

Aile américaine

Collection d'art grec

Art moderne et contemporain

Les salles situées dans l'angle sud-ouest des 1er et 2e niveaux abritent des œuvres datant du début du XXe siècle jusqu'à nos jours. Tous les grands noms de l'art moderne sont représentés, notamment les maîtres espagnols Picasso (dont la toile cubiste *Nature morte à la bouteille de rhum* est conservée dans la salle 905), Dalí et Miró, ainsi que les peintres américains Georgia O'Keeffe et Edward Hopper. Les dix fresques qui constituent **America Today**, de Thomas Hart Benton, occupent l'intégralité de la salle 909.

Jardin sur le toit

L'un des plus beaux endroits du "Met" est son jardin sur le toit (ouvert d'avril à octobre), qui accueille des installations tournantes d'artistes du XXe siècle et contemporains (comme Jeff Koons, Andy Goldsworthy ou Imran Qureshi). Son principal atout reste pourtant la vue magnifique qu'il offre sur la ville et Central Park. On peut aussi prendre un verre au Cantor Roof Garden Bar (p. 196), de préférence au coucher du soleil.

Les incontournables

Guggenheim Museum

Véritable sculpture en lui-même, le bâtiment en spirale conçu par l'architecte Frank Lloyd Wright à la demande de Solomon R. Guggenheim éclipse presque la collection d'art du XXe siècle qu'il renferme. Avant même son inauguration, l'édifice fut moqué, puis encensé. Les élégantes spirales blanches, d'une modernité très contemporaine, devinrent rapidement un emblème architectural de la ville, apparaissant sur d'innombrables cartes postales, à la télévision et au cinéma.

PLAN P. 188, A1

www.guggenheim.org

1071 Fifth Ave, au niveau de E 89th St

adulte/enfant 25 $/gratuit, don libre en espèces 17h-18h sam

10h-17h30 mer-ven, dim et lun, 10h-20h sam, 10h-21h mar

S 4/5/6, Q jusqu'à 86th St

Des racines abstraites

Le Guggenheim est né de la collection de Solomon R. Guggenheim, un magnat new-yorkais de l'industrie minière qui commença à acquérir des œuvres d'art abstrait à la soixantaine, sur les recommandations d'une baronne allemande excentrique du nom de Hilla Rebay. En 1939, Guggenheim ouvrit un musée temporaire dirigé par Hilla Rebay dans 54th St, baptisé musée de la Peinture non figurative. (Il faut imaginer des murs de velours gris, de la musique classique et des volutes d'encens !) Quatre ans plus tard, les deux partenaires chargèrent Wright de bâtir un lieu pour abriter la collection.

Modernisation

Au début des années 1990, on ajouta sur le côté est du bâtiment une tour de huit niveaux offrant plus de 4 750 m^2 d'espace supplémentaire. Ces salles présentent des pièces de la collection permanente, le bâtiment principal étant consacré aux expositions temporaires.

Le musée possède notamment des œuvres de Kandinsky, Picasso et Jackson Pollock, des tableaux de Monet, Van Gogh et Degas, des sculptures de Constantin Brancusi, des photographies de Robert Mapplethorpe et des œuvres surréalistes offertes par la nièce de Guggenheim, Peggy.

Visite du musée

La rampe hélicoïdale du bâtiment principal accueille des expositions d'art moderne et contemporain. Wright souhaitait que les visiteurs gagnent le sommet puis redescendent tranquillement, mais l'unique ascenseur étant toujours bondé, l'opération est compliquée. Les expositions sont donc installées de bas en haut. Le **Guggenheim Store** vend un excellent choix de livres, affiches, cadeaux et autres objets.

★ À savoir

- L'attente peut être extrêmement longue en toute saison. Arrivez tôt ou gagnez du temps en achetant vos billets à l'avance sur le site Internet.
- Si vous disposez d'un Smartphone, téléchargez l'application gratuite du musée, qui propose des informations sur le bâtiment et les collections en cinq langues.

Une petite faim ?

- Il y a deux bonnes options sur place, intégrées dans le bâtiment d'origine. Le Wright (p. 193), au rez-de-chaussée, est un élégant bistrot de style moderniste servant des plats de saison et des cocktails classiques.
- **Cafe 3** (sandwichs 13,50 $; 10h30-17h dim, lun et mer-ven, 10h30-19h30 mar et sam), au 3e niveau, est doté de fenêtres donnant sur Central Park. Café et en-cas légers mais les prix sont un peu excessifs.

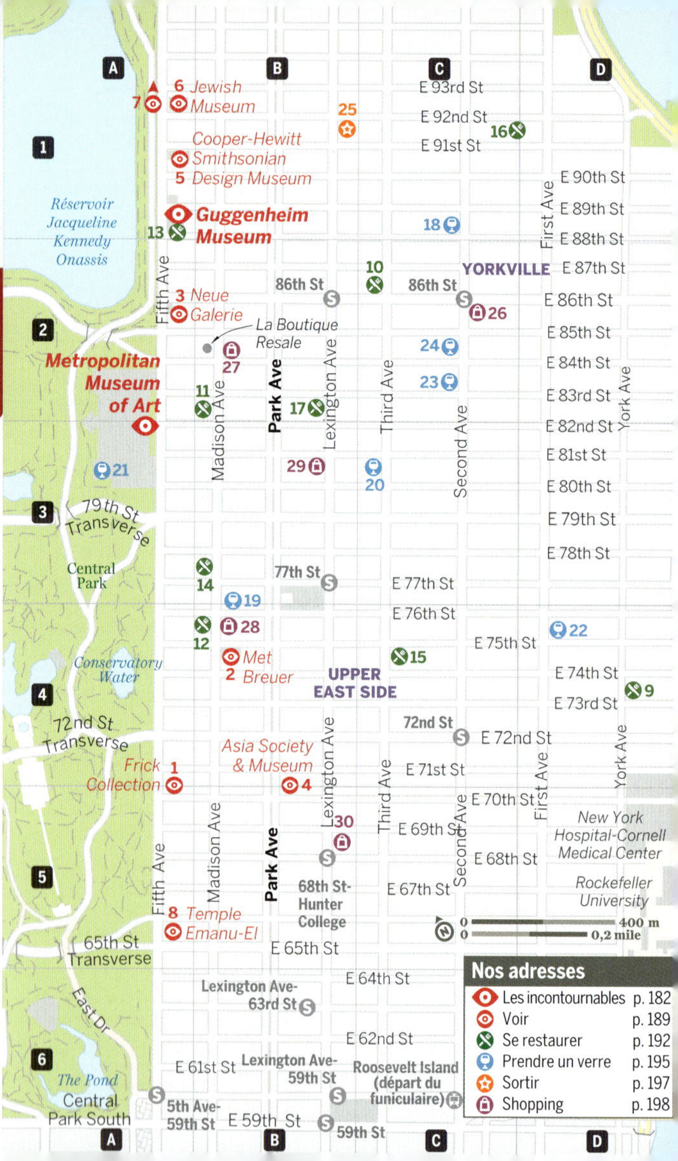
A
B
C
D
1
2
3
4
5
6
6 Jewish Museum
7
25
Cooper-Hewitt Smithsonian Design Museum
5
Guggenheim Museum
13
Réservoir Jacqueline Kennedy Onassis
3 Neue Galerie
La Boutique Resale
27
Metropolitan Museum of Art
11
17
29
20
21
10
16
18
24
23
26
YORKVILLE
86th St
77th St
72nd St
14
19
28
12
22
15
9
2 Met Breuer
UPPER EAST SIDE
Asia Society & Museum
4
Frick Collection
1
30
8 Temple Emanu-El
79th St Transverse
Central Park
Conservatory Water
72nd St Transverse
65th St Transverse
East Dr
The Pond
Central Park South
Fifth Ave
Madison Ave
Park Ave
Lexington Ave
Third Ave
Second Ave
First Ave
York Ave
E 93rd St
E 92nd St
E 91st St
E 90th St
E 89th St
E 88th St
E 87th St
E 86th St
E 85th St
E 84th St
E 83rd St
E 82nd St
E 81st St
E 80th St
E 79th St
E 78th St
E 77th St
E 76th St
E 75th St
E 74th St
E 73rd St
E 72nd St
E 71st St
E 70th St
E 69th St
E 68th St
E 67th St
E 65th St
E 64th St
E 62nd St
E 61st St
E 59th St
68th St-Hunter College
Lexington Ave-63rd St
Lexington Ave-59th St
Roosevelt Island (départ du funiculaire)
5th Ave-59th St
59th St
New York Hospital-Cornell Medical Center
Rockefeller University
0 400 m
0 0,2 mile
Nos adresses
Les incontournables p. 182
Voir p. 189
Se restaurer p. 192
Prendre un verre p. 195
Sortir p. 197
Shopping p. 198

Voir

Frick Collection MUSÉE

1 PLAN P. 188, A4

Construite par le magnat de l'acier Henry Clay Frick, la demeure qui abrite cette spectaculaire collection d'art est l'une des nombreuses résidences qui jalonnent la partie de Fifth Ave surnommée l'"allée des millionnaires". Des chefs-d'œuvre de Titien, Vermeer, Gilbert Stuart, le Greco, Joshua Reynolds, Van Dyck et Rembrandt, des sculptures, des céramiques, des meubles anciens et des horloges sont présentés dans une dizaine de salles splendides. Les amateurs de musique classique apprécieront les concerts de piano et de violon (p. 197) donnés ponctuellement le dimanche soir. (www.frick.org ; 1 E 70th St, au niveau de 5th Ave ; tarif plein/réduit 22/12 $, don libre 14h-18h mer, gratuit 18h-21h 1er ven du mois sauf jan et sept ; 10h-18h mar-sam, 11h-17h dim ; S 6 jusqu'à 68th St-Hunter College)

Met Breuer MUSÉE

2 PLAN P. 188, B4

La branche la plus récente du Metropolitan Museum of Art (p. 182) a été aménagée en 2016 dans l'édifice emblématique de l'ancien Whitney Museum (conçu par Marcel Breuer ; vous pourrez écouter les explications concernant l'architecture sur le site Internet du Met). Les expositions sont consacrées à l'art des XXe et XXIe siècles, avec de la sculpture, des photographies,

Frick Collection

Musées (presque) gratuits

L'Upper East Side abrite certains des meilleurs musées de New York, mais les visiter tous peut vous revenir cher. Toutefois, beaucoup proposent des visites avec contribution libre une fois par semaine, à des horaires spécifiques ; prévoyez votre venue durant ces créneaux afin d'économiser quelques dollars.

Certains sont même accessibles gratuitement à certains moments, comme la Neue Galerie et l'Asia Society & Museum.

des vidéos, du design et des peintures d'artistes américains et internationaux comme Edvard Munch, Claes Oldenburg et Robert Smithson. Le billet pour 3 jours inclut le musée principal et les expositions médiévales aux Cloisters (p. 23). (☎212-731-1675 ; www.metmuseum.org/visit/met-breuer ; 945 Madison Ave, au niveau de E 75th St ; billet 3 jours adulte/senior/enfant 25/17 $/gratuit ; ⏲10h-17h30 mar-jeu et dim, 10h-21h ven et sam ; S 6 jusqu'à 77th St, Q jusqu'à 72nd St)

Neue Galerie MUSÉE

3 ◉ PLAN P. 188, A2

Cette demeure rénovée de Carrère & Hastings datant de 1914 est une vitrine pour l'art allemand et autrichien, avec des œuvres de Paul Klee, Ernst Ludwig Kirchner et d'incroyables collections de Gustav Klimt et Egon Schiele. Au 1er étage, le portrait d'Adele Bloch-Bauer, réalisé en 1907 par Gustav Klimt (acquis pour le musée par le magnat des cosmétiques Ronald Lauder pour 135 millions de dollars), occupe la place d'honneur. Le film *La Femme au tableau* (2015) retrace l'histoire de cette toile. (www.neuegalerie.org ; 1048 5th Ave, au niveau de E 86th St ; tarif plein/étudiant 22/12 $, gratuit 17h-20h 1er ven du mois ; ⏲11h-18h jeu-lun ; S 4/5/6, Q jusqu'à 86th St)

Asia Society & Museum MUSÉE

4 ◉ PLAN P. 188, B4

Fondée en 1956 par John D. Rockefeller (grand collectionneur d'art asiatique), cette institution renferme des collections passionnantes (art bouddhique du Myanmar, rétrospectives de grands artistes chinois, art contemporain d'Asie du Sud-Est), des sculptures jaïnes et des peintures bouddhiques népalaises. **Visites guidées** (incluses dans l'entrée) à 14h du mardi au dimanche toute l'année, et à 18h30 le vendredi, sauf en été. Sachez que le musée est généralement fermé pendant trois semaines environ en août et en juin pour les changements d'expositions. (☎212-288-6400 ; www.asiasociety.org ; 725 Park Ave, angle E 70th St ; adulte/enfant 12 $/gratuit, gratuit 18h-21h ven sept-juin ; ⏲11h-18h mar-dim, jusqu'à 21h ven sept-juin ; S 6 jusqu'à 68th St-Hunter College, Q jusqu'à 72nd St)

Cooper-Hewitt Smithsonian Design Museum MUSÉE

5 PLAN P. 188, A1

Unique musée du pays consacré au design ancien et contemporain, cette maison de la culture, appartenant à la Smithsonian Institution de Washington, est installée dans une demeure de 64 pièces, construite par le milliardaire Andrew Carnegie en 1901. Sa magnifique collection de 210 000 pièces est exposée sur quatre niveaux et couvre 3 000 ans de création. Un beau **jardin** public est accessible depuis le musée. **Visites guidées gratuites** à 11h30 et 13h30 en semaine et à 13h et 15h le week-end. (www.cooperhewitt.org ; 2 E 91st St, au niveau de 5th Ave ; adulte/enfant 18 $/gratuit, don suggéré 18h-21h sam ; 10h-18h dim-ven, 10h-21h sam ; S 4/5/6 jusqu'à 86th St)

Jewish Museum MUSÉE

6 PLAN P. 188, A1

Ce bijou occupe une demeure de style gothique français de 1908 et conserve 30 000 pièces en rapport avec la culture judaïque, notamment des manteaux de Torah et des lampes de Hanoucca, ainsi que des sculptures, des peintures et des arts décoratifs. Les expositions temporaires sont souvent excellentes : on a pu voir des rétrospectives de figures influentes comme Art Spiegelman, Edith Halpert ou Leonard Cohen, ainsi que des présentations dédiées à des maîtres comme Chagall et Modigliani. (212-423-3200 ; www.thejewishmuseum.org ; 1109 5th Ave, entre E 92nd St et 93rd St ; adulte/enfant 18 $/gratuit, sam gratuit, don suggéré 17h-20h jeu ; 11h-17h45 lun-mar et ven, 11h-20h jeu, 10h-17h45 sam-dim ; ; S Q, 6 jusqu'à 96th St)

Museum of the City of New York MUSÉE

7 PLAN P. 188, A1

Ce musée, installé dans une demeure coloniale georgienne, s'intéresse à tout ce qui a trait à la ville de New York. Au rez-de-chaussée, ne manquez pas le documentaire intitulé *Timescapes*, qui retrace la croissance de la Grosse Pomme, passée d'un minuscule comptoir commercial pour les Amérindiens à la métropole d'aujourd'hui. (www.mcny.org ; 1220 5th Ave, entre E 103rd St et 104th St ; adulte/enfant 20 $/gratuit ; 10h-18h ; S 6 jusqu'à 103rd St)

Temple Emanu-El SYNAGOGUE

8 PLAN P. 188, A5

Fondé en 1845 en tant que première synagogue réformée à New York et achevé en 1929, ce temple est aujourd'hui l'un des plus grands lieux de culte juif au monde. L'imposant édifice de style roman, de plus de 50 m de long et 30 m de haut, possède de superbes plafonds peints à la main, avec certains détails en or. Mieux vaut appeler avant de se présenter car la synagogue est régulièrement fermée au public en raison de tous les événements qui peuvent avoir lieu au sein de sa communauté. Les offices (18h vendredi et 10h30 samedi) sont ouverts à tous. (www.emanuelnyc.org ; 1 E 65th St, au niveau de 5th Ave ; entrée libre ; 10h-16h30 dim-jeu, 10h-14h ven ; S 6 jusqu'à 68th St-Hunter College)

Se restaurer

Tanoshi

SUSHIS $$$

9 PLAN P. 188, D4

Difficile de décrocher l'un des 22 tabourets de ce petit restaurant de sushis très populaire. Le cadre est modeste, mais quelle cuisine ! Il y a uniquement des sushis et l'*omakase* (sélection du chef), qui peut inclure des saint-jacques de Hokkaido, du varech salé ou d'alléchants *uni* (oursins). Apportez votre bière, saké ou autre. (www.tanoshisushinyc.com ; 1372 York Ave, entre E 73rd St et 74th St ; sélection de sushis du chef environ 95-100 $; services 18h, 19h30 et 21h mar-sam ; S Q jusqu'à 72nd St)

Café Sabarsky

AUTRICHIEN $$

La file d'attente peut être longue devant cet établissement très convoité de la Neue Galerie (voir 3 plan p. 188, A2), qui évoque un opulent café de la Vienne du début du XXe siècle. Les spécialités autrichiennes, réalisées par le chef étoilé Kurt Gutenbrunner, sont toutes joliment dressées : crêpes à la truite fumée, goulasch et *bratwurst* grillée. La grande carte des desserts comprend une divine *sachertorte* (gâteau au chocolat garni d'une fine couche de confiture d'abricots). (www.neuegalerie.org/cafes/sabarsky ; 1048 5th Ave, au niveau de E 86th St ; plats 19-32 $; 9h-18h lun et mer, 9h-21h jeu-dim ; S 4/5/6 jusqu'à 86th St)

Papaya King

HOT DOGS $

10 PLAN P. 188, C2

Ouvert en 1932, ce restaurant aux néons éclatants est plébiscité pour ses hot dogs savoureux et bon marché et son jus de papaye frais. Essayez le "Homerun", garni de choucroute et de confit d'oignons. (212-369-0648 ; www.papayaking.com ; 179 E 86th St, au niveau de Third Ave ; hot dogs 3-4,50 $; 8h-minuit dim-jeu, 8h-1h ven et sam ; S 4/5/6, Q jusqu'à 86th St)

William Greenberg Desserts

BOULANGERIE $

11 PLAN P188, B2

Cette institution de Manhattan sert les célèbres biscuits noir et blanc, typiques de New York – moelleux et agrémentés d'un glaçage chocolat/vanille, ils existent aussi en version mini, dans une petite boîte facile à rapporter chez soi. Les classiques *egg creams* sont déclinés en trois parfums, et les brownies sont également succulents. Vente à emporter uniquement. (212-861-1340 ; www.wmgreenbergdesserts.com ; 1100 Madison Ave, entre E 82nd St et 83rd St ; viennoiseries à partir de 1,75 $; 8h-18h30 lun-ven,

8h-18h sam, 9h30-16h30 dim ; 🚻 ; S 4/5/6 jusqu'à 86th St)

Café Boulud

FRANÇAIS $$$

12 PLAN P. 188, B4

Installé de longue date, le bistrot étoilé de Daniel Boulud séduit une clientèle plutôt huppée grâce à sa cuisine française revisitée à la sauce internationale. Les menus de saison comportent des classiques comme les paupiettes de bar, ainsi que des plats comme le canard aux griottes et au fenouil. (☎ 212-772-2600 ; www.cafeboulud.com/nyc ; 20 E 76th St, entre 5th Ave et Madison Ave ; 13-29 $, plats 39-52 $; ⏰ 7h-10h30, 12h-14h30 et 17h30-22h30 lun-ven, 8h-10h30, 11h30-14h30 et 17h30-22h30 sam, 8h-10h30, 11h30-15h et 17h-22h dim ; ; S 6 jusqu'à 77th St)

Wright

AMÉRICAIN $$

13 PLAN P188, A1

Le restaurant Wright du Guggenheim (p. 186), qui propose un menu qui change régulièrement, auquel on a pu voir beignets de chou-rave, pâtes maison et saumon brûlé, est quelque peu éclipsé par son sublime environnement moderniste, d'un blanc étincelant. Quatre superbes collages réalisés par Sarah Crowner à partir de tissages ont été installés début 2017. Brunch le week-end. (☎ 212-423-3665 ; www.guggenheim.org ; Guggenheim Museum, 1071 Fifth Ave, au niveau de E 89th St ; plats 20-27 $; ⏰ 11h30-15h30 lun-ven, 11h-15h30 sam-dim ; ; S 4/5/6, Q jusqu'à 86th St)

Cooper-Hewitt Smithsonian Design Museum (p. 191)

Pause (assez) bon marché

L'Upper East Side est l'incarnation même de l'opulence, notamment la partie située entre 60th St et 86th St et entre Park Ave et Fifth Ave. Pour se restaurer et prendre un verre à moindre coût, dirigez-vous à l'est de Lexington Ave. Third Ave, Second Ave et First Ave sont jalonnées d'établissements moins onéreux.

Sant Ambroeus

ITALIEN $$

14 PLAN P. 188, B3

Derrière une façade banale, ce bistrot-café milanais chic au charme suranné possède un long comptoir en granit sur lequel sont servis cappuccinos, pâtisseries et mini-paninis. Dans l'élégante salle à l'arrière on peut déguster des spécialités du nord de l'Italie, comme l'escalope milanaise, le risotto aux fruits de mer ou les tagliatelles *al ragù*. (212-570-2211 ; www.santambroeus.com ; 1000 Madison Ave, entre E 77th St et 78th St ; paninis 7-9 $, plats 21-69 $; 7h-23h lun-ven, 8h-23h sam et dim ; ; S 6 jusqu'à 77th St)

Candle Cafe

VÉGAN $$

15 PLAN P. 188, C4

Les amateurs d'un mode de vie *healthy* se retrouvent dans ce joli café végétalien qui propose une longue liste de sandwichs, des salades, des mets réconfortants et des plats du jour (en fonction du marché). La spécialité de la maison est le *seitan*. Bar à jus, options sans gluten et cocktails bio sont disponibles. (212-472-0970 ; www.candlecafe.com ; 1307 3rd Ave, entre E 74th St et 75th St ; plats 16-22 $; 11h30-22h lun-ven, 11h-22h sam, 11h-21h30 dim ; ; S Q jusqu'à 72nd St)

Drunken Munkey

INDIEN $$

16 PLAN P. 188, C1

Ce lounge animé se fend d'une décoration du Bombay d'antan, avec papier peint vintage, balles de cricket en guise de poignées de porte et serveurs aux tenues décontractées. Les lustres-singes ont un côté facétieux mais personne ne plaisante ici avec les cocktails artisanaux (le gin est à l'honneur) et les savoureux curries. Les plats anglo-indiens comme les côtelettes d'agneau masala façon Bombay et le porc vindaloo à la mode de Goa sont assez épicés. Il faut réserver. (646-998-4600 ; www.drunkenmunkeynyc.com ; 338 E 92nd St, entre 1st Ave et 2nd Ave ; plats 18-34 $; 16h30-2h lun-mar et ven, 16h30-3h mer-jeu, 11h30-3h sam, 11h-2h dim ; ; S Q, 6 jusqu'à 96th St)

Lexington Candy Shop

DINER $

17 PLAN P. 188, B2

Fondé en 1925, ce *diner* mignon à souhait incarne le NYC d'un temps révolu mais malheureusement, il tient désormais davantage de l'attraction touristique que du bar de quartier. Faufilez-vous dans une alcôve ou prenez place devant le long comptoir pour un classique : burger, sandwich au thon ou milk-shake – également des *egg creams* (eau pétillante, lait et sirop aromatisé) concoctés directement à la fontaine à soda à l'ancienne. (212-288-0057 ; www.lexingtoncandyshop.net ; 1226 Lexington Ave, au niveau de E 83rd St ; plats 9,50-19 $; 7h-19h lun-ven, 8h-19h sam, 8h-18h dim ; S 4/5/6, Q jusqu'à 86th St)

Prendre un verre

UES NYC — BAR À COCKTAILS

18 PLAN P. 188, C1

Ce glacier aux couleurs pastel sert de délicieuses crèmes glacées en journée et se transforme en bar clandestin à la tombée de la nuit. Les cocktails (15-25 $) sont baptisés selon des institutions de l'Upper East Side, par exemple "Meet me at the Met" et "2nd Avenue Subway". Sachez qu'une tenue soignée est exigée : les baskets, tongs, jeans déchirés ou T-shirts ne sont pas autorisés. (646-559-5889 ; www.theuesnyc.com ; 1707 Second Ave, entre E 88th et 89th St ; 17h-tard lun-sam ; S Q jusqu'à 86th St)

Bemelmans Bar — BAR LOUNGE

19 PLAN P. 188, B3

Enfoncez-vous dans une banquette en cuir couleur chocolat et imprégnez-vous de l'élégance fastueuse et surannée de ce bar pittoresque – le genre d'endroit où le personnel porte des vestes blanches et sert des martinis, où un pianiste joue sur un demi-queue et où le plafond est doré à la feuille d'or 24 carats. Notez les peintures murales signées Ludwig Bemelman (de la série de livres illustrés *Madeline*). (212-744-1600 ; www.thecarlyle.com ; Carlyle Hotel, 35 E 76th St, au niveau de Madison Ave ; 12h-1h30 ; ; S 6 jusqu'à 77th St)

Flora Bar — BAR

Oubliez qu'il s'agit avant tout d'un bar de musée au sein du Met Breuer (voir 2 plan p. 188, B4) : le Flora est un lounge sophistiqué qui met en lumière l'extravagance architecturale de l'édifice. Installez-vous au comptoir en marbre ou lovez-vous dans un fauteuil moderniste pour contempler cette cathédrale de béton sur deux niveaux ainsi que le gigantesque mur vitré menant à un jardin encastré : une oasis sous Madison Avenue. (646-558-5383 ; www.florabarnyc.com ; Met Breuer, 945 Madison Ave, sous-sol, au niveau de E 75th St ; bar 11h30-15h30 et 17h30-22h, café 10h-17h30 mar-dim ; ; S 6 jusqu'à 77th St, Q jusqu'à 72nd St)

Irving Farm Roasters — CAFÉ

20 PLAN P. 188, C3

Pionnier du café artisanal à New York, cet établissement sert de robustes expressos et des cafés filtres pure origine, ainsi que quelques plats savoureux. (646-861-2949 ; www.irvingfarm.com ; 1424 3rd Ave, au niveau de E 81st St ;

7h-19h lun-ven, 8h-20h sam-dim ; S 6 jusqu'à 77th St, 4/5/6 jusqu'à 86th St)

Cantor Roof Garden Bar

ROOFTOP BAR

21 PLAN P. 188, A3

Personne, pas même un habitant blasé, ne saurait se lasser d'un tel cadre. Aménagé sur le toit-terrasse du Met, ce bar se trouve juste au-dessus de la canopée de Central Park, ce qui garantit un point de vue inégalable sur le parc et la ville. C'est au coucher du soleil que l'ambiance est la plus romantique. (www.metmuseum.org/visit/dining ; Metropolitan Museum of Art, 1000 Fifth Ave, 5e niv., au niveau de E 82nd St ; 11h-16h30 dim-jeu, 11h-20h15 ven-sam mi-avr à oct ; ; S 4/5/6 jusqu'à 86th St)

Pony Bar

BIÈRE ARTISANALE

22 PLAN P. 188, D4

Meilleure adresse de l'Upper Manhattan pour la bière, le Pony Bar propose exclusivement des breuvages artisanaux américains, dont la grande majorité provient de brasseries de l'État de New York. Vous choisirez entre 20 pressions changeant régulièrement dans un cadre où le bois brut est à l'honneur (comptoir, sièges, tonneaux, canoë). Si vous êtes en quête de passionnés de houblon dans l'Upper East Side, ne cherchez pas plus loin. (www.theponybar.com ; 1444 First Ave, entre E 75th St et 76th St ; 15h-4h lun-mar et jeu-ven, 15h-1h30 mer, 12h-4h sam-dim ; S Q/R jusqu'à 72nd St)

Bemelmans Bar (p. 195)

Caledonia — BAR

23 PLAN P. 188, C2

Ce bar sans prétention, faiblement éclairé, sert des whiskies écossais, proposant plus d'une centaine de *single malts* (Highlands, Islands, Islay, Lowlands ou Speyside). Également quelques mélanges et bouteilles produites aux États-Unis, en Irlande et au Japon. (www.caledoniabar.com ; 1609 2nd Ave, entre E 83rd St et 84th St ; 17h-2h lun-jeu, 16h-4h ven-sam, 16h-1h dim, happy hour jusqu'à 19h lun-ven ; S Q, 4/5/6 jusqu'à 86th St)

Ethyl's Alcohol & Food — BAR

24 PLAN P. 188, C2

Ce troquet sympa à l'ambiance années 1970 rappelle le New York artistique et sulfureux, quand le célèbre club punk CBGB n'était pas encore devenu une boutique de mode. (Avec des cocktails à 14 $, l'âge de la modernité est résolument atteint.) Musique des années 1960 et 1970 tous les soirs (en live ou mixée par des DJ), go-go danseuses et spectacles burlesques à l'occasion. En prime, l'inimitable burger *Fi-Dolla* (5 $). (www.ethylsnyc.com ; 1629 2nd Ave, entre E 84th St et 85th St ; 17h-2h lun-mer, 17h-4h jeu, 16h-4h ven-sam, 16h-2h dim ; S Q/R jusqu'à 86th St)

Shopping à moindre coût

Madison Ave ne s'adresse pas à toutes les bourses. Certaines des boutiques les plus clinquantes de la planète jalonnent le tronçon entre 60th St et 72nd St, avec les enseignes des plus grands créateurs du monde, entre autres Gucci, Prada et Cartier. Quelques commerces proposent des articles d'occasion ; pour des grandes marques comme Louboutin, Fendi et Dior, tentez **Michael's** (p. 198) ou **La Boutique Resale** (plan p. 188, B2 ; 212-517-8099 ; www.laboutiqueresale.com ; 1132 Madison Ave, entre E 84th St et 85th St, 2e niv. ; 10h-19h lun-sam, 10h30-18h30 dim ; S 4/5/6 jusqu'à 86th St).

Sortir

Frick Collection Concerts — MUSIQUE CLASSIQUE

Toutes les deux à quatre semaines, l'opulente Frick Collection (voir 1 plan p. 188, A4) accueille un concert du dimanche, à 17h, avec des musiciens de renommée internationale comme le violoncelliste Yehuda Hanani et le violoniste Thomas Zehetmair : consultez la programmation sur le site Internet. (212-547-0715 ; www.frick.org/programs/concerts ; 1 E 70th St, au niveau de Fifth Ave ; 45 $; S 6 jusqu'à 68th St-Hunter College)

92nd Street Y — CENTRE CULTUREL

25 PLAN P. 188, B1

Outre un large éventail de spectacles, lectures et animations pour enfants, ce **centre culturel** à

Le métro de Second Avenue

Prévue depuis près d'un siècle (et objet de moquerie locale depuis des décennies), la ligne de métro de Second Avenue a enfin ouvert le 1er janvier 2017... du moins son premier tronçon. Après 10 ans de travaux et un budget de 4,5 milliards de dollars, 3 kilomètres de voies relient désormais la ligne Q à la ligne F via 63rd St-Lexington Ave, puis continuent le long de Second Ave avec trois nouvelles stations à 72nd St, 86th St et 96th St. Vastes et aérées, celles-ci sont décorées de mosaïques réalisées par les artistes Chuck Close, Jean Shin, Vik Muniz et Sarah Sze. Cette longue attente en valait la peine : la nouvelle ligne transporte 176 000 passagers par jour, et Second Ave (surtout entre 82nd St et 86th St) est désormais devenue un vivier de bars et de restaurants faisant des émules bien au-delà du quartier.

Les habitants de East Harlem attendent toujours la Phase Deux (qui devrait s'achever en 2029), qui se traduira par de nouvelles stations au niveau de 103rd St et 116th St et par une correspondance avec les lignes 4/5/6 et le Metro-North Railroad au niveau de 125th St. Quant aux habitants de Downtown, ils devront être encore plus patients : les Phases Trois et Quatre, qui rallieront Houston St puis Hanover Sq, n'ont pas encore obtenu de financement.

but non lucratif organise des séries de conférences et d'entretiens, animés par des personnalités comme le dramaturge Edward Albee, le violoncelliste Yo-Yo Ma, l'humoriste Steve Martin ou le romancier Salman Rushdie. (☎212-415-5500 ; www.92y.org ; 1395 Lexington Ave, au niveau de E 92nd St ; ⌚billetterie 30 min avant le spectacle ; 👪 ; S Q, 6 jusqu'à 96th St)

Shopping

Schaller & Weber — ALIMENTATION

26 PLAN P. 188, C2

Vestige de l'époque où le quartier de Yorkville était une enclave allemande, cette charcuterie primée vend plus de 15 types de saucisses fabriquées dans son atelier en Pennsylvanie – *bauernwurst*, *weisswurst*, saucisses au poulet, au cheddar, *bangers* irlandais, *kielbasa* polonaises – ainsi que des produits importés d'Europe : fromage, condiments, chocolat, vin et bière. (☎212-879-3047 ; www.schallerweber.com ; 1654 Second Ave, angle E 86th St ; ⌚10h-20h lun-sam, 12h-18h dim ; S Q, 4/5/6 jusqu'à 86th St)

Michael's — VÊTEMENTS

27 PLAN P. 188, B2

En activité depuis les années 1950 et installée dans un nouveau local sur rue depuis 2018, cette boutique prisée de l'Upper East Side est spécialiste des marques haut de gamme comme Chanel, Gucci, Prada et Jimmy Choo. Quasiment tous les articles proposés ont moins de deux ans. Les prix sont élevés mais pas autant que dans les boutiques desdites enseignes dans Madison Ave. (212-737-7273 ; www.michaelsconsignment.com ; 1125 Madison Ave, entre E 84th St et 85th St ; 10h-18h30 lun-sam, 10h-20h jeu, 12h-18h dim, fermé dim juil-août ; S 6 jusqu'à 77th St)

Diptyque

PARFUMS

28 PLAN P. 188, B4

Une oasis olfactive dont vous sortirez en sentant la rose, la glycine, le jasmin, le cyprès ou le bois de santal. La maison parisienne Diptyque crée depuis 1961 des parfums mêlant plantes, fleurs et essences de bois. (212-879-3330 ; www.diptyqueparis.com ; 971 Madison Ave, angle E 76th St ; 10h-19h lun-sam, 11h-18h dim ; S 6 jusqu'à 77th St)

Mary Arnold Toys

JOUETS

29 PLAN P. 188, B3

Depuis plusieurs générations, les enfants du quartier passent beaucoup de temps dans les rayons de ce magasin de jouets, ouvert en 1931. Le choix semble illimité : peluches, figurines de super-héros, kits scientifiques, jeux de société, loisirs créatifs, jouets éducatifs – et même des appareils Lomo pour les amateurs de photographie rétro. (212-744-8510 ; www.maryarnoldtoys.com ; 1178 Lexington Ave, entre E 80th St et 81st St ; 9h-18h lun-ven, 10h-18h sam, 10h-17h dim ; ; S 4/5/6 jusqu'à 86th St)

Métro de Second Avenue au niveau de 72nd Street

Shakespeare & Co

LIVRES

30 PLAN P. 188, B5

Sans rapport avec l'enseigne parisienne du même nom, cette adresse est l'une des meilleures librairies indépendantes de New York. Une imprimante permet d'éditer des titres à la demande. Un petit café sert boissons chaudes et repas légers. (212-772-3400 ; www.shakeandco.com ; 939 Lexington Ave, au niveau de E 69th St ; 7h30-20h lun-ven, 8h-19h sam, 9h-18h dim ; ; S 6 jusqu'à 68th St-Hunter College)

Promenade à pied

Harlem, l'âme de New York

Ce quartier au nord de Manhattan voisine avec le Bronx. C'est ici que Billie Holiday chantait. Ralph Ellison y a rédigé son roman épique sur la vérité et l'intolérance, Homme invisible, pour qui chantes-tu ? L'artiste Romare Bearden y assembla ses premiers collages. Vivant et chaleureux, rêveur et mélancolique, Harlem est le plus profond recoin de l'âme new-yorkaise.

Comment y aller

S Ligne 1 jusqu'à Cathedral Pkwy (110th St)

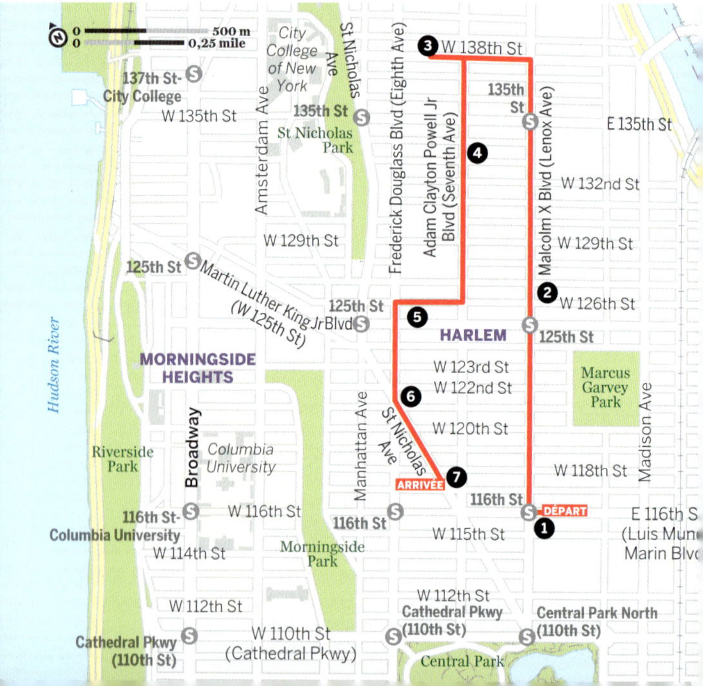

❶ Malcolm Shabazz Harlem Market

Explorez ce **marché** (52 W 116th St, entre Malcolm X Blvd et 5th Ave ; entrée libre ; 🕙10h-20h ; 👪 ; Ⓢ2/3 jusqu'à 116th St) semi-couvert pour ses bijoux, textiles, articles en cuir, huiles et tambours africains.

❷ Sylvia's

Depuis les années 1960, ce **restaurant** (☎212-996-0660 ; www.sylviasrestaurant.com ; 328 Malcolm X Blvd, entre 126th St et 127th St ; plats 15-28 $; 🕙8h-22h30 lun-sam, 11h-20h dim ; Ⓢ2/3 jusqu'à 125th St) spécialiste de la *soul food* du Sud attire habitants, célébrités et même quelques présidents grâce à sa cuisine familiale authentique.

❸ Strivers' Row

Les rues 138th St et 139th St se targuent de **maisons de ville** des années 1890 (W 138th St et 139th St, entre Frederick Douglass Blvd et Adam Clayton Powell Jr Blvd ; Ⓢ B, C jusqu'à 135th St) dans lesquelles ont vécu certaines des plus grandes sommités de Harlem, comme le bluesman WC Handy et le chanteur-danseur Bill "Bojangles" Robinson.

❹ Shrine

Ce **club** incontournable (www.shrinenyc.com ; 2271 Adam Clayton Powell Jr Blvd, entre 133rd St et 134th St ; 🕙16h-4h ; Ⓢ2/3 jusqu'à 135th St) du monde de la nuit à Harlem programme chaque soir des artistes de qualité : calypso, afropunk, électro française, latin jazz ou encore soul pure et dure.

❺ Apollo Theater

L'une des meilleures adresses pour assister à un **concert** (☎billets 800-745-3000, visites 212-531-5337 ; www.apollotheater.org ; 253 W 125th St au niveau de Frederick Douglass Blvd et Adam Clayton Powell Jr Blvd ; à partir de 24 $; Ⓢ A/B/C/D, 2/3 jusqu'à 125th St) à Harlem. Ella Fitzgerald fit ses débuts ici en 1934, lors d'une des premières Amateur Nights du lieu ; ces soirées pour amateurs sont toujours suivies par un public bouillant, chaque mercredi de février à novembre.

❻ Flamekeepers Hat Club

L'âge d'or de Harlem survit dans cette agréable **boutique** (☎212-531-3542 ; www.flamekeepershatclub.com ; 273 W 121st St, au niveau de St Nicholas Ave ; 🕙12h-19h mar et mer, 12h-20h jeu-sam, 12h-18h dim ; Ⓢ A/C, B/D jusqu'à 125th St) où s'alignent d'élégants chapeaux. Le patron Marc Williamson vous trouvera le couvre-chef idéal pour la forme de votre visage.

❼ Minton's

Berceau du be-bop, ce **restaurant et club de jazz** (☎212-243-2222 ; www.mintonsharlem.com ; 206 W 118th St, entre St Nicholas Ave et Adam Clayton Powell Jr Blvd ; 20-25 $ ou minimum 30 $ de consommation au restaurant ; 🕙18h-23h mer-sam, 12h-15h et 18h-22h dim ; Ⓢ B/C, 2/3 jusqu'à 116th St) à l'ambiance formelle fut le fief de Thelonious Monk, Dizzy Gillespie et Charlie Parker. Mettez-vous sur votre trente-et-un pour venir savourer musique et cuisine du Sud.

ABT
WER

Explorer

Upper West Side et Central Park

Les brownstones bordant les rues de l'Upper West Side donnent l'impression de se balader dans une scène de film. Ce quartier familial porte encore l'héritage de ses anciennes communautés, mais il y souffle désormais un vent nouveau, avec des cafés branchés et des enseignes de créateurs. Le verdoyant Central Park s'étend à l'est, tandis que le vivier artistique du Lincoln Center et les nombreux musées sont autant de repères culturels.

Notre sélection

- ***Central Park (p. 204)*** *Un pique-nique, une virée en barque ou une balade pour échapper à la frénésie urbaine.*
- ***Lincoln Center (p. 219)*** *Un éventail artistique infini dans ce centre culturel de première catégorie.*
- ***American Museum of Natural History (p. 210)***. *Certains des plus grands dinosaures ayant existé.*
- ***Nicholas Roerich Museum (p. 210)*** *Un pèlerinage au Tibet dans une belle maison de ville du XIXe siècle.*
- ***Riverside Park (p. 211)*** *Une promenade le long de l'Hudson avec un soleil couchant sur le rivage lointain.*

Comment y aller et circuler

S Lignes 1, 2 et 3 pour les destinations entre Broadway et la rivière ; les lignes B et C sont les plus pratiques pour les musées et Central Park.

Le M104 remonte le long de Broadway et le M10 le long de la limite ouest du parc. Les lignes qui traversent la ville au niveau de 66th St, 72nd St, 79th St, 86th St et 96th St se rendent dans l'Upper East Side.

Plan du quartier p. 208

Lincoln Center (p. 169)

Les incontournables

Central Park

Avec ses quelque 340 ha de pelouses, de lacs, de mares et de bois, Central Park semble être le fruit de la nature. C'est faux ! Ce "parc du peuple" dessiné par Frederick Law Olmsted et Calvert Vaux résulte du travail de milliers d'ouvriers qui ont charrié 10 millions de tombereaux de terre pour assécher les marécages et niveler les affleurements rocheux. Plus de 20 ans furent nécessaires à la création de ce superbe refuge.

PLAN P. 208, E4

www.centralparknyc.org

de 59th St à 110th St, entre Central Park West et Fifth Ave

6h-1h

S A/C, B/D jusqu'à n'importe quel arrêt entre 59th St-Columbus Circle et Cathedral Pkwy (110th St)

Strawberry Fields

Ce **jardin** en forme de larme (au niveau de W 72nd St ; S C, B jusqu'à 72nd St) est un mémorial en l'honneur de John Lennon, chanteur des Beatles, qui vivait juste de l'autre côté de la rue dans le **Dakota Building** (1 W 72nd St, au niveau de Central Park West ; S B, C jusqu'à 72nd St) et fut tué par balles ici. Financé par sa veuve, Yoko Ono, il comprend un bosquet d'ormes et une mosaïque arborant simplement le mot "Imagine". Les visiteurs peuvent écouter un audioguide consacré à Strawberry Fields, avec la voix de Yoko (www.centralparknyc.org/imagine).

Bethesda Terrace et le Mall

Les galeries couvertes de **Bethesda Terrace** (de 66th St à 72nd St ; S B, C jusqu'à 72nd St) et la magnifique **fontaine Bethesda** de la 72nd St sont depuis longtemps le point de rendez-vous des New-Yorkais. Au sud, le **Mall** (que l'on voit dans plusieurs films) est une promenade recouverte de grands ormes d'Amérique. Sa partie sud, appelée **Literary Walk**, est jalonnée de statues d'écrivains.

Great Lawn et Ramble

Au centre, la **Great Lawn** (entre 79th St et 85th St ; avr à mi-nov ; S B, C jusqu'à 86th St) est un immense tapis vert bordé de terrains de base-ball et de platanes. C'est ici que le duo Simon & Garfunkel donna son célèbre concert en 1981. Immédiatement au sud-est, le Delacorte Theater (p. 219) accueille chaque année le festival Shakespeare in the Park ; juste à côté, le **Belvedere Castle** (au niveau de W 79th St ; 9h-19h mi-juin à mi-août, 10h-17h mi-août à mi-juin ; S 1/2/3, B, C jusqu'à 72nd St) offre un point de vue imprenable. Plus au sud, le luxuriant **Ramble** (entre 73rd St et 78th St ; S B,C jusqu'à 81st St-Museum of Natural History) est un bon endroit pour observer les oiseaux.

★ À savoir

- Rendez-vous à Central Park Bike Tours (p. 211), à un pâté de maisons au sud du parc, pour des locations de vélos et des circuits guidés.
- Évitez les balades en calèche. Elles sont très chères et les chevaux mènent une triste vie.

Une petite pause ?

- Composez un pique-nique avec les produits gourmands de Zabar's (p. 214), à quelques mètres du parc.
- Dans le parc, vous pouvez manger en plein air à la boulangerie-restaurant **Le Pain Quotidien** (www.lepainquotidien.com ; Mineral Springs Pavilion, en retrait de West Dr ; plats 7,50-17 $; 7h-19h, ferme plus tôt en hiver ; ; S B, C jusqu'à 72nd St). Si vous êtes plus exigeant, préférez un repas à l'élégant Loeb Boathouse (p. 216).

À l'extrémité sud-est, la **Loeb Boathouse** (☎212-517-2233 ; entre 74th St et 75th St ; location barque 15 $/h, 3 $/15 min supp ; ⏰10h-19h ; 👪 ; Ⓢ B, C jusqu'à 72nd St, 6 jusqu'à 77th St) offre un restaurant au bord de l'eau, des barques à louer et des balades en gondole.

Zoo de Central Park

Ce petit **zoo** (☎212-439-6500 ; www.centralparkzoo.com ; Central Park, 64th St, au niveau de 5th Ave ; adulte/enfant 20/15 $, sans l'expérience 4D-Theater 14/9 $; ⏰10h-17h lun-ven, 10h-17h30 sam-dim avr-oct, 10h-16h30 nov-mars ; Ⓢ N/R jusqu'à 5th Ave-59th St) est devenu célèbre après son apparition dans le dessin animé *Madagascar* des studios DreamWorks ; il accueille des pingouins, des léopards des neiges et des lémuriens. L'ambiance bat son plein lors des repas des otaries et des pingouins. Dans le **Tisch Children's Zoo** attenant, les enfants peuvent caresser des alpagas et des chèvres naines, pour leur plus grand bonheur.

Réservoir Jacqueline Kennedy Onassis

Ce réservoir (au niveau de 90th St) occupe presque toute la largeur du parc. Il reflète la silhouette des gratte-ciel alentour pour le plus grand plaisir des joggeurs qui ont fait de son circuit périphérique (2,5 km) leur terrain d'entraînement favori aux beaux jours. Tout près, au croisement de Fifth Ave et 90th St, se dresse la statue de Fred Lebow (fondateur du marathon de New York) observant sa montre.

Vue sur les gratte-ciel de Manhattan depuis Central Park

Point de vue depuis le Belvedere Castle (p. 205)

Conservatory Garden

Vous cherchez un peu de calme ? Les 2,5 ha du **Conservatory Garden** (Central Park, 5th Ave au niveau de E 105th St ; ⌚8h-17h nov-fév, 8h-18h mars et oct, 8h-19h avr et sept, 8h-19h30 ou tard août, 8h-20h mai à mi-août ; **S** 6 jusqu'à 103rd St) forment une des jolies oasis de tranquillité du parc, avec pommiers sauvages, buis et, au printemps, beaucoup de fleurs. Le calme règne partout dans le parc au petit matin et les chants des oiseaux révèlent toute sa richesse ornithologique.

Animations estivales

Pendant l'été, Central Park accueille d'innombrables événements culturels, la plupart gratuits. Les deux plus populaires sont Shakespeare in the Park (p. 219), organisé par le Public Theater, et SummerStage (p. 26), qui propose toute une série de concerts gratuits.

L'histoire de Central Park

Dans les années 1850, cette partie de Manhattan était occupée par des élevages porcins, une décharge, un site d'équarrissage et un village afro-américain. Il a fallu 20 ans à 20 000 ouvriers pour en faire un parc. Aujourd'hui, Central Park compte plus de 24 000 arbres, 55 ha de bois, 21 aires de jeux et 7 plans d'eau. Ce gigantesque poumon vert de la ville attire plus de 38 millions de visiteurs chaque année.

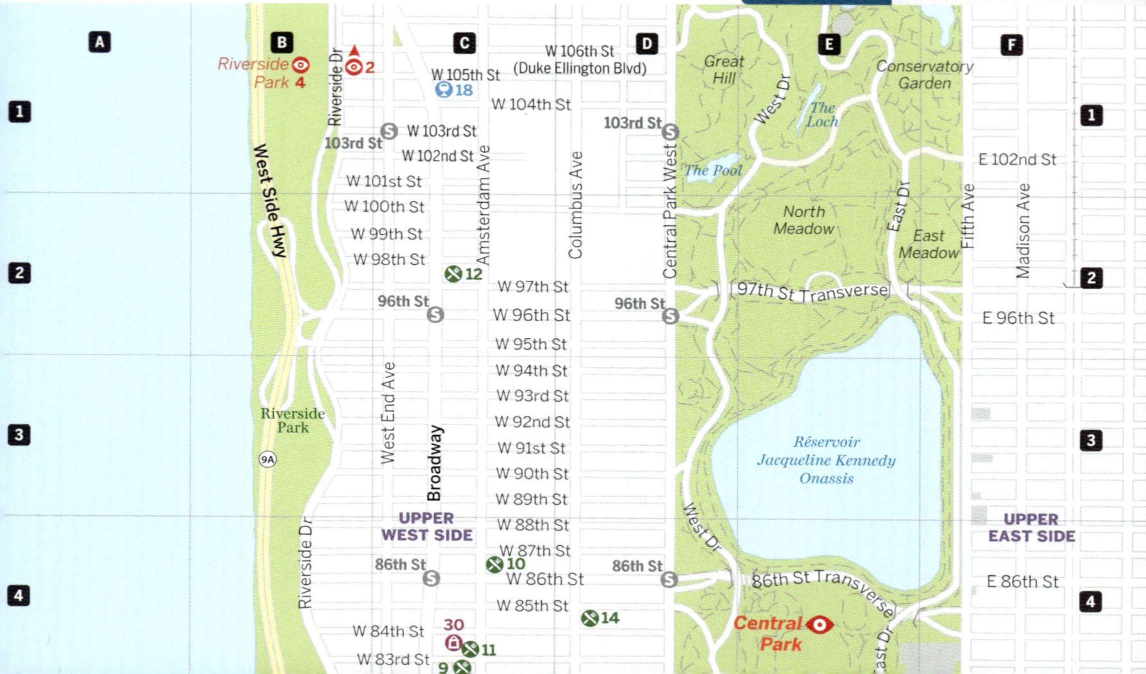
A
B
C
D
E
F
1
2
3
4
Riverside Park 4
2
18
W 106th St
(Duke Ellington Blvd)
W 105th St
W 104th St
Great Hill
Conservatory Garden
The Loch
West Dr
103rd St
W 103rd St
W 102nd St
W 101st St
W 100th St
W 99th St
W 98th St
E 102nd St
The Pool
North Meadow
East Meadow
East Dr
Fifth Ave
Madison Ave
West Side Hwy
Riverside Dr
Amsterdam Ave
Columbus Ave
Central Park West
12
97th St Transverse
96th St
W 97th St
W 96th St
W 95th St
W 94th St
W 93rd St
W 92nd St
W 91st St
W 90th St
W 89th St
W 88th St
W 87th St
W 86th St
W 85th St
E 96th St
West End Ave
Broadway
Riverside Park
9A
Réservoir Jacqueline Kennedy Onassis
UPPER WEST SIDE
UPPER EAST SIDE
86th St
10
86th St Transverse
E 86th St
14
Central Park
W 84th St
W 83rd St
30
11
9

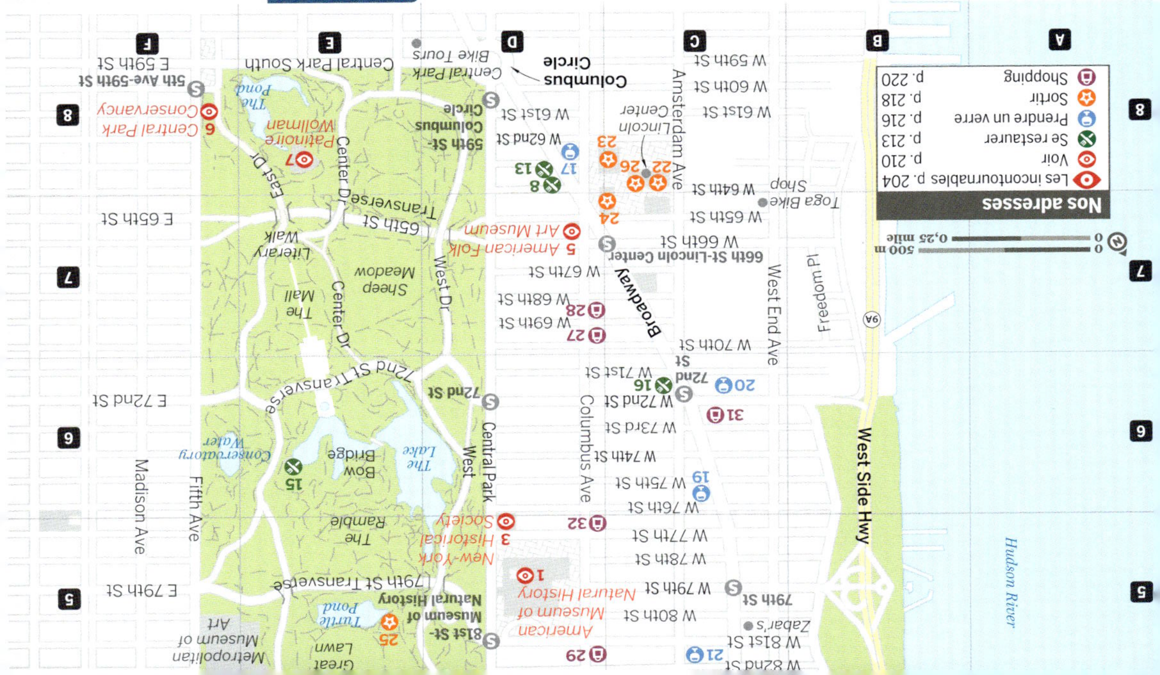
Nos adresses
Les incontournables p. 204
Voir p. 210
Se restaurer p. 213
Prendre un verre p. 216
Sortir p. 218
Shopping p. 220
0 500 m
0 0,25 mile
Hudson River
West Side Hwy
9A
Freedom Pl
West End Ave
Amsterdam Ave
Broadway
Columbus Ave
Central Park West
Fifth Ave
Madison Ave
Central Park South
W 82nd St
W 81st St
W 80th St
W 79th St
W 78th St
W 77th St
W 76th St
W 75th St
W 74th St
W 73rd St
W 72nd St
W 71st St
W 70th St
W 69th St
W 68th St
W 67th St
W 66th St
W 65th St
W 64th St
W 62nd St
W 61st St
W 60th St
W 59th St
E 79th St
E 72nd St
E 65th St
E 59th St
Zabar's
79th St
72nd St
66th St-Lincoln Center
59th St-Columbus Circle
81st St-Museum of Natural History
5th Ave-59th St
Toga Bike Shop
Lincoln Center
Columbus Circle
Central Park Bike Tours
1 American Museum of Natural History
3 New-York Historical Society
5 American Folk Art Museum
6 Central Park Conservancy
7 Patinoire Wollman
Metropolitan Museum of Art
Great Lawn
Turtle Pond
79th St Transverse
The Ramble
The Lake
Bow Bridge
Conservatory Water
72nd St Transverse
The Mall
Literary Walk
Sheep Meadow
West Dr
Center Dr
East Dr
65th St Transverse
The Pond
8 13 15 16 17 19 20 21 22 23 24 25 26 27 28 29 31 32
A B C D E F
5 6 7 8

Voir

American Museum of Natural History

MUSÉE

1 PLAN P. 208, D5

Fondé en 1869, ce musée renferme de véritables trésors : plus de 34 millions d'objets, dont de nombreux squelettes de dinosaures, et le **Rose Center for Earth & Space**, doté d'un planétarium dernier cri. D'octobre à mai, le musée accueille le **Butterfly Conservatory**, une verrière abritant plus de 500 papillons du monde entier qui volent de-ci de-là et se posent sur votre bras. (212-769-5100 ; www.amnh.org ; Central Park West, au niveau de W 79th St ; adulte/enfant 23/13 $; 10h-17h45 ; ; S C jusqu'à 81st St-Museum of Natural History, 1 jusqu'à 79th St)

Nicholas Roerich Museum

MUSÉE

2 PLAN P. 208, B1

Aménagé dans une maison de ville sur 3 étages datant de 1898, cet envoûtant petit musée est l'un des secrets les mieux gardés de Manhattan. Il conserve 150 peintures du prolifique Nicholas Konstantinovich Roerich (1874-1947), un poète, philosophe et peintre né en Russie. Ses œuvres les plus remarquables sont des peintures de l'Himalaya, où il s'installa avec sa famille en 1928. Ces paysages de montagne vous laisseront véritablement bouche bée : les pics tibétains enneigés

American Museum of Natural History

ITZAVU/SHUTTERSTOCK ©

dans des palettes de bleu, blanc, vert et violet ne sont pas sans rappeler Georgia O'Keeffe ou Rockwell Kent. (212-864-7752 ; www.roerich.org ; 319 107th St, entre Riverside Dr et Broadway ; entrée libre ; 12h-17h mar-ven, 14h-17h sam-dim ; S 1 jusqu'à Cathedral Pkwy 110th St)

New-York Historical Society

MUSÉE

3 PLAN P. 208, D5

Fondé en 1804 pour conserver les objets historiques et culturels de la ville, le musée le plus ancien de New York abrite une collection de plus de 60 000 objets décalés et curieux, allant de la chaise d'investiture de George Washington à une coupelle à glace Tiffany (dorée, évidemment) du XIXe siècle. Un lieu dont la visite n'a rien d'ennuyeux. (212-873-3400 ; www.nyhistory.org ;170 Central Park West, au niveau de W 77th St ; adulte/enfant 22/6 $, sur don 18h-20h ven, bibliothèque en accès libre ; 10h-18h mar-jeu et sam, 10h-20h ven, 11h-17h dim ; ; S B, C jusqu'à 81st St-Museum of Natural History)

Riverside Park

PARC

4 PLAN P. 208, B1

Conçu par les créateurs de Central Park, Frederick Law Olmsted et Calvert Vaux, ce ruban de verdure s'étend le long de l'Hudson entre 59th St et 155th St. Pistes cyclables, jeux pour enfants et aires d'exercice pour chiens en font le rendez-vous des familles. On bénéficie d'une jolie vue sur le New Jersey, de l'autre côté du fleuve.(www.riversideparknyc.org ; Riverside Dr, entre W 59th St et 155th St ; 6h-1h ; ; S 1/2/3 jusqu'à n'importe quel arrêt entre 72nd St et 125th St)

Central Park à vélo

Louer un vélo est la meilleure façon d'explorer les 340 ha de Central Park. La grande boucle de Central Park fait 10 km et comporte des secteurs pentus et des parties planes (la moitié nord est généralement plus vallonnée que la moitié sud). Vous trouverez plus de renseignements et un plan du parc sur le site Internet du Central Park Conservancy (www.centralparknyc.org).

Pour les locations, tentez **Central Park Bike Tours** (plan p. 208, E8 ; 212-541-8759 ; www.centralparkbiketours.com ; 203 W 58th St, entre Broadway et 7th Ave ; location vélo adulte à partir de 10,50/28 $, enfant 9/23 $ par heure/jour ; 8h-20h ; ; S 1/2/3 jusqu'à 59th St-Columbus Circle) et **Toga Bike Shop** (Plan p. 208, C7 ; 212-799-9625 ; www.togabikes.com ; 110 West End Ave, entre W 64th St et 65th St ; location journée vélo hybride/route 35/150 $; 11h-19h lun-mer et ven, 11h-20h jeu, 10h-18h sam, 11h-18h dim ; S 1 jusqu'à 66th St-Lincoln Center).

New York dans la littérature et au cinéma

New York a servi de cadre à d'innombrables romans, films et téléfilms. Peintures critiques des relations sociales et raciales ou bluettes à l'eau de rose, ces œuvres n'ont pas simplement valeur de divertissement mais forment une mosaïque à l'image de la ville.

Livres

Les Extraordinaires Aventures de Kavalier et Clay (Michael Chabon, 2000). Ce livre parle de Brooklyn, de l'envie de fuir la réalité et de la famille nucléaire.

Jazz (Toni Morrison, 1992, 10/18). Le prix Nobel de littérature explore les années jazz de Harlem à travers trois destins croisés.

Homme invisible, pour qui chantes-tu ? (Ralph Ellison, 1952, Grasset). Une prose poignante, explorant la situation des Afro-Américains au début du XXe siècle.

L'Attrape-Cœur (J. D. Salinger, 1951, Robert Laffont). Roman initiatique, racontant la fugue et les errances d'un jeune adolescent perturbé à travers New York.

Films

West Side Story (1961). Les Roméo et Juliette des temps modernes dans les rues new-yorkaises où sévissent les gangs.

Taxi Driver (1976). Martin Scorsese filme les tourments d'un chauffeur de taxi, vétéran de la guerre du Vietnam. Palme d'or au festival de Cannes.

Annie Hall (1977). Une comédie romantique de Woody Allen. Récompensée par quatre Oscars.

Gangs of New York (2002). Scorsese fait une incursion dans l'histoire de la ville en évoquant les origines multiethniques de NYC.

Precious (2009). L'histoire d'une adolescente obèse et maltraitée de Harlem, bien décidée à s'en sortir.

American Folk Art Museum

MUSÉE

5 PLAN P. 208, D7

Cette petite institution propose des expositions tournantes dans ses trois galeries. On a notamment pu y découvrir des dessus-de-lit confectionnés par des soldats du XIXe siècle et des sculptures d'un célèbre fabricant de cercueils ghanéen. La boutique de souvenirs est un concentré d'articles artistiques uniques : livres, bijoux, accessoires, foulards, objets de décoration pour la maison, etc. Concerts gratuits les mercredis (14h) et vendredis (17h30). (212-595-9533 ; www.folkartmuseum.org ; 2 Lincoln Sq, Columbus Ave, entre W 65th St et 66th St ; entrée libre ; 11h30-19h mar-jeu et sam, 12h-19h30 ven, 12h-18h dim ; S 1 jusqu'à 66th St-Lincoln Center)

Central Park Conservancy — MARCHE À PIED

6 PLAN P. 208, F8

L'association à but non lucratif qui contribue à l'entretien de Central Park propose aussi une large gamme de circuits guidés à pied dans le parc. Certains sont gratuits (comme "Heart of the Park", qui permet de découvrir les incontournables), d'autres coûtent 15 $ et doivent être réservés. Les circuits partent de différents lieux dans le parc ; consultez le programme sur le site Internet. (212-310-6600 ; www.centralparknyc.org/tours)

Wollman Skating Rink — PATINAGE

7 PLAN P. 208, E8

Cette patinoire est beaucoup plus grande que celle du **Rockefeller Center** ; on peut y patiner tout au long de la journée et son emplacement à la lisière sud-est de Central Park offre un point de vue magique. Location de casier pour 5 $ et entrée payante pour les spectateurs (5 $). Espèces uniquement. (212-439-6900 ; www.wollmanskatingrink.com ; Central Park, entre E 62nd St et 63rd St ; adulte lun-jeu 12 $, ven-dim 19 $, enfant 6 $, location patins 10 $; 10h-14h30 lun-mar, 10h-22h mer-jeu, 10h-23h ven-sam, 10h-21h dim fin oct à début avr ; S F jusqu'à 57 St, N/R/W jusqu'à 5th Ave-59th St)

Se restaurer

Épicerie Boulud — TRAITEUR $

8 PLAN P. 208, D8

Propriété du célèbre chef Daniel Boulud, ce traiteur sort de l'ordinaire : pas de banal sandwich ici, mais du cochon de lait confit, du pain ciabatta garni de jambon de Paris et de gruyère ou de la bavette au paprika, oignons caramélisés et moutarde aux trois graines. (212-595-9606 ; www.epicerieboulud.com ; 1900 Broadway, au niveau de W 64th St ; sandwichs 9,50-14,50 $; 7h-22h lun, 7h-23h mar-sam, 8h-22h dim ; ; S 1 jusqu'à 66th St-Lincoln Center)

Jin Ramen — JAPONAIS $

9 PLAN P. 208, C4

En retrait d'Amsterdam Ave, ce petit établissement effervescent sert de délicieux bols de ramen brûlant. Le ramen au *tonkotsu* (bouillon de porc) remporte tous les suffrages, mais les versions végétariennes sont très tentantes également. Ne faites pas l'impasse sur les entrées : poivrons *shishito*, petits pains au porc et salade d'algues *hijiki*.

Un bagel sinon rien

Paradis des gourmets, la grande épicerie casher **Zabar's** (Plan p. 208, C5 ; 212-787-2000 ; www.zabars.com ; 2245 Broadway, au niveau de W 80th St ; 8h-19h30 lun-ven, 8h-20h sam, 9h-18h dim ; S 1 jusqu'à 79th St) fait partie intégrante de la vie du quartier depuis les années 1930 : divins fromages, viande, olives, caviar, *lox* (saumon fumé), condiments marinés, fruits secs, noix et plats préparés, notamment des bagels de toutes sortes et de moelleux *knishes* (beignets de pommes de terre d'Europe de l'Est) fraîchement cuits.

Le mélange d'éléments en bois rustique, d'ampoules nues et d'éléments industriels rouges donne au lieu une ambiance cosy. (646-657-0755 ; www.jinramen.com ; 462 Amsterdam Ave, entre W 82nd St et 83rd St ; plats 13-19 $; déj 11h30-15h30, dîner 17h-23h lun-jeu, 17h-minuit ven-sam, 17h-22h dim ; ; S 1 jusqu'à 79th St)

Barney Greengrass TRAITEUR $$

10 PLAN P. 208, C4

Autoproclamé "roi de l'esturgeon", le Barney Greengrass sert les mêmes plats copieux d'œufs et de saumon fumé, de caviar, et de babkas au chocolat qui l'ont rendu célèbre il y a un siècle. Dès le matin, installez-vous au milieu des comptoirs bondés pour faire le plein d'énergie en toute décontraction ; à midi, vous pourrez choisir le café attenant, avec service à table. (212-724-4707 ; www.barneygreengrass.com ; 541 Amsterdam Ave, au niveau de W 86th St ; plats 5,25-28 $, plateaux de poisson 37-67 $; traiteur 8h-18h mar-dim, café 8h30-16h mar-ven, jusqu'à 17h sam-dim ; S 1 jusqu'à 86th St)

Café Lalo DESSERTS $

11 PLAN P. 208, C4

Les affiches françaises vintage et les tables à plateau en marbre donnent un air parisien à ce café prisé pour les rendez-vous galants. Ici les desserts tiennent la vedette : comment choisir parmi les dizaines de gâteaux, cheesecakes, tourtes, tartes aux fruits, cookies, mais aussi le sabayon, la mousse au chocolat et bien d'autres gourmandises ? (212-496-6031 ; www.cafelalo.com ; 201 W 83rd St, entre Amsterdam Ave et Columbus Ave ; desserts 5-10 $; 8h-1h lun-jeu, 8h-4h ven, 9h-4h sam, 9h-2h dim ; S 1 jusqu'à 79th St, B, C jusqu'à 81st St-Museum of Natural History)

Awadh INDIEN DU NORD $$

12 PLAN P. 208, C2

Ce sublime restaurant aux couleurs sombres rappelle l'héritage culinaire de Lucknow et la cuisine des Nawabs (aristocrates de religion musulmane). Le chef Gaurav Anand vous transportera jusqu'au sous-continent grâce à ses fabuleux *galouti* kebabs (agneau haché aux épices, fondant dans la bouche, un classique de la cuisine de rue à Lucknow) et à de multiples mets cuisinés façon *dum phukt* : viande et/ou riz cuit à feu doux dans un pot d'argile scellé avec de la pâte. (☎646-861-3241 ; www.awadhnyc.com ; 2588 Broadway, entre W 97th St et 98th St ; plats 13-26 $; ⏲17h-23h lun-ven, 12h-15h et 17h-23h sam-dim ; S 1/2/3 jusqu'à 96th St)

Smith AMÉRICAIN $$$

13 PLAN P. 208, D8

Dans une rue bordée de restaurants en face du Lincoln Center, ce bistrot constamment animé mise sur une cuisine réconfortante de haut vol, aux accents saisonniers : crevettes grillées au taboulé de quinoa, burgers au fromage à raclette et sauce au poivre vert ou ragoût de plat de côtes. Également un bar à crudités et une myriade de boissons. Quand il fait beau, une terrasse est aménagée à l'avant. (☎212-496-5700 ; thesmithrestaurant.com ; 1900 Broadway, au niveau de W 63rd St ; plats 18-47 $; ⏲7h30-minuit lun-jeu, 7h30-1h ven, 9h-1h sam, 9h-minuit dim ; 📶 ; S 1 jusqu'à 66th St-Lincoln Center, A/C, B/D jusqu'à 59th St-Columbus Circle)

Blossom on Columbus VÉGAN $$

14 PLAN P. 208, D4

Le cadre raffiné de ce restaurant végan haut de gamme propulse le menu à base de plantes vers le haut du podium. Choisissez une option purement végétale comme la salade de betteraves jaunes et

Zabar's

rouges rôties, pois chiches, chou kale et canneberges ou un plat plus "carné" comme les côtelettes de seitan au vin blanc, citron et câpres. (212-875-2600 ; www.blossomnyc.com ; 507 Columbus Ave, entre W 84th et 85th St ; plats déj 16-25 $, dîner 19-25 $; 11h30-15h30 et 17h-21h45 lun-sam, à partir de 10h30 dim ; ; S B, C, 1 jusqu'à 86th St)

Lakeside Restaurant at Loeb Boathouse AMÉRICAIN $$$

15 PLAN P. 208, E6

Perché à la pointe nord-est du Central Park Lake et offant une belle vue sur les gratte-ciel de Midtown au loin, le Loeb Boathouse est l'un des lieux les plus idylliques de New York pour un repas. Cela dit, vous paierez pour le cadre. Si la nourriture est globalement savoureuse (le gâteau de crabe est la spécialité ; 21 $), le service manque parfois de chaleur. (212-517-2233 ; www.thecentralparkboathouse.com ; Central Park Lake, Central Park, près de E 74th St ; plats déj 26-38 $, dîner 30-46 $; restaurant 12h-15h45 lun-ven, 9h30-15h45 sam-dim toute l'année, 17h30-21h30 lun-ven, 18h-21h30 sam-dim avr-nov ; S B, C jusqu'à 72nd St, 6 jusqu'à 77th St)

Gray's Papaya HOT DOGS $

16 PLAN P. 208, C6

Ce lieu promet une expérience typiquement new-yorkaise. Fondé par un ancien associé du concurrent situé de l'autre côté de la ville, Papaya King (p. 192) – à la fin d'une soirée arrosée. Pas de places assises, éclairage intense et palette de couleurs très années 1970. Les hot dogs sont simples et bons. (212-799-0243 ; www.grayspapayanyc.com ; 2090 Broadway, au niveau de W 72nd St, entrée dans Amsterdam Ave ; hot dogs 2,95 $; 24h/24 ; S 1/2/3, B, C jusqu'à 72nd St)

Prendre un verre

Empire Rooftop TOIT-TERRASSE

17 PLAN P. 208, D8

Aménagé sur le toit-terrasse de l'Empire Hotel, ce bar raffiné est l'un lieux les plus vastes (750 m^2) de New York pour prendre un verre en frôlant le ciel. La partie couverte d'un toit vitré, lumineuse et agrémentée de canapés et de palmiers, est parfaite en hiver ; le toit est rétractable en été et vous pourrez choisir entre plusieurs terrasses. (www.empirehotelnyc.com ; 44 W 63 St, au niveau de Broadway ; 15h-1h lun-mer, 15h-2h jeu-ven, 11h-2h sam, 11h-1h dim ; ; S 1 jusqu'à 66th St-Lincoln Center)

Plowshares Coffee CAFÉ

18 PLAN P. 208, C1

Plowshares a plongé dans le café en 2008, avec l'ouverture de cet adorable petit paradis de l'expresso, dans le district de Bloomingdale (Upper West Side). Votre café sera concocté avec une machine à expresso Pagani : le modèle Slayer, assemblé à la main et valant 18 000 $ (il en existe autant de versions que

Gray's Papaya

pour les voitures italiennes de la même enseigne). Un bonheur pour les fanas de caféine. (www.plowsharescoffee.com ; 2730 Broadway, entre W 104th St et 105th St ; 7h-19h lun-ven, 8h-19h sam-dim ; S 1 jusqu'à 103rd St)

Owl's Tail

BAR À COCKTAILS

19 PLAN P. 208, C6

Canapés moelleux, sol carrelé et luminaires de style industriel : dans ce bar à cocktails très chic, on se croirait davantage dans le centre de New York que dans l'Upper West Side. Les chouettes (*owl*) sont à l'honneur dans des œuvres évoquant la côte Nord-Ouest, des sculptures en bois et une fresque extraordinaire. Très propice aux interactions, le bar en forme de L invite à goûter les cocktails désaltérants comme le Bicycle Thief (Campari, gin, pamplemousse, citron, sirop de sucre et eau de Seltz). (www.owlstail.com ; 215 W 75th St, entre Broadway et Amsterdam Ave ; 16h30-1h lun-jeu, 16h-2h ven, 11h30-2h sam, 11h30-1h dim ; ; S 1/2/3 jusqu'à 72nd St)

Gebhard's Beer Culture

BIÈRE ARTISANALE

20 PLAN P. 208, C6

L'une des deux branches de Gebhard's (l'autre se trouve à Hell's Kitchen), ce lieu cosy est l'une des brasseries les plus en vue de l'Upper West Side. La plupart des 16 bières artisanales à la pression sont produites à New York, mais certaines viennent de Californie, du Canada et d'aillleurs. Les burgers, tacos, hot dogs et autres classiques de pub permettent d'éponger les excès de houblon. (www.beerculture.nyc/gebhards ; 228 W 72nd St, entre West End Ave et Broadway ; 16h-2h lun, 11h30-2h mar-dim ; S 1/2/3 jusqu'à 72nd St)

Dead Poet

BAR

21 PLAN P. 208, C5

Ce pub étroit et lambrissé d'acajou est apprécié par tout le quartier. Ici on ne plaisante pas avec la Guinness, et les cocktails portent le nom d'auteurs disparus, tel le Long Island Iced Tea de Walt Whitman (14 $). Si vous êtes d'humeur aventureuse, demandez le cocktail maison (15 $), mélange secret de 7 alcools – vous pourrez même garder le verre. (www.thedeadpoet.com ; 450 Amsterdam Ave, entre W 81st St et 82nd St ; 12h-4h ; ; S 1 jusqu'à 79th St)

Sortir

Metropolitan Opera House

OPÉRA

22 PLAN P. 208, C8

Le principal opéra de New York est l'endroit incontournable pour assister à des classiques comme *La Bohème, Madame Butterfly* et *Macbeth*. On y joue aussi des premières et des reprises d'œuvres plus contemporaines, comme *The Death of Klinghoffer* de John Adams. La saison s'étend de septembre à mai. Billets à partir de 25 $ et jusqu'à près de 500 $. (billets 212-362-6000, visites guidées 212-769-7028 ; www.metopera.org ; Lincoln Center, W

David H Koch Theater, fief du New York City Ballet

64th St ; billets 25-480 $; billetterie 10h-22h lun-sam, 12h-18h dim ; S 1 jusqu'à 66th St-Lincoln Center)

New York City Ballet

DANSE

23 PLAN P. 208, C8

Avec ses 90 danseurs, le prestigieux New York City Ballet, fondé dans les années 1930 par le chorégraphe russe George Balanchine, est la plus grande compagnie de danse du pays. Il se produit près de 23 semaines par an sur la scène du David H. Koch Theater du Lincoln Center. Billets de dernière minute à 30 $ pour les moins de 30 ans. La compagnie est surtout connue pour sa représentation annuelle de *Casse-Noisette* pendant les vacances de Noël (billets en vente à partir de septembre : réservez le plus tôt possible). (212-496-0600 ; www.nycballet.com ; Lincoln Center, Columbus Ave, au niveau de W 63rd St ; billets 39-204 $; billetterie 10h-19h30 lun, 10h-20h30 mar-sam, 4h30-19h30 dim ; ; S 1 jusqu'à 66th St-Lincoln Center)

New York Philharmonic

MUSIQUE CLASSIQUE

24 PLAN P. 208, C7

Le plus ancien orchestre professionnel des États-Unis (datant de 1842) se produit tous les ans au David Geffen Hall sous la direction de Jaap van Zweden, qui a succédé à Alan Gilbert en 2017. L'orchestre joue un mélange de classiques (Tchaïkovski, Mahler, Haydn), quelques œuvres contemporaines, et des concerts destinés aux enfants. (212-875-5656 ; nyphil.org ; Lincoln Center, Columbus Ave au niveau de W 65th St ; billets 29-125 $; ; S 1 jusqu'à 66 St-Lincoln Center)

Delacorte Theater

THÉÂTRE

25 PLAN P. 208, E5

Tous les étés, le Public Theater (p. 79) s'installe ici pour présenter ses fabuleuses représentations gratuites dans le cadre de **Shakespeare in the Park** (www.publictheater.org/free-shakespeare-in-

Lincoln Center

Le **Lincoln Center** (212-875-5456, visites guidées 212-875-5350 ; www.lincolncenter.org ; Columbus Ave, entre W 62nd St et 66th St ; visites adulte/étudiant 25/20 $; visites 11h30 et 13h30 lun-sam, 15h dim ; ; S 1, 2, 3 jusqu'à 66th St-Lincoln Center, A/C ou B/D jusqu'à 59th St-Columbus Circle) rassemble certaines des salles de spectacle les plus importantes de Manhattan : le **New York Philharmonic**, le **New York City Ballet** et le **Metropolitan Opera**. Le foyer du légendaire opéra est décoré de fresques flamboyantes du peintre Marc Chagall. Cet ensemble qui s'étend sur 6,5 ha comprend bien d'autres salles, dont un théâtre, deux cinémathèques et la célèbre Juilliard School.

J2R/SHUTTERSTOCK ©

Elinor Bunin Munroe Film Center

the-park ; Central Park ; juin-août ; S A/B/C jusqu'à 81st St-Museum of Natural History), fondé par Joseph Papp en 1954, avant même la construction de ce joli théâtre verdoyant à ciel ouvert. Les spectacles sont généralement merveilleux et l'expérience est magique : si vous venez à New York pour la première fois, la file d'attente pour les billets est un véritable rite de passage. (www.publictheater.org ; Central Park, entrée au W 81st St ; S B, C jusqu'à 81st St-Museum of Natural History)

Film at Lincoln Center CINÉMA

26 PLAN P. 208, C8

L'inestimable fonds cinématographique de la Film Society réunit des joyaux du 7e art, documentaires, longs-métrages, cinéma indépendant, réalisations étrangères ou films d'avant-garde. Les projections du Lincoln Center se font dans deux multiplexes, l'**Elinor Bunin Munroe Film Center** (billetterie 212-875-5232 ; tarif plein/étudiant 15/12 $), plus expérimental et intimiste, et le **Walter Reade Theater**, réputé pour le confort de ses fauteuils. (212-875-5610 ; www.filmlinc.com ; W 65th St, Lincoln Center, entre Broadway et Amsterdam Ave ; S 1 jusqu'à 66th St-Lincoln Center)

Shopping

Icon Style VINTAGE

27 PLAN P. 208, D7

Ce minuscule joyau du vintage est spécialisé dans les bijoux anciens datant des années 1700 à 1970. Également des robes, gants, sacs et chapeaux sélectionnés avec le plus grand soin. La moitié de la boutique est occupée par des vitrines de pharmacie fabuleusement restaurées, et les articles sont présentés dans les tiroirs ouverts. Laissez parler la Grace Kelly qui sommeille en vous. (212-799-0029 ; www.iconstyle.net ; 104 W 70th St, près de Columbus Ave ; 11h-20h mar-ven, 11h-19h sam, 12h-18h dim ; S 1/2/3 jusqu'à 72nd St)

T2 THÉS

28 PLAN P. 208, D7

Si vous aimez le thé, cette enseigne d'origine australienne en vend plus de 150 variétés ainsi que des tisanes. Pour choisir, inutile de renifler les boîtes, les vendeurs vous les feront goûter. (646-998-5010 ; www.t2tea.com ; 188 Columbus Ave, entre W 68th St et 69th St ; 11h-19h ; S 1 jusqu'à 66th St-Lincoln Center, B, C jusqu'à 72nd St)

Book Culture

LIVRES

29 PLAN P. 208, D5

Malgré sa taille et son immense sélection d'ouvrages, cette librairie de quartier baigne dans une ambiance chaleureuse et accueillante. Elle ne s'adresse pas uniquement aux férus de littérature, mais aussi aux visiteurs en quête d'un cadeau : sacs à dos modernes, articles de maison design, objets sur le thème de New York et papeterie originale. Les parents gagneront le vaste rayon jeunesse au rez-de-chaussée ; des lectures en plusieurs langues y sont régulièrement organisées (consultez les horaires sur le site Internet). (212-595-1962 ; www.bookculture.com ; 450 Columbus Ave, entre W 81st St et 82nd St ; 9h-22h lun-sam, 9h-20h dim ; ; S B, C jusqu'à 81st St-Museum of Natural History)

Magpie

ART ET ARTISANAT

30 PLAN P. 208, C4

Cette charmante petite boutique vend de nombreux objets respectueux de l'environnement : papeterie, mugs peints à la main, bougies en cire d'abeille, écharpes en coton biologique, colliers en résine recyclée, carnets à couverture en feutre et puzzles en bois... La plupart des articles sont issus du commerce équitable, local, et à base de matières premières durables. (www.magpienewyork.com ; 488 Amsterdam Ave, entre W 83rd St et 84th St ; 11h-19h lun-sam, 11h-18h dim ; S 1 jusqu'à 86th St)

Westsider Records

DISQUES

31 PLAN P. 208, C6

Avec plus de 30 000 disques, ce magasin a de quoi satisfaire tous les goûts. Ne manquez pas les bacs à 1 $, à l'avant. Un bon endroit pour perdre la notion du temps – il en est de même pour la **librairie** associée (212-362-0706 ; 2246 Broadway, entre W 80th St et 81st St ; 10h-21h ; S 1 jusqu'à 79th St), non loin. (212-874-1588 ; www.westsiderbooks.com ; 233 W 72nd St, entre Broadway et West End Ave ; 11h-19h lun-jeu, 11h-21h ven et sam, 12h-18h dim ; S 1/2/3 jusqu'à 72nd St)

Grand Bazaar NYC

MARCHÉ

32 PLAN P. 208, D5

Rien de plus agréable que de passer le dimanche matin à chiner dans ce marché aux puces, l'un des plus anciens de New York, qui vend un peu de tout, meubles anciens et contemporains, vieilles cartes, lunettes, foulards tissés main, bijoux artisanaux, etc. (212-239-3025 ; www.grandbazaarnyc.org ; 100 W 77th St, près de Columbus Ave ; 10h-17h30 dim ; S B, C jusqu'à 81st St-Museum of Natural History, 1 jusqu'à 79th St)

SUPERIOR SUDS
SUPERIOR SUDS
R&A
BICYCLE
Bicycle
RACING SALES & SERVICE
BICYCLE CENTER
SALES
REPAIRS
SUPPLIES
ALL SPEEDS
ALL SIZES
BICYCLES
FULLY AIR CONDITIONED
COME IN AND ENJOY
99
Back Rub Foot Rub
ONE MASSAGE FOR:
OPEN 7 DAYS A WEEK

Explorer

Brooklyn : Park Slope, Gowanus et Green-Wood Cemetery

Réputé pour ses superbes brownstones, *Park Slope est la partie la plus huppée de Brooklyn, avec des adresses où bruncher et faire du shopping et le superbe Prospect Park (236 ha). À l'ouest du quartier se trouve Gowanus, avec ses bars branchés et ses salles de concert, tandis qu'au sud s'étendent les collines de l'historique Green-Wood Cemetery.*

Notre sélection

- ***Prospect Park (p. 226)*** *Une balade à travers des hectares de bois, prairies, lacs et sentiers.*
- ***Green-Wood Cemetery (p. 226)*** *Un sublime parc de sculptures et de remarquables mausolées.*
- ***Celebrate Brooklyn! Festival (p. 232)*** *Un pique-nique dans l'herbe en écoutant des musiques du monde entier.*
- ***Barbès (p. 231)*** *Jusqu'au bout de la nuit, des rythmes d'Afrique du Nord dans ce petit club jazzy.*
- ***Shopping éclectique (p. 232)*** *Des boutiques originales comme Brooklyn Superhero Supply Co.*

Comment y aller

S Les lignes 2/3, R, F et G longent les limites de Park Slope et Gowanus. Les lignes 4/5, B/D et N/Q s'arrêtent à la plateforme de transports d'Atlantic Ave-Barclays Center.

Plan du quartier p. 224

Brownstones (maisons en grès rouge) de Brooklyn SOLEPSIZM/SHUTTERSTOCK ©

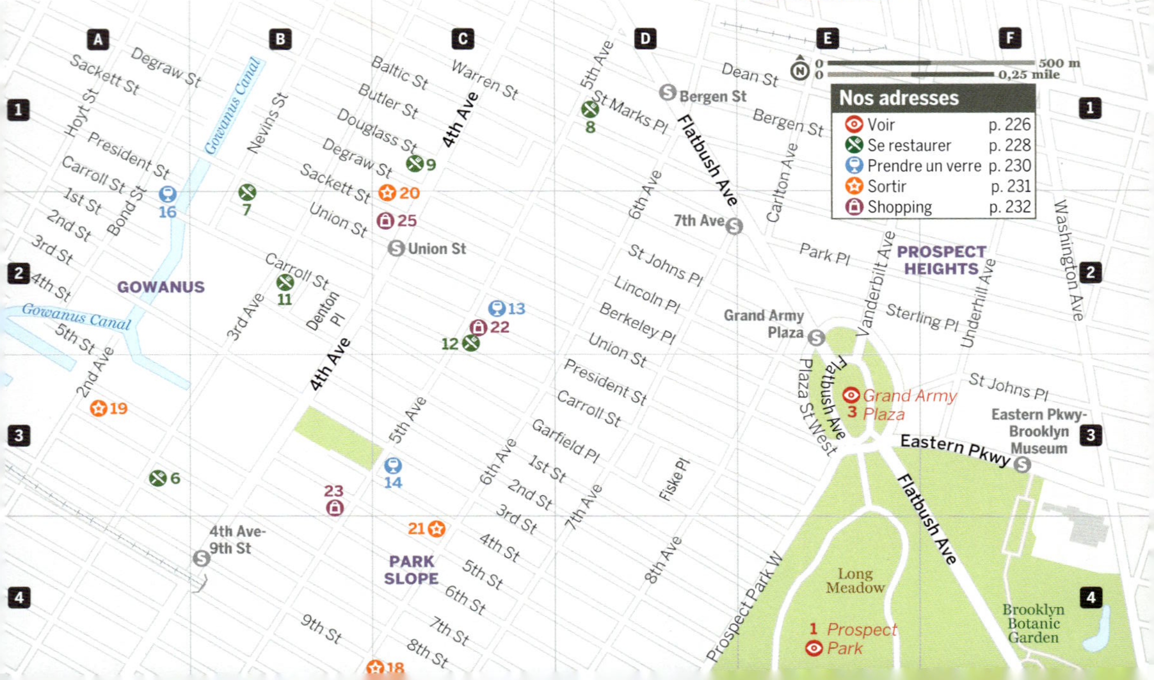
Nos adresses
Voir p. 226
Se restaurer p. 228
Prendre un verre p. 230
Sortir p. 231
Shopping p. 232
500 m
0,25 mile
A
B
C
D
E
F
1
2
3
4
GOWANUS
PARK SLOPE
PROSPECT HEIGHTS
Gowanus Canal
Degraw St
Sackett St
Hoyt St
President St
Carroll St
1st St
Bond St
2nd St
3rd St
4th St
5th St
2nd Ave
Nevins St
Baltic St
Butler St
Douglass St
Sackett St
Union St
Carroll St
Denton Pl
3rd Ave
4th Ave
Warren St
5th Ave
St Marks Pl
6th Ave
Flatbush Ave
Dean St
Bergen St
Carlton Ave
7th Ave
Union St
Bergen St
St Johns Pl
Lincoln Pl
Berkeley Pl
Union St
President St
Carroll St
Garfield Pl
1st St
2nd St
3rd St
4th St
5th St
6th St
7th St
8th St
9th St
7th Ave
Fiske Pl
8th Ave
Prospect Park W
Grand Army Plaza
Park Pl
Vanderbilt Ave
Underhill Ave
Sterling Pl
Washington Ave
St Johns Pl
Plaza St West
Flatbush Ave
Eastern Pkwy
Eastern Pkwy-Brooklyn Museum
4th Ave-9th St
Grand Army
3 Plaza
Long Meadow
1 Prospect Park
Brooklyn Botanic Garden
6
7
8
9
11
12
13
14
16
18
19
20
21
22
23
25

A
B
C
D
E
F
5
6
7
8
PROSPECT PARK
Lefferts Historic House 4
LeFrak Center at Lakeside 5
Green-Wood Cemetery 2
Prospect Park Lake
Prospect Park
Prospect Park Ballfields
Quaker Cemetery
Picnic House
WINDSOR TERRACE
GREENWOOD HEIGHTS
Flatbush Ave
East Dr
Central Dr
Well House Dr
West Dr
Prospect Park W
Prospect Park SouthWest
15th St-Prospect Park
7th Ave
Prospect Ave
Prospect Pkwy
4th Ave
5th Ave
Fifth Ave
6th Ave
7th Ave
8th Ave
10th Ave
11th Ave
10th St
11th St
12th St
13th St
14th St
15th St
16th St
17th St
18th St
19th St
20th St
21st St
22nd St
23rd St
Jackson Pl
Webster Pl
Windsor Pl
Fuller Pl
Howard Pl
Sherman St
Terrace Pl
Seeley St
Vanderbilt St
Reeve Pl
24
10
15
17
27

Voir

Prospect Park
PARC

1 PLAN P. 224, E4

Brooklyn bénéficie de plusieurs espaces verts historiques, bien aménagés et offrant de beaux points de vue, mais le joyau du lot est Prospect Park. Les créateurs de ce parc de 236 ha, Frederick Law Olmsted et Calvert Vaux, le considéraient comme plus abouti que leur autre projet new-yorkais, Central Park. Vous serez peut-être d'accord avec eux après avoir découvert ses allées bordées d'arbres et ses jolis ponts. (718-965-8951 ; www.prospectpark.org ; Grand Army Plaza ; 5h-1h ; S 2/3 jusqu'à Grand Army Plaza, F/G jusqu'à 15thSt-Prospect Park, B, Q jusqu'à Prospect Park, Q jusqu'à Parkside Ave)

Green-Wood Cemetery
CIMETIÈRE

2 PLAN P. 224, A7

Situé sur le point le plus haut de Brooklyn, ce cimetière calme et bucolique couvre près de 193 ha de collines plantées de plus de 7 000 arbres, dont beaucoup ont plus de 150 ans. Son réseau de routes et de sentiers reliant une myriade de tombes, de mausolées et de parcelles boisées en fait l'endroit idéal pour se balader. (718-768-7300; www.green-wood.com ; 500 25th St, au niveau de 5th Ave, Greenwood Heights ; entrée libre ; 8h-17h oct-mars, 7h-19h avr-sept ; P ; S R jusqu'à 25th St)

Grand Army Plaza
MONUMENT

3 PLAN P. 224, E3

La majestueuse entrée de Prospect Park, où Flatbush Ave rencontre le début d'Eastern Pkwy, est un arc de cérémonie créé par l'architecte visionnaire Calvert Vaux dans les années 1890. Il est désormais intégré à un vaste carrefour, un peu en retrait du parc, mais cet arc jadis appelé "Monument aux Soldats et aux Marins" demeure un mémorial très photogénique, dédié aux soldats de l'Union qui combattirent durant la guerre de Sécession. (Flatbush Ave et Eastern Pkwy, Prospect Park ; 6h-minuit ; S 2/3 jusqu'à Grand Army Plaza, B, Q jusqu'à 7th Ave)

Lefferts Historic House
BÂTIMENT HISTORIQUE

4 PLAN P. 224, F5

Au sein de Prospect Park, cette ferme néerlandaise du XVIIIe siècle renferme des pièces d'époque débordant d'outils agricoles, de bouquets d'herbes aromatiques et de céramiques anciennes ; à l'extérieur, le jardin est toujours cultivé. La maison fut déplacée ici au début du XXe siècle ; elle se trouvait auparavant dans Flatbush Ave, dans un quartier désormais nommé Prospect Lefferts Gardens. (718-789-2822 ; www.prospectpark.org/lefferts ; près de Flatbush Ave et Empire Blvd, Prospect Park ; adulte/enfant 3 $/gratuit ; 12h-17h jeu-dim avr-juin, sept-oct, 12h-18h juil-août, 12h-16h sam-dim nov-déc ; ; S B, Q jusqu'à Prospect Park)

Le canal Gowanus

À Brooklyn, le canal Gowanus serpente à l'est de la station de métro aérienne de Smith St-9th St, entourée d'anciens bâtiments industriels… mais il se pourrait bien que vous commenciez par le sentir avant même de le voir. Jadis un ruisseau portant le nom de Gouwane, un chef de la tribu amérindienne des Canarsee, le canal fut utilisé durant de nombreuses années par des navires pour le déchargement des marchandises. Plus tard, les industries locales commencèrent à y déverser leurs déchets non traités, ce qui eut pour conséquence le dépôt d'une épaisse couche de goudron de charbon (appelé "mayonnaise noire") au fond du canal. Des miroitements mauves à la surface – plutôt jolis, tant que l'on ne connaissait pas leur origine – lui valurent son surnom de "lac lavande". En 2009, l'Agence pour la protection de l'environnement (EPA) classa le canal dans la catégorie des sites "Superfund" (sites souillés par des déchets dangereux) ; un important projet de nettoyage devrait s'achever en 2022.

Tandis que le dragage se poursuit, le canal attire de plus en plus de photographes locaux (et l'odeur nauséabonde est moins prononcée que dans le passé). Après des efforts de réaménagement dans les années 2000, le quartier éponyme, bon marché, qui s'étend au nord de Baltic St et à l'est de Fourth Ave devint prisé des artistes qui aménagèrent des ateliers et des salles de concert dans de vastes espaces postindustriels. Du coup, le secteur vit apparaître davantage de bars et restaurants – dont un empruntant malicieusement l'ancien quolibet du canal (p. 231), puis des appartements et une immense succursale de l'épicerie fine Whole Foods – faisant de Gowanus l'un des quartiers de Brooklyn évoluant le plus rapidement.

LeFrak Center at Lakeside

ESPACE LUDIQUE

5 PLAN P. 224, F7

Ajout le plus significatif à Prospect Park depuis sa création, le LeFrak est un espace ludique écoresponsable de 10,5 ha. En hiver, il y a une patinoire et en été une piste de rollers et des jeux d'eau pour les enfants. Des pédalos et des kayaks sont également disponibles (généralement de fin mars à mi-octobre) et différents types de vélos peuvent être loués pour explorer le parc. (☎ 718-462-0010 ; www.lakesideprospectpark.com ; 171 East Dr, près d'Ocean Ave et Parkside Ave, Prospect Park ; patinage 7,25-10 $, location de patins 7 $, location de bateau 16-36 $/heure, location de vélo 13-38 $/heure ; horaires variables ; ; S Q jusqu'à Parkside Ave)

Marché Smorgasburg

Tous les dimanches d'avril à octobre, le marché en plein air **Smorgasburg** (www.smorgasburg.com ; plats à partir de 10 $; Prospect Park 11h-18h dim) s'installe dans Prospect Park, sur Breeze Hill (au sud du centre nautique), avec des dizaines de stands vendant toutes sortes de délicieux produits : délicieux plats afghans, *ramen* burgers, *arepas* colombiennes, pains plats indiens garnis façon tacos, plats éthiopiens végans, glace au caramel salé, limonade à la lavande, bière artisanale et bien plus encore.

Se restaurer

Four & Twenty Blackbirds

BOULANGERIE $

6 PLAN P. 224, A3

Inspirées par leur grand-mère, les sœurs Emily et Melissa Elsen utilisent des fruits locaux et des ingrédients bio pour mitonner les meilleures tartes de NYC, et de loin. Offrez-vous une part : pomme et caramel salé, flan au miel de lavande et autres saveurs évoluant au gré des saisons. (718-499-2917 ; www.birdsblack.com ; 439 Third Ave, angle 8th St, Gowanus ; parts 6 $, tartes entières 42 $; 8h-20h lun-ven, 9h-20h sam, 10h-19h dim ; ; S R jusqu'à 9th St)

Ample Hills Creamery

GLACES $

7 PLAN P. 224, B2

Cette boutique de petite chaîne propose des saveurs glacées incroyablement créatives : rayon de miel, biscuit, mangue végane ou cerise-citron vert, ainsi que "It Came From Gowanus", un mélange chocolaté de cookies et brownies, inspiré des profondeurs sombres du canal Gowanus. Commandez un cornet et grimpez sur le toit-terrasse. (347-725-4061 ; www.amplehills.com ; 305 Nevins St, au niveau de Union St, Gowanus ; glaces à partir de 4,75 $; 12h-23h dim-jeu, 12h-minuit ven-sam ; ; S R jusqu'à Union St, F, G jusqu'à Carroll St)

SkyIce

THAÏLANDAIS $$

8 PLAN P. 224, D1

Les délicieux plats – émincé de bœuf au curry jaune, salade de papaye épicée mais rafraîchissante, délicieuse soupe *tom yum* – sont suivis d'une carte des desserts incroyables : parfaits, riz gluant à la mangue et glaces aux parfums tels que rose-litchi et durian. (718-230-0910 ; skyice.net ; 63 Fifth Ave, au niveau de St Marks Pl, Park Slope ; plats 11-18 $; 12h-22h30 dim, lun, mer et jeu, 16h30-22h30 mar, 12h-23h ven-sam ; ; S 2/3 jusqu'à Bergen St, B, Q jusqu'à 7th Ave)

Insa

CORÉEN $$

9 PLAN P. 224, C1

Raviolis au *kimchi*, *ribs* épicées et *bibimbap* au tofu sont les spécialités de ce lieu bien caché. Sinon, faites griller au barbecue, directement sur votre table, des calamars, du faux-filet ou de la poitrine de porc. Pour conclure en beauté, réservez une salle de karaoké (30-60 $/heure) ou participez à une scène ouverte gratuite (à 22h le 3e jeudi du mois). (☎718-855-2620 ; www.insabrooklyn.com ; 328 Douglass St, entre Third Ave et Fourth Ave, Gowanus ; plats 16-29 $, barbecue 2 pers 31-45 $; ⏰restaurant 17h30-22h30 lun-jeu, 17h30-23h30 ven, 15h-23h30 sam, 15h-22h30 dim, bar 17h30-1h lun-jeu, 17h30-2h ven-sam, 17h30-minuit dim ; 🎤 ; S R jusqu'à Union St)

Sidecar

AMÉRICAIN $$

10 PLAN P. 224, A5

Une cuisine américaine haut de gamme est imaginée dans ce lieu plein de caractère, doté d'un plafond en étain martelé et d'alcôves avec banquettes en cuir. Une touche moderne a été apportée aux plats classiques : le poulet frit au babeurre est servi avec un écrasé de légumes-racines tandis que la salade club est un méli-mélo de gruyère, pommes, dinde et tomates séchées. (☎718-369-0077 ; www.sidecarbrooklyn.com ; 560 5th Ave, entre 15th St et 16th St, Park Slope ; plats 14-27 $; ⏰18h-1h lun, 11h-1h mar-jeu et dim, 11h-3h ven-sam ; S R jusqu'à Prospect Ave)

Baba's Pierogies

POLONAIS $

11 PLAN P. 224, B2

Les recettes de grand-mère ont été transmises aux actuels propriétaires qui concoctent de copieux *pierogi* (raviolis polonais) farcis de fromage et pomme de

Smorgasburg

terre, feta et épinards... Également des versions véganes, comme les raviolis à la choucroute ou à la pomme de terre. (☎718-222-0777 ; www.babasbk.com ; 295 Third Ave, au niveau de Carroll St, Gowanus ; 5/9 raviolis à partir de 9/11 $; 11h30-22h mar-sam, 11h30-21h dim-lun ; ; S R jusqu'à Union St)

Luke's Lobster PRODUITS DE LA MER $

12 PLAN P. 224, C2

Cette chaîne de "cabanes" de produits de la mer travaille directement avec des pêcheurs afin de garantir la provenance de ses crustacés. Parmi les plats vedettes figurent la bisque de homard, la soupe de palourdes et homard et l'indétrônable lobster roll (du homard dans du pain brioché, mayonnaise et beurre citronné). (☎347-457-6855 ; www.lukeslobster.com ; 237 Fifth Ave, entre Carroll St et President St, Park Slope ; sandwich au homard à partir de 17 $, soupe de poisson 7-12 $; 12h-22h lun-jeu, 11h-22h ven-dim ; ; S R jusqu'à Union Ave)

Prendre un verre

Union Hall BAR

13 PLAN P. 224, C2

Pour une soirée 100% Brooklyn, rendez-vous dans ce bar installé dans un ancien entrepôt, avec cheminée, bibliothèque, canapés en cuir et terrains de *bocce* (jeu similaire à la pétanque). Des musiciens ou des comédiens se produisent au sous-sol. (☎718-638-4400 ; www.unionhallny.com ; 702 Union St, près de Fifth Ave, Park Slope ; 16h-4h lun-ven, 13h-4h sam et dim ; S R jusqu'à Union St)

The Gate PUB

14 PLAN P. 224, C3

Ce pub convivial, très prisé des habitants, situé face à l'oasis de Washington Park, propose deux douzaines de bières artisanales, ainsi qu'une terrasse aux beaux jours. La bande-son de qualité et les serveurs plaisants en font le bar de quartier dont tout le monde rêve. (☎718-768-4329 ; www.thegatebrooklyn.com ; 351 Fifth Ave, au niveau de 3rd St, Park Slope ; 15h-4h lun-ven, 13h-4h sam-dim ; ; S F, G, R jusqu'à 4th Ave-9th St)

Greenwood Park BAR À BIÈRES

15 PLAN P. 224, B7

Il n'y a qu'à Brooklyn que l'on peut confondre un *beer garden* avec une casse-auto, et c'est un compliment ! À quelques pas du Green-Wood Cemetery (p. 226), dans un cadre industriel, ce bar à bières mi-intérieur mi-extérieur de 1 200 m² a été astucieusement aménagé dans un ancien garage avec pompes à essence ; la bande-son est très rock. Les familles sont bienvenues en journée mais l'accès est interdit aux moins de 21 ans après 19h. Espèces uniquement. (☎718-499-7999 ; www.greenwoodparkbk.com ; 555 7th Ave, entre 19th St et 20th St, Greenwood Heights ; 12h-1h dim-jeu, 12h-3h ven et sam, horaires réduits en hiver ; ; B67, B69 jusqu'à 18th St, S F, G jusqu'à 15th St-Prospect Park)

Lavender Lake

PUB

16 PLAN P. 224, A2

Baptisé d'après le canal Gowanus (p. 227) auquel la pollution avait donné une couleur mauve, ce bar de quartier très populaire occupe une ancienne écurie. Bières artisanales et cocktails sont concoctés avec des ingrédients originaux. Le jardin est fabuleux en été. En semaine, *happy hour* de 16h à 19h (et toute la journée le lundi). (☎ 347-799-2154 ; www.lavenderlake.com ; 383 Carroll St, entre Bond St et Gowanus Canal, Gowanus ; 16h-minuit lun-jeu, 14h-1h ven, 12h-2h sam, 12h-22h dim ; S F, G jusqu'à Carroll St, R jusqu'à Union St)

Freddy's

BAR

17 PLAN P. 224, A6

Ce bar sans âge, dont l'histoire remonte à l'époque de la Prohibition, est situé à la sortie de la lisière sud de Park Slope. Prenez un verre en regardant les vidéos artistiques farfelues réalisées par Donald O'Finn, le copropriétaire. Concerts (ukulélé, musique country), soirées stand-up et projections de films. (☎ 718-768-0131 ; www.freddysbar.com ; 627 5th Ave, entre 17th St et 18th St, Greenwood Heights ; 12h-4h tlj ; wifi ; S R jusqu'à Prospect Ave)

Sortir

Barbès

CONCERTS, JAZZ

18 PLAN P. 224, C4

Nommé d'après le quartier parisien connu pour son importante communauté nord-africaine, ce bar-espace de concerts compact appartient à des musiciens français installés à Brooklyn depuis longtemps. Musique live tous les soirs, jusqu'au petit jour : la programmation incroyablement éclectique va des cuivres des Balkans à l'opéra contemporain en passant par le groove afro-péruvien, le funk d'Afrique de l'Ouest et bien d'autres styles. (☎ 347-422-0248 ; www.barbesbrooklyn.com ; 376 9th St, au niveau de 6th Ave, Park Slope ; don demandé pour les concerts 10 $; 17h-2h lun-jeu, 14h-4h ven et sam, 14h-2h dim ; S F, G jusqu'à 7th Ave, R jusqu'à 4th Ave-9th St)

Bell House

SPECTACLES

19 PLAN P. 224, A3

Dans cet entrepôt des années 1920, situé dans le secteur des industries légères de Gowanus, la programmation pointue alterne entre concerts et music-hall : rockeurs indie, soirées DJ, spectacles comiques, fêtes burlesques et autres réjouissances. La salle de spectacle magnifiquement reconvertie peut accueillir jusqu'à 500 personnes. Accès réservé aux plus de 21 ans. (☎ 718-643-6510 ; www.thebellhouseny.com ; 149 7th St, entre 2nd Ave et 3rd Ave, Gowanus ; 17h-tard tlj ; wifi ; S F, G, R jusqu'à 4th Ave-9th St)

Littlefield

ARTS DE LA SCÈNE

20 PLAN P. 224, C2

Dans un ancien entrepôt de produits textiles de 575 m^2, ce vaste espace propose entre autres des concerts, du stand-up, des

Celebrate Brooklyn!

Multifacette, le **Celebrate Brooklyn! Festival** (☎718-683-5600 ; www.bricartsmedia.org ; Prospect Park Bandshell, près de Prospect Park W et 11th St, Park Slope ; ⏲juin à mi-août) bat son plein chaque été depuis plus de 40 ans, avec une fabuleuse programmation de concerts, films, spectacles parlés et représentations de danse sur la scène dans l'angle sud-ouest de **Prospect Park** (p. 226). Les spectacles sont empreints d'un caractère international, avec des artistes venus d'Europe, du Moyen-Orient, des Caraïbes ou d'ailleurs ; beaucoup sont gratuits.

contes, du théâtre, de la danse, des projections de films et des soirées quiz. Le lundi, les comiques déchaînent les foules ; parmi les autres événements réguliers, citons le jeu *Punderdome 3000* pour amateurs de calembours, des spectacles de variétés insolites et le concours bon enfant *Nerd Nite*. Interdit aux moins de 21 ans. (www.littlefieldnyc.com ; 635 Sackett St, entre 3rd Ave et 4th Ave, Gowanus ; billets à partir de 8 $; S R jusqu'à Union St)

Puppetworks — MARIONNETTES

21 ✪ PLAN P. 224, C4

Dans un petit théâtre de Park Slope, cette compagnie monte des spectacles de marionnettes très applaudis par les critiques en culottes courtes. Les adaptations de classiques sont généralement à découvrir le samedi et le dimanche à 12h30 et 14h30 (programme sur le site Internet). Espèces uniquement. (☎718-965-3391 ; www.puppetworks.org ; 338 6th Ave, au niveau de 4th St, Park Slope ; adulte/enfant 11/10 $; ⏲bureau 10h-14h30 ; 👪 ; S F, G jusqu'à 7th Ave)

Shopping

Diana Kane — MODE ET ACCESSOIRES

22 🔒 PLAN P. 224, C2

Cette boutique joliment aménagée est truffée d'œuvres d'artistes locaux, de bijoux, de vêtements pour femmes, de bougies, etc. Un lieu pour dégotter des cadeaux uniques. (☎718-638-6520 ; www.dianakane.com ; 229b Fifth Ave, entre Carroll St et President St, Park Slope ; ⏲12h-19h lun-ven, 11h-20h sam, 11h-18h dim ; S R jusqu'à Union Ave)

Brooklyn Superhero Supply Co — CADEAUX ET SOUVENIRS

23 🔒 PLAN P. 224, B3

Dans cette boutique loufoque, on trouve des capes, des masques, des ceintures utilitaires, des lunettes d'invisibilité, des seaux d'antimatière et d'autres accessoires essentiels pour les super-héros en devenir... mais les articles en vente sont au service du véritable héroïsme qui se joue en coulisses. Chaque transaction permet de soutenir 826NYC, une association à but non lucratif qui

Celebrate Brooklyn! Festival

aide des étudiants à améliorer leurs aptitudes en écriture et en littérature (la salle de classe est dissimulée derrière l'une des étagères). (☎718-499-9884 ; www.superherosupplies.com ; 372 Fifth Ave, entre 5th St et 6th St, Park Slope ; ⏰12h-18h mar-dim ; 👪 ; Ⓢ F, G, R jusqu'à 4th Ave-9th St)

Leroy's Place

ART ET ARTISANAT

24 🛍 PLAN P. 224, C5

Galerie, boutique ou espace événementiel ? Peu importe : chez Leroy's Place, vous pourrez poser à l'intérieur d'une installation artistique, glaner des cadeaux, des bijoux aux T-shirts, et même divertir vos enfants grâce à des marionnettes de monstres géants. (☎718-369-4200 ; www.leroysplace.com ; 353 Seventh Ave, entre 10th St et 11th St, Park Slope ; ⏰12h-19h mer-dim ; 👪 ; Ⓢ F, G jusqu'à 7th Ave)

No Relation Vintage

VINTAGE

25 🛍 PLAN P. 224, C2

Vous cherchez un maillot de sport ? Un vêtement griffé rétro ? Les friperies ne manquent pas à New York mais celle-ci, dans le secteur de Gowanus, est gigantesque et possède un stock impressionnant (prévoyez du temps). (☎718-858-4906 ; www.ltrainvintagenyc.com ; 654 Sackett St, près de 4th Ave, Gowanus ; ⏰12h-19h45 ; Ⓢ R jusqu'à Union St)

Promenade à pied

Brooklyn : Williamsburg

Centre névralgique de la vie nocturne à Brooklyn, Williamsburg doit son essor aux communautés d'immigrés latinos, italiens et polonais, puis aux artistes sans le sou – qui se sont ensuite déplacés à Bushwick aux loyers moins élevés, laissant place à des cadres et à de jeunes familles branchées. Vous y trouverez matière à explorer, des vieux bars à cocktails aux boutiques pittoresques vendant les créations d'artisans locaux.

Comment y aller

Williamsburg se situe dans le nord de Brooklyn, à seulement un arrêt de Manhattan et à environ 8 km de Times Square.

S L jusqu'à Bedford Ave.

❶ Domino Park

Ce nouveau **parc** (www.dominopark.com ; River St, entre Grand St et S 5th St ; 6h-1h ; ; B32, Q59 jusqu'à Kent Ave/S 1st St) au style industriel est équipé de terrains de boules, d'une aire de jeux pour enfants et d'une passerelle surélevée offrant un merveilleux point de vue sur Manhattan.

❷ East River State Park

À 10 minutes de marche au nord, cet **espace vert** (718-782-2731 ; www.parks.ny.gov/parks/155 ; Kent Ave, entre N 7th St et N 9th St ; 9h-21h mai-sept, 9h-19h oct-avr ; B32 jusqu'à Kent Ave/N 6th St) est doté de tables de pique-nique et accueille ponctuellement des concerts en été.

❸ Brooklyn Brewery

Cette **brasserie** (718-486-7422 ; www.brooklynbrewery.com ; 79 N 11th St, entre Berry St et Wythe Ave ; visites guidées lun-jeu 18 $, sam-dim gratuit ; salle de dégustation 17h-23h lun-jeu, 17h-minuit ven, 12h-minuit sam, 12h-20h dim, visites guidées 13h-18h sam-dim, réservations lun-ven) sert des IPA à forte teneur en houblon et propose des visites de 45 minutes.

❹ Buffalo Exchange

Composez-vous un look personnalisé à partir d'éléments vintage ou de pièces branchées plus récentes dans cette **boutique solidaire** très courue (718-384-6901 ; www.buffaloexchange.com ; 504 Driggs Ave, au niveau de N 9th St ; 11h-20h lun-sam, 12h-19h dim) .

❺ City Reliquary

Découvrez d'étonnants objets du passé dans ce **musée** (718-782-4842 ; www.cityreliquary.org ; 370 Metropolitan Ave près de Havemeyer St ; adulte/enfant 7 $/gratuit ; 12h-18h jeu-dim ; S G jusqu'à Metropolitan Ave, L jusqu'à Lorimer St) débordant de reliques new-yorkaises, des cartes postales vintage aux souvenirs de l'Exposition internationale de 1939.

❻ Fuego 718

Cette **boutique** (718-302-2913 ; fuego718.business.site ; 249 Grand St, entre Roebling St et Driggs Ave ; 12h-19h dim-ven, 12h-20h sam) vous fera traverser la frontière sud du pays : crânes "jour des Morts", cadres et miroirs colorés et autres objets kitsch et artisanaux importés du Mexique, du Pérou et d'ailleurs.

❼ Maison Premiere

Remontez le temps dans ce **bar** (347-335-0446 ; www.maisonpremiere.com ; 298 Bedford Ave, entre S 1st St et Grand St ; 14h-2h lun-mer, 14h-4h jeu-sam) qui sert des cocktails maison, des huîtres et autres délices dans une ambiance rappelant le sud des États-Unis.

❽ Artists & Fleas

Le week-end, faites vos emplettes dans ce labyrinthe regroupant plus de 75 **stands d'artisanat** (917-488-4203 ; www.artistsandfleas.com ; 70 N 7th St, entre Wythe Ave et Kent Ave ; 10h-19h sam et dim).

EXTRA
50%
OFF SALE
GRAND

Carnet pratique

Taxis devant Grand Central Terminal (p. 158) BLACKMAC/SHUTTERSTOCK ©

Avant de partir

Hébergement

- Préparez-vous à des prix élevés et à des espaces exigus.
- Il n'y a pas de saison haute ou basse : les tarifs fluctuent selon la disponibilité. Vous paierez le prix fort en cas de jours fériés.
- Les hébergements se remplissent rapidement, en particulier en été et en décembre.
- Brooklyn et le Queens offrent le meilleur rapport qualité/prix. Quelques auberges de jeunesse sont disséminées dans New York.

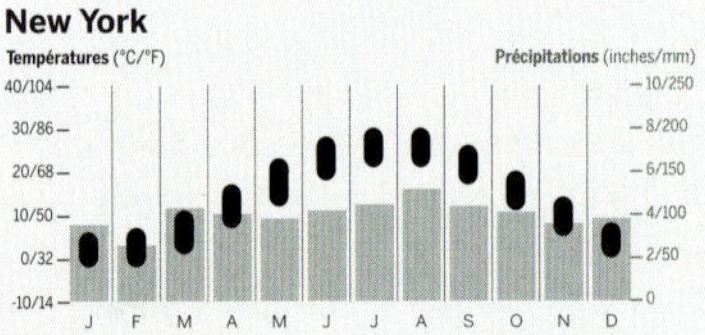

Quand partir

Été (juin-août) La chaleur estivale peut être écrasante mais s'accompagne d'une kyrielle de festivals et d'événements.

Hiver (décembre-février) Il fait froid, il peut y avoir des tempêtes de neige mais les festivités de fin d'année attirent les foules.

Printemps (mars-mai) Les cafés sortent des tables en terrasse dès les premiers rayons du soleil. L'une des meilleures saisons pour venir.

Automne (septembre-novembre) Les parcs de la ville se parent de teintes rouges et or, avec des journées encore chaudes et des nuits fraîches.

Site Internet

NYC (www.nycgo.com/hotels). Listes d'hôtels du guide officiel de New York.

Petits budgets

Local (www.thelocalny.com). Dortoirs et chambres doubles abordables, beau point de vue depuis le toit-terrasse et excellent emplacement à Long Island City.

Harlem Flophouse (www.harlemflophouse.com). Une charmante maison de ville au cœur de Harlem.

Carlton Arms (www.carltonarms.com). Adresse pittoresque ornée de fresques à quelques rues à l'est du Madison Square Park.

NY Moore Hostel (www.nymoorehostel.com). Propre et convivial, à deux pas de la vie nocturne trépidante de Williamsburg, à Brooklyn.

Catégorie moyenne

Freehand New York (www.freehandhotels.com/new-york). Des chambres au design soigné et à des tarifs raisonnables, près du Flatiron District.

Boro Hotel (www.borohotel.com). Design très tendance et point de vue panoramique, à Long Island City.

Arthouse Hotel NYC (www.arthousehotelnyc.com). Un salon très stylé, des chambres lumineuses et de somptueuses salles de bains en marbre, près du Lincoln Center.

Citizen M (www.citizenm.com). Des chambres high-tech au style contemporain, près de Times Square.

TWA Hotel (www.twahotel.com). Loger à l'aéroport JFK ? Pas de problème dans un hôtel néo-futuriste, avec observation des avions depuis la piscine !

At Home in Brooklyn (www.athomeinbrooklyn.com). Le somptueux petit-déjeuner est à la hauteur de ce B&B raffiné, à proximité de Prospect Park.

Catégorie supérieure

Greenwich Hotel (www.thegreenwichhotel.com). L'hôtel de Robert De Niro est pourvu de cours intérieures, de chambres personnalisées et d'une piscine éclairée de lanternes.

Gramercy Park Hotel (www.gramercyparkhotel.com). Les chambres aux couleurs intenses sont aménagées au-dessus d'un somptueux salon se doublant d'un bar à l'ambiance jazzy.

Knickerbocker (www.theknickerbocker.com). Luxueux établissement de Midtown, fabuleux bar sur le toit.

NoMad Hotel (www.thenomadhotel.com). Un joyau de style Beaux-Arts, avec des chambres pareilles à des appartements, une atmosphère parisienne et un bar-restaurant très prisé.

Bowery Hotel (www.theboweryhotel.com). L'élégance à l'ancienne s'exprime de manière moderne dans l'East Village.

Wythe Hotel (www.wythehotel.com). Design haut de gamme et touches nostalgiques à Williamsburg, le quartier le plus branché de Brooklyn.

Arriver à New York

John F Kennedy International Airport (JFK)

- L'AirTrain (5 $) assure la liaison avec le métro (2,75 $) ou le LIRR.
- Les bus express pour Grand Central ou Port Authority coûtent 19 $.
- Les taxis coûtent 52 $, hors péages, pourboire et supplément heures de pointe.

Destination	Transport
Brooklyn	S LIRR jusqu'à Atlantic Terminal
Lower East Side	S Ligne J/Z
Lower Manhattan	S Ligne A
Midtown	S LIRR jusqu'à Penn Station
Greenwich Village	S Ligne A
Upper West Side	S Ligne A
Upper East Side	S E, puis lignes 4/5/6
Harlem	S E, puis lignes B ou C

LaGuardia Airport (LGA)

- Le trajet en bus (2,75 $) comprend une correspondance gratuite avec le métro dans un délai de 2 heures.
- Les bus express pour Midtown coûtent 16 $.
- Les taxis coûtent 35 à 55 $, hors péages et pourboire.

Destination	Transport
Harlem	Bus M60
Upper East Side	Bus M60 et S lignes 4/5/6
Midtown	Bus Q70 et S lignes F, 7 ou E
Union Square	Bus Q70 puis S ligne R
Greenwich Village	Bus Q70 puis S ligne F
Brooklyn	Taxi

Newark Liberty International Airport (EWR)

- Situé à la même distance de Midtown que JFK (26 km), Newark reçoit les vols United Airlines.
- Prenez l'AirTrain jusqu'à la station Newark Liberty Airport et montez dans un train à destination de Penn Station New York (13 $). Attention ! Il y a deux Penn Station. L'une à Newark, l'autre à Manhattan.
- Un taxi coûte de 50 à 70 $ (plus 15 $ de péage et le pourboire).

Depuis la France

- Air France, American Airlines, XL Airways, Delta Air Lines, United, Iberia, Finnair, Norwegian et British Airway proposent des vols directs Paris-New York (environ 8 heures). Comptez à partir de 400 € pour un vol direct.
- Quelques adresses utiles :

Air France (www.airfrance.fr)

American Airlines (www.americanairlines.fr)

Delta Airlines (www.delta.com)

Norwegian (www.norwegian.com/fr)

United (www.united.fr)

XL Airways (www.xlairways.fr)

Depuis la Belgique

- American Airlines, Delta Air Lines, United Airlines, KLM, Air France, Lufthansa et Brussels Airlines proposent des vols directs Bruxelles-New York. À partir de 450 € (8 heures de vol).
- Quelques sites utiles :

Airstop (www.airstop.be)

American Airlines (www.americanairlines.fr)

Connections (www.connections.be)

Delta Air Lines (www.delta.com)

Éole (www.voyageseole.be)

United (www.united.com)

Depuis la Suisse

- Swiss, United, American Airlines et Delta Air Lines proposent des vols directs New York-Zurich à partir de 600 FS. Un vol direct Genève-New York coûte au minimum 600 FS (8 heures de vol).
- Quelques sites utiles :

Swiss (www.swiss.com)

Delta Air Lines (www.delta.com)

American Airlines (www.americanairlines.ch)

United (www.united.com)

STA Travel (www.statravel.ch)

Depuis le Canada

En avion

- Comptez 1 heure 30 de vol et de 350 à 400 $C l'aller-retour.

Vols réguliers Montréal-New York au départ de l'aéroport international Pierre-Elliott-Trudeau.

- Quelques sites utiles :

Air Canada (wwwaircanada.com)

American Airlines (www.aa.com)

Expedia (www.expedia.ca)

Comment circuler

Métro

- Bon marché, efficace et opérationnel 24h/24, mais le réseau complexe n'est pas évident à maîtriser.
- Un trajet simple coûte 2,75 $ avec une MetroCard (ou avec le système sans contact OMNY, de plus en plus répandu). Une correspondance gratuite avec un bus, dans les 2 heures, est incluse.

Taxi et covoiturage

Taxis jaunes Des tarifs fixes s'appliquent pour les courses (qui peuvent être payées par carte bancaire). La prise en charge initiale est de 2,50 $ (premiers 321 m), puis comptez 50 ¢ pour chaque tronçon supplémentaire de 321 m ou toutes les minutes en cas de circulation lente/arrêtée, 1 $ de supplément aux heures de pointe (en semaine 16h-20h) et 50 ¢ de supplément la nuit (20h-6h) ; également une taxe d'État sur les transports de 50 ¢ par trajet. Les passagers doivent régler tous les péages de ponts et tunnels. Un pourboire de 10 à 15% est attendu, mais n'hésitez pas à donner moins si le service n'est pas à la hauteur et demandez un reçu pour pouvoir noter le numéro de la plaque du chauffeur.

Boro Taxis Ces taxis verts desservent le nord de Manhattan et les *boroughs* périphériques. Ils vous permettent de héler un taxi dans les quartiers où les *yellow cabs* circulent rarement. Ils pratiquent les mêmes tarifs et sont pratiques pour se déplacer dans ces *boroughs* (par exemple d'Astoria à Williamsburg ou de Park Slope à Red Hook). Les chauffeurs rechignent à conduire les passagers dans Manhattan (bien qu'ils y soient légalement tenus) car, au retour, ils n'ont pas le droit de charger des clients au sud de la 96th St.

Taxi : à savoir

- Guettez un *yellow cab* dont la lumière est allumée. Si elle est éteinte, il est pris.
- Placez-vous en évidence au bord de la chaussée et levez la main.
- Une fois monté, indiquez votre destination au chauffeur (il n'a pas le droit de refuser la course).
- Réglez à l'arrivée, en espèces ou par carte. N'oubliez pas les 10 à 15% de pourboire.
- Téléchargez l'application Curb pour commander un taxi qui viendra vous chercher là où vous êtes, comme un service de VTC.

Droits des passagers La TLC possède un règlement contenant les droits du passager, qui vous autorise à indiquer au chauffeur le chemin que vous souhaitez prendre ou d'éteindre la radio. Un chauffeur ne peut vous refuser une course en raison de l'endroit où vous vous rendez. Un conseil : montez à bord avant d'indiquer votre destination.

Voitures privées Elles sont une alternative courante aux taxis dans les *boroughs* périphériques. Le prix, qui dépend du quartier et de la distance, doit être fixé avant le départ (pas de compteur). Ces "black cars" sont assez répandues à Brooklyn et dans le Queens, mais n'ont pas le droit de s'arrêter

Métro : mode d'emploi

Numéros, lettres, couleurs Chaque ligne de métro possède une couleur et une lettre ou un numéro. La plupart sont utilisées par deux à quatre trains différents, suivant généralement le même itinéraire.

Lignes express et locales Une erreur fréquente consiste à monter dans un "train express" et ne pas pouvoir descendre à l'arrêt souhaité. Sachez que chaque ligne est empruntée par des trains locaux et express ; ces derniers marquent uniquement à des arrêts spécifiques à Manhattan (indiqués par un cercle blanc sur le plan du métro). Par exemple, sur la ligne rouge, les trains n^os^2 et 3 sont express, tandis que le n°1 marque tous les arrêts. Si vous avez une grande distance à parcourir – par exemple de l'Upper West Side à Wall St – il vaut mieux changer de train pour prendre un express (généralement de l'autre côté, sur le même quai) pour gagner du temps.

Trouver la bonne station Beaucoup de stations à Manhattan possèdent des entrées séparées pour les lignes "downtown" et "uptown" (lisez attentivement les pancartes). Si vous prenez la mauvaise entrée, sortez et entrez à nouveau (en général de l'autre côté de la rue) et feignez l'ignorance auprès des employés de la station : avec un peu de chance, ils vous laisseront passer sans valider la carte, mais si cela ne fonctionne pas vous n'aurez d'autre choix que de la présenter et de perdre 2,75 $. Repérez aussi les lampes verte ou rouge au-dessus des escaliers de chaque entrée ; le vert indique que la station est ouverte en permanence, le rouge qu'elle ferme à une certaine heure, en général tard le soir.

Week-ends Tout est chamboulé le week-end, certaines lignes fusionnent, d'autres sont supprimées, certains arrêts sont marqués et d'autres non. Sur les quais, habitants comme touristes sont déboussolés, parfois irrités. Consultez www.mta.info pour les horaires du week-end, car les panneaux ne sont pas toujours visibles une fois sur le quai.

à votre hauteur pour vous proposer leurs services. À Brooklyn, les compagnies comprennent **Northside** (☎ 718-387-2222 ; www.northsidecarservice.com), dans le quartier de Williamsburg et **Arecibo** (☎ 718-783-6465 ; www.arecibocc.com), à Park Slope.

VTC Disponibles via une application mobile, ces voitures ont envahi les rues de New York. Elles sont pratiques voire indispensables pour certains mais renforcent les problèmes de circulation déjà terribles. La municipalité a imposé une limite du nombre de véhicules assurant des courses partagées dans Manhattan, afin de réduire les embouteillages, et cette tendance devrait perdurer. Les chauffeurs attendent un pourboire.

Bus

- Les bus sont pratiques pour traverser la ville ou couvrir de courtes distances. Tarifs identiques au métro (2,75 $ le trajet), vous pouvez utiliser votre Metrocard ou payer en liquide (faites l'appoint).
- Le paiement par Metrocard comprend une correspondance gratuite avec un autre bus ou le métro. Si vous payez en liquide, demandez un billet *transfer* au chauffeur (valable uniquement sur un autre bus).
- Les itinéraires figurent sur un panneau fixé sur le poteau de l'arrêt du bus.

Vélo

- New York possède des centaines de kilomètres de pistes cyclables. L'excellent réseau de vélos en libre-service **Citi Bike** (www.citibikenyc.com) compte des stations dans Manhattan et dans certains secteurs de Brooklyn et du Queens.
- Vous pourrez obtenir un Citi Bike pour un trajet unique (3 $), ou acheter un pass (24 heures/3 jours 12/24 $ TTC) à n'importe quelle station ; vous pourrez utiliser les vélos pour un nombre illimité de fois sur des périodes de 30 minutes.
- Les casques ne sont pas légalement obligatoires pour les adultes mais sont vivement recommandés. Vous devrez prévoir le vôtre. Ils sont obligatoires pour les enfants de 13 ans et moins.
- Toutes les pistes cyclables sont indiquées sur NYC Bike Maps (www.nycbikemaps.com). La plupart des magasins de cycles fournissent un plan.
- La circulation automobile peut être infernale à New York. Pour votre sécurité et celle des autres, respectez le code de la route.

Bateau

NYC Ferry (www.ferry.nyc ; trajet 2,75 $). Circulant sur l'East River, ces bateaux relient Manhattan, Brooklyn, le Queens et le Bronx. Le trajet coûte 2,75 $ (supplément 1 $ pour un vélo).

NY Water Taxi (www.nywatertaxi.com). Les bateaux jaunes assurant les liaisons avec montée/descente à volonté desservent quatre arrêts à

Manhattan (Pier 83 au niveau de W 42nd St ; Battery Park ; Pier 16 près de Wall St) et Brooklyn (Pier 1 à Dumbo). Le pass coûte 37 $ pour la journée, soit le prix d'une croisière panoramique plutôt que d'un mode de transport.

Staten Island Ferry (plan p. 50 ; www.siferry.com ; Whitehall Terminal, 4 Whitehall St, au niveau de South St, Lower Manhattan ; 24h/24 ; S 1 jusqu'à South Ferry, R/W jusqu'à Whitehall St, 4/5 jusqu'à Bowling Green). Ce ferry gratuit assure constamment la navette avec Staten Island, transportant en majorité des travailleurs à travers le port de New York. Vous pouvez vous contenter de faire un aller-retour simplement pour le point de vue exceptionnel.

Infos pratiques

Argent

Les DAB sont omniprésents et la plupart des hôtels, boutiques et restaurants prennent les cartes bancaires. Les marchés, les food trucks et certains bars et restaurants n'acceptent que les espèces.

Distributeurs automatiques de billets (DAB)

- Vous trouverez des DAB partout. Vous pourrez retirer dans les banques ou au distributeur installé dans les épiceries, restaurants, bars et supérettes, qui appliquent une commission de 3 $ en moyenne, pouvant aller jusqu'à 5 $.
- La plupart des banques new-yorkaises appartiennent au réseau NYCE (New York Cash Exchange). Vous pouvez utiliser n'importe quelle carte bancaire dans un DAB, moyennant un supplément si votre banque ne fait pas partie de ce réseau.

Bureaux de change

Les banques et les bureaux de change, que vous trouverez partout à New York (notamment dans les trois grands aéroports), vous donneront des devises américaines selon le taux de change en vigueur ; une commission s'applique souvent. Travelex possède une branche à Times Square mais les frais sont très élevés.

Cartes bancaires

- Les principales cartes bancaires sont acceptées dans la plupart des hôtels, restaurants et commerces. Il est même parfois difficile d'acheter une place de spectacle et de louer une voiture sans carte.
- Les cartes Visa, MasterCard ou American Express sont les plus communément acceptées.
- En cas de perte ou de vol, contactez immédiatement la société émettrice.

Taxes et détaxe

- Dans les restaurants et les boutiques, les prix affichés ne comprennent pas la *sales tax* de 8,875%. Attention à ne pas commander le menu à 9,99 $ si vous n'avez que 10 $!

- Les chambres d'hôtels sont soumises à une taxe de 14,75%, ainsi qu'à une taxe de séjour de 3,50 $ par nuit.
- Plusieurs catégories de services désignés "de luxe", y compris la location de voiture, impliquent une taxe municipale supplémentaire (11% dans le cas des voitures de location, soit un total de 19,875% de taxes pour ce service).
- Aucune taxe ne s'applique aux vêtements et chaussures de moins de 110 $; au-delà, vous paierez une *sales tax*.
- Il n'y a pas de TVA aux États-Unis, le touriste étranger ne peut donc bénéficier d'aucune détaxe.

Faites des économies

- Les MetroCards sont valables à bord des métros, bus, ferries et du tram aérien desservant Roosevelt Island. Si vous restez plus de quelques jours, achetez un 7-Day Unlimited Pass (33 $).
- Consultez notre liste d'activités gratuites (p. 27).
- De nombreux musées sont gratuits un jour par semaine.
- Économisez sur le prix des places de théâtre en les achetant aux kiosques TKTS de Times Square ou de Lower Manhattan.
- Préparez des pique-niques en visitant les divers marchés de la ville.

Pourboires

Les pourboires sont obligatoires, sauf en cas de service vraiment exécrable.

Serveur 18-20%.

Barman 1 $ minimum par boisson, 2 $ pour un cocktail spécial ou 15-20% de l'addition.

Chauffeur de taxi 10-15%, arrondis au dollar supérieur.

Bagagiste 2 $ par bagage, 5 $ minimum par chariot.

Femme de chambre 2-4 $ par nuit, dans une enveloppe ou sous la carte prévue à cet effet.

Cartes de réduction

New York CityPASS (www.citypass.com). Entrée dans six grands sites pour 122 $, soit une économie d'environ 40%.

The New York Pass (www.newyorkpass.com). Ce pass donne accès pour une journée à une centaine de sites, dont l'Empire State Building, pour 134 $ (ou 99 $ pour les enfants). Il existe aussi des forfaits de 2 à 10 jours.

Go City (www.gocity.com). Ce pass permet de bénéficier d'un tarif réduit pour 3 à 10 sites. Vous choisirez parmi plus de 90 options, dont le MoMA, le 9/11 Memorial and Museum, Top of the Rock et des activités comme une location de vélo à Central Park et des circuits pédestres. Les tarifs commencent à 94 $ pour 3 sites et grimpent jusqu'à 270 $ pour 10 sites.

Électricité

Type A
120V/60Hz

Type B
120V/60Hz

Formalités et visas

Les visiteurs en provenance de nombreux pays, dont la plupart des pays de l'Union européenne (UE) et le Canada, ne nécessitent pas de visa pour les séjours de moins de 90 jours. À défaut, les ressortissants de l'UE devront impérativement obtenir l'ESTA (voir ci-après). Pour les autres pays, consultez les sites travel.state.gov ou www.usa.gov/visas-and-visitors.

Programme d'exemption de visa et ESTA

- Le programme d'exemption de visa (Visa Waiver Program, ou VWP) des États-Unis permet à l'heure actuelle aux ressortissants de 36 pays (dont la France, la Belgique, le Luxembourg et la Suisse) de se rendre aux États-Unis sans visa pour des séjours touristiques ou d'affaires d'une durée maximale de 90 jours.
- Pour bénéficier de l'exemption de visa, il faut posséder un passeport à puce électronique ou biométrique répondant aux normes américaines (les passeports européens sont conformes) et approuvé par l'**ESTA** (système électronique d'autorisation de voyage ; esta.cbp.dhs.gov ; fiche disponible en français) au moins 72 heures avant votre arrivée par voie aérienne dans le pays. La réponse est en général immédiatement fournie par le système électronique.
- Les frais, à régler en ligne, sont de 14 $. Une fois l'autorisation de voyage validée, votre inscription est valable pendant 2 ans, mais vous devrez effectuer une nouvelle demande en cas de renouvellement de passeport ou de changement de situation. Attention aux arnaques ! Veillez à passer par le site officiel (voir ci-dessus), des prestataires peu scrupuleux font payer le service 7 à 8 fois plus cher.
- Les conditions d'entrée sur le territoire américain sont susceptibles de changer rapidement. Tous les voyageurs sont invités à vérifier

la législation relative aux visas et passeports avant de partir aux États-Unis. Vous pouvez consulter le site du Département d'État américain (US Department of State ; www.travel.state.gov) pour obtenir des renseignements actualisés.

- Une loi entrée en vigueur le 21 janvier 2016 stipule que les voyageurs qui se sont rendus en Iran, en Irak, en Syrie ou au Soudan depuis le 1er mars 2011 devront désormais faire une demande de visa, de même que les personnes ayant la nationalité de l'un de ces quatre pays.
- Les Canadiens n'ont pas besoin de visa, mais doivent être en possession d'un passeport ou d'un document approuvé par la Western Hemisphere Travel Initiative (WHTI ; www.getyouhome.gov).
- Nous vous conseillons de scanner ou de photocopier tous vos documents importants (pages d'introduction de votre passeport, carte bancaire, police d'assurance, billets de train/d'avion/de bus, etc.). Conservez ces copies à part des originaux. Vous remplacerez ainsi plus aisément ces documents en cas de perte ou de vol.

Comme les New-Yorkais

- Hélez un taxi uniquement lorsque la lumière est allumée sur son toit. Dans le cas contraire, le taxi est occupé, donc vous pouvez baisser votre bras !
- Les New-Yorkais ne respectent pas toujours les feux pour les piétons et traversent dès lors qu'aucun véhicule n'est à l'approche. Si vous les imitez, soyez très prudent !
- Parmi les piétons, comportez-vous comme un véhicule : ne vous arrêtez pas brusquement, marchez au même rythme que la foule et arrêtez-vous sur le côté. La plupart des New-Yorkais respectent l'espace personnel, mais ils vous percuteront sans s'excuser si vous gênez le passage.
- Tenez-vous sur le côté des portes pour permettre la descente des passagers, puis montez dans le train (rapidement, afin que les portes ne se referment pas sur vous).

Handicapés

- La majeure partie de la ville est adaptée aux fauteuils roulants, avec des trottoirs abaissés au niveau des passages piétons.
- Tous les sites majeurs sont aussi adaptés aux fauteuils roulants.
- Sur les 468 stations de métro, seule une centaine est accessible en fauteuil roulant. Il s'agit des stations les plus importantes, comme West 4th St, 14th St-Union Sq, 34th St-Penn Station, 42nd St-Port Authority Terminal, 59th St-Columbus Circle et 66th St-Lincoln Center.
- Pour une liste complète des stations accessibles, rendez-vous sur web.mta.info/accessibility/stations.htm ou www.nycgo.com/accessibility.

- Tous les bus MTA de la ville sont accessibles aux fauteuils roulants.
- Pour un taxi adapté, utilisez l'application **Accessible Dispatch** (646-599-9999 ; accessibledispatch.org).

Heures d'ouverture

Banques 9h-18h lun-ven, parfois 9h-12h sam.

Bars 17h-4h.

Bureaux 9h-17h lun-ven.

Clubs 22h-4h.

Restaurants Petit-déjeuner 6h-11h, déjeuner 12h-15h, dîner 17h-23h. Le brunch du week-end est servi de 10h à 16h.

Commerces 10h-19h lundi-vendredi, 11h-20h samedi. Variable le dimanche : certains magasins sont fermés, d'autres appliquent les horaires de semaine, comme à SoHo.

Internet (accès)

- La plupart des parcs publics offrent un accès Wi-Fi gratuit, notamment la High Line, Bryant Park, Battery Park, Central Park, City Hall Park, Madison Square Park et Tompkins Square Park.
- Pour les autres points Wi-Fi, rendez-vous sur www.nycgovparks.org/facilities/wifi.
- Les musées offrent souvent une connexion Wi-Fi gratuite, ce qui est aussi le cas des stations de métro et des bibliothèques publiques.
- Partout en ville, repérez le sigle LinkNYC (www.link.nyc) – ces kiosques gratuits, connectés à Internet, sont dotés de ports de rechargement USB et du Wi-Fi gratuit.
- La plupart des cafés offrent le Wi-Fi.

Jours fériés

New Year's Day (Nouvel An) 1er janvier

Martin Luther King Day 3e lundi de janvier

Presidents' Day 3e lundi de février

Memorial Day fin mai

Independence Day (fête nationale) 4 juillet

Labor Day (fête du travail) début septembre

Thanksgiving 4e jeudi de novembre

Christmas Day (Noël) 25 décembre

Offices du tourisme

NYC Information Center (plan p. 156, D5 ; www.nycgo.com ; 151 W 34th St, au niveau de Broadway ; 10h-22h lun-sam, 10h-21h dim ; S B/D/F/M, N/Q/R/W jusqu'à 34th St-Herald Sq). Dans le grand magasin Macy (Midtown).

Problèmes juridiques

- En cas d'arrestation, vous avez le droit de garder le silence. Rien ne vous oblige à parler à un officier de police, d'autant que tout ce que vous pourriez dire "peut être et sera retenu contre vous" (demandez poliment si vous êtes libre de vous en aller).
- Vous avez le droit à un appel téléphonique. Si vous n'avez ni avocat ni proche susceptible de vous aider, appelez votre consulat. La police vous fournira son numéro.

Savoir-vivre

Politesse Saluez les employés quand vous entrez dans une boutique, un café ou un restaurant ou que vous en sortez.

Salutations Serrez la main des gens, hommes ou femmes, que vous rencontrez pour la première fois. Une seule bise est commune entre amis.

Restaurant Quand vous entrez dans un restaurant, qu'il s'agisse d'un *diner* ou d'une table gastronomique, attendez jusqu'à ce qu'un serveur vous installe. La même règle s'applique dans certains bars haut de gamme. Dans les cafés et les bars décontractés, vous pourrez généralement vous asseoir librement.

Sujets de discussion Les New-Yorkais discutent de politique avec enthousiasme, mais la religion est un sujet qui peut vite s'avérer clivant.

Métro Laissez les passagers descendre, ne bloquez pas les portes.

Pourboire Obligatoire dans les restaurants et les bars.

Sécurité

New York est l'une des villes les plus sûres du pays, mais faites preuve de bon sens :

- Ne vous promenez pas seul la nuit dans des quartiers peu fréquentés.
- Attention aux pickpockets, surtout dans les secteurs très fréquentés comme Times Square ou Penn Station.
- Il est généralement sûr de prendre le métro après minuit, mais vous préférerez peut-être le taxi, surtout si vous êtes seul(e).
- Ne cédez pas à la pression de rabatteurs qui chercheront à vous vendre des billets pour des spectacles et des croisières ; réservez vos billets en ligne ou auprès de vendeurs officiels.

Tabac

- Fumer est interdit dans les lieux publics. Certains hôtels comportent des espaces fumeurs, mais la plupart interdisent totalement le tabac.

Toilettes

- On trouve des toilettes dans les gares telles que Grand Central Terminal, Penn Station et Port Authority Bus Terminal, dans les parcs, dont Madison Sq Park, Battery Park, Tompkins Sq Park, Washington Sq Park et Columbus Park dans Chinatown, ainsi que dans divers endroits de Central Park.
- Sinon, prenez un café au Starbucks ou entrez dans un grand magasin.

Urgences et numéros importants

Renseignements locaux ☎411

Municipalité et renseignements NYC ☎311

Pompiers, police et ambulance ☎911

Langue

En raison de leur histoire et de la diversité de leur population, les États-Uniens pratiquent, pour la plupart d'entre eux, plusieurs langues. L'anglais, parlé dans tout le pays, n'a pas été désigné comme langue officielle des États-Unis. Du fait de l'importance de la population hispanique, l'espagnol est la deuxième langue la plus parlée dans le pays.

Expressions courantes

Bonjour/salut.
Hello/Hi. — hè·lo/*haï*

Au revoir.
Goodbye. — goud·*baï*

Excuse(z)-moi.
Excuse me. — ek·*skyouz* mi

Désolé(e).
Sorry. — *so*·ri

S'il vous (te) plaît.
Please. — pliiz

Merci.
Thank you. — *Sank* you

Oui./Non.
Yes./No. — yès/neo

Parlez-vous français ?
Do you speak french? — dou you spik *frènn*·ch

Je ne comprends pas.
I don't understand. — aï *dont* eunn·deur·*stand*

Comment allez-vous/vas-tu ?
How are you? — *hao* âr you

Bien. Et vous/toi ?
Fine. And you? — faïnn annd *you*

Au restaurant

Je suis végétarien(ne).
I'm vegetarian. — aïm vèdjè·*teu*·rieunn

Santé !
Cheers! — *tchiirz*

C'était délicieux !
That was delicious! — zat woz dè·*li*·cheus

L'addition s'il vous plaît.
The bill, please. — zeu bil pliiz

Je voudrais ..., s'il vous plaît.
I'd like ..., please. — aïd *laïk* ... pliiz

une table pour (deux)	*a table for (two)*	eu *téï*·beul for (tou)
ce plat	*that dish*	zat *dich*
la carte des vins	*the wine liste*	zeu *waïnn* list

Shopping

Je cherche...
I'm looking for ... — aïm *lou*·kiinng for ...

Combien est-ce que ça coûte ?
How much is it? — *hao* meutch iz it

C'est trop cher.
That's too expensive. — zats *tou* èx·*pènn*·siv

Pouvez-vous baisser le prix ?
Can you lower the price? — kann you lao·wèr zeu *praïs*

Urgences

Au secours !
Help! — hèlp

Appelez un médecin !
Call a doctor! — kôl eu *dok*·teur

Appelez la police !
Call the police! kôl zeu po·*liis*

Je suis perdu(e).
I'm lost. aïm lost

Je suis malade.
I'm sick. aïm sik

Où sont les toilettes ?
Where's the bathroom? wèrz zeu *bass*·roum

Heure et chiffres

Quelle heure est-il ?
What time is it? wat *taïm* iz it

Il est (1/13) heure(s).
It's (one am/pm) o'clock. its (wann èï·èm/pi·èm) ok·*lok*

matin	*morning*	*mor*·ninng
après-midi	*afternoon*	af·teur·*noun*
soir	*evening*	*iv*·ninng
hier	*yesterday*	*yès*·teu·dèï
aujourd'hui	*today*	tou·*dèï*
demain	*tomorrow*	tou·*mo*·ro

1	*one*	wann
2	*two*	tou
3	*three*	srii
4	*four*	fôr
5	*five*	faïv
6	*six*	six
7	*seven*	*sè*·veunn
8	*eight*	eït
9	*nine*	naïnn
10	*ten*	tèn

Transports et orientation

Où est ...?
Where's ...? wèrz ...

Quelle est l'adresse ?
What's the adress? wats zi a·*drès*

Pouvez-vous me montrer (sur la carte) ?
Can you show me (on the map)? kann you *chô* mi (onn zeu *map*)

Un billet pour ..., s'il vous plaît.
One ticket for ... please. wann *ti*·kèt for ... pliiz

À quelle heure part le bus/le train ?
What time does the bus/train leave? wat *taïm* daz zeu beus/tréïn liiv

Je voudrais un taxi.
I'd like a taxi. aïd laïk eu *tak*·si

Ce taxi est-il libre ?
Is this taxi free? iz zis *tak*·si frii

Arrêtez-vous ici, s'il vous plaît.
Please stop here. pliiz stop hiir

Hébergement

Où puis-je trouver un hôtel ?
Where's a hotel? wèrz eu ho·*tèl*

Je voudrais réserver une chambre.
I'd like to book a room. aïd laïk tou bouk eu *roum*

J'ai une réservation.
I have a reservation. aï hav eu rè·zèr·*véï*·cheunn

En coulisses

Vos réactions ?

Vos commentaires nous sont très précieux pour améliorer nos guides. Notre équipe lit vos lettres avec la plus grande attention et prend en compte vos remarques pour les prochaines mises à jour. Pour nous faire part de vos réactions, prendre connaissance de notre catalogue et vous abonner à notre newsletter, consultez notre site Internet : **www.lonelyplanet.fr**

Nous reprenons parfois des extraits de notre courrier pour les publier dans nos guides ou sites web. Si vous ne souhaitez pas que vos commentaires soient repris ou que votre nom apparaisse, merci de nous le préciser. Notre politique en matière de confidentialité est disponible sur notre site Internet.

Crédits photographiques

Photographie de couverture : Guggenheim Museum, Luigi Vaccarella/4 Corners Images ©
Photographies p. 34 (de haut en bas et de gauche à droite) : Songquan Deng, Marcio Jose Bastos Silva, Photo Spirit, Jeff Whyte et Michael Urmann/ Shutterstock ©

Un mot de d'Ali Lemer

Merci à Trisha Ping et Lauren Keith, à Dawn Hopper au Dutchess Tourism et à Stacey-Ann Hosang à l'Empire State Building. Je remercie mes coauteurs, en particulier Anita Isalska et Ma-Sovaida Morgan. Merci également à Mark Batt et à Michael et Ellen Korney pour leur amour et leur soutien. Mes chapitres sont dédiés à la mémoire de mes deux New-Yorkais préférés, Toni Halbreich et Albert Lemer.

À propos de cet ouvrage

Cette 8e édition française de *New York en quelques jours* est une traduction-adaptation de la 8e édition de *Pocket New York City*, dirigée par Ali Lemer et écrite par Ali Lemer, Anita Isalka, MaSovaida Morgan et Kevin Raub.

Traduction Jeanne Robert et Pierre-Yves Raoult

Direction éditoriale Didier Férat

Coordination éditoriale Émeline Gontier

Responsable prépresse Jean-Noël Doan

Maquette Marie Dautet

Cartographie cartes originales adaptées en français par Nicolas Chauveau

Couverture adaptée par Laure Wilmot

Merci à Sylvie Rabuel pour sa précieuse aide.

Index

Voir aussi les index des rubriques :
Se restaurer p. 256
Prendre un verre p. 257
Sortir p. 258
Shopping p. 259

Référence des **sites**
Référence des **cartes**

Référence des **sites**
Référence des **cartes**

Référence des **sites**
Référence des **cartes**

Se restaurer

Référence des **sites**
Référence des **cartes**

Shopping

Notes

MaSovaida Morgan

MaSovaida est journaliste de voyage et son penchant pour la vadrouille l'a menée dans plus de 50 pays à travers les sept continents. En tant qu'auteur Lonely Planet, elle contribue à des guides sur des destinations en Asie du Sud-Est, au Moyen-Orient, en Europe et dans les Amériques. Avant de devenir free-lance en 2018, MaSovaida a passé quatre années au bureau Lonely Planet de Nashville au poste d'éditrice ; elle supervisait les contenus dédiés à l'Amérique du Sud et à l'Antarctique.

Kevin Raub

Né à Atlanta, Kevin a commencé sa carrière comme journaliste musical à New York ; il a publié dans les magazines *Men's Journal* et *Rolling Stone*. Il a délaissé le mode de vie rock'n'roll pour se tourner vers l'écriture de voyage et a rédigé plus de 95 guides pour Lonely Planet, avec pour destinations privilégiées le Brésil, le Chili, la Colombie, les États-Unis, l'Inde, l'Italie et le Portugal. Il contribue également à plusieurs magazines de voyage aux États-Unis et au Royaume-Uni.

Nos auteurs

Ali Lemer

Auteur et éditrice chez Lonely Planet depuis 2007, Ali a écrit des guides et des articles sur la Russie, l'Allemagne, New York, Chicago, Los Angeles, Melbourne, Bali, Hawaï, le Japon et l'Écosse, entre autres. Native de New York, Ali a également vécu à Melbourne, Chicago, Prague et au Royaume-Uni, et a voyagé un peu partout en Europe, en Amérique du Nord, en Océanie et en Asie.

Anita Isalska

Anita Isalska est journaliste de voyage, éditrice et rédactrice. Après plusieurs années heureuses en tant que rédactrice et éditrice – dont quelques-unes au bureau Lonely Planet de Londres – Anita travaille désormais en free-lance entre San Francisco, le Royaume-Uni et diverses destinations baltes équipée d'une bonne connexion Wi-Fi. Anita est spécialiste de l'Europe centrale et de l'Est, de l'Asie du Sud-Est, de la France et du voyage hors des sentiers battus.

AUTEURS
(suite)

New York en quelques jours
8e édition
Traduit et adapté de l'ouvrage *Pocket New York 8th edition, January 2020*

92 avenue de France, 75013 Paris

Dépôt légal Octobre 2020
ISBN 978-2-8161-8631-4
Imprimé en Italie par LEGO

En Voyage Éditions | un département édi8